【著者紹介】

岡　朋治（おか・ともはる）

慶應義塾大学理工学部物理学科教授。
1968年福岡県田川市出身。東京大学理学部天文学科卒。東京大学大学院理学系研究科天文学専攻博士課程修了。理化学研究所基礎科学特別研究員、東京大学大学院理学系研究科物理学専攻助手、慶應義塾大学理工学部物理学科准教授を経て、2015年度より現職。

銀河の中心に潜むもの
ブラックホールと重力波の謎にいどむ

2018年1月30日　初版第1刷発行

著　者――――岡　朋治
発行者――――古屋正博
発行所――――慶應義塾大学出版会株式会社
〒108-8346　東京都港区三田2-19-30
TEL〔編集部〕03-3451-0931
〔営業部〕03-3451-3584〈ご注文〉
〔　〃　〕03-3451-6926
FAX〔営業部〕03-3451-3122
振替　00190-8-155497
http://www.keio-up.co.jp/
本文組版・装丁――辻　聡
印刷・製本―――中央精版印刷株式会社
カバー印刷―――株式会社太平印刷社

Printed in Japan　ISBN 978-4-7664-2492-8

競輪文化

「働く者のスポーツ」の社会史

古川岳志
Takeshi Furukawa

青弓社

競輪文化——「働く者のスポーツ」の社会史／目次

カバー・表紙・扉の写真提供——ＪＫＡ
装丁——神田昇和

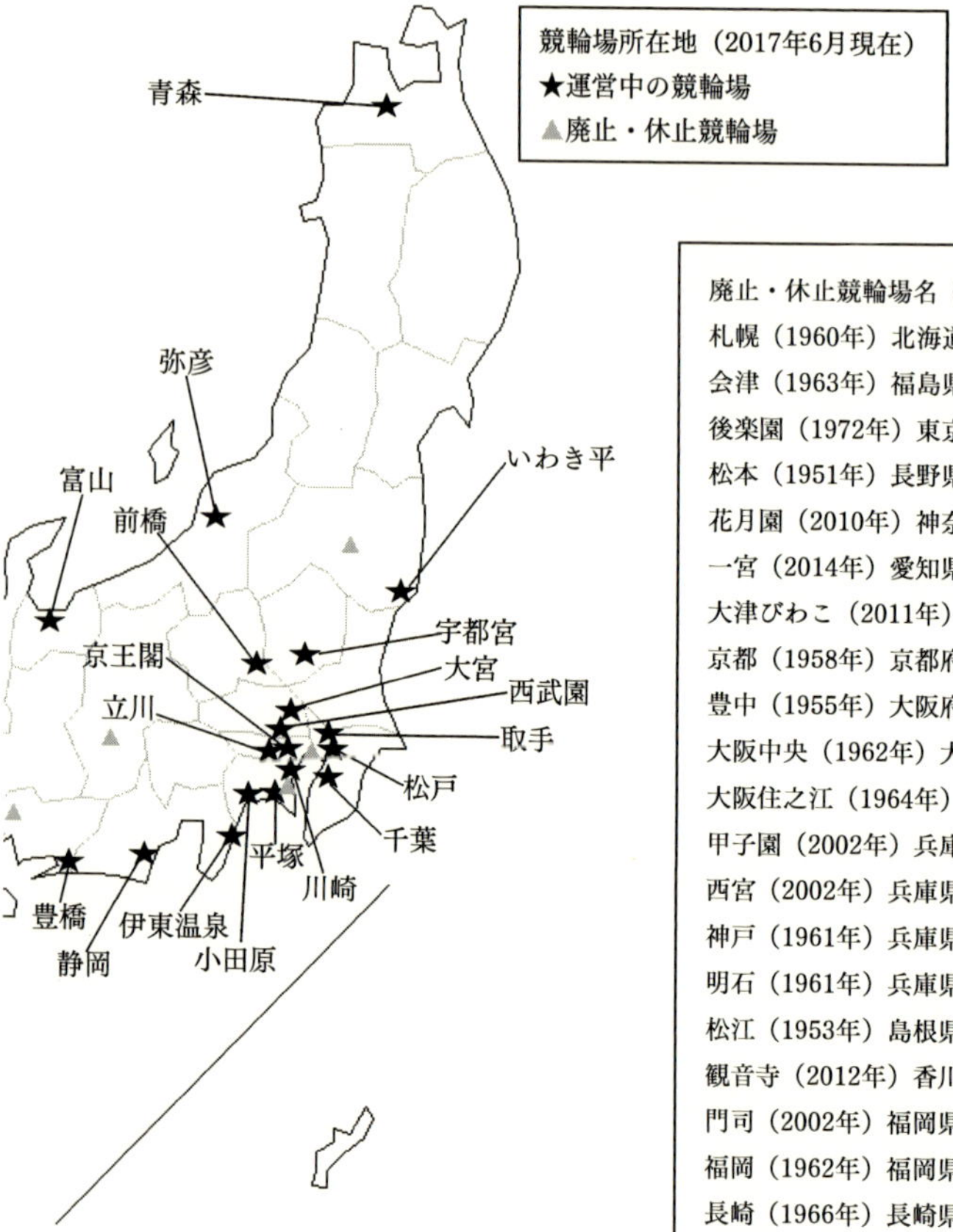

廃止・休止競輪場名（廃止年）
札幌（1960年）北海道
会津（1963年）福島県
後楽園（1972年）東京都
松本（1951年）長野県
花月園（2010年）神奈川県
一宮（2014年）愛知県
大津びわこ（2011年）滋賀県
京都（1958年）京都府
豊中（1955年）大阪府
大阪中央（1962年）大阪府
大阪住之江（1964年）大阪府
甲子園（2002年）兵庫県
西宮（2002年）兵庫県
神戸（1961年）兵庫県
明石（1961年）兵庫県
松江（1953年）島根県
観音寺（2012年）香川県
門司（2002年）福岡県
福岡（1962年）福岡県
長崎（1966年）長崎県

競輪場一覧

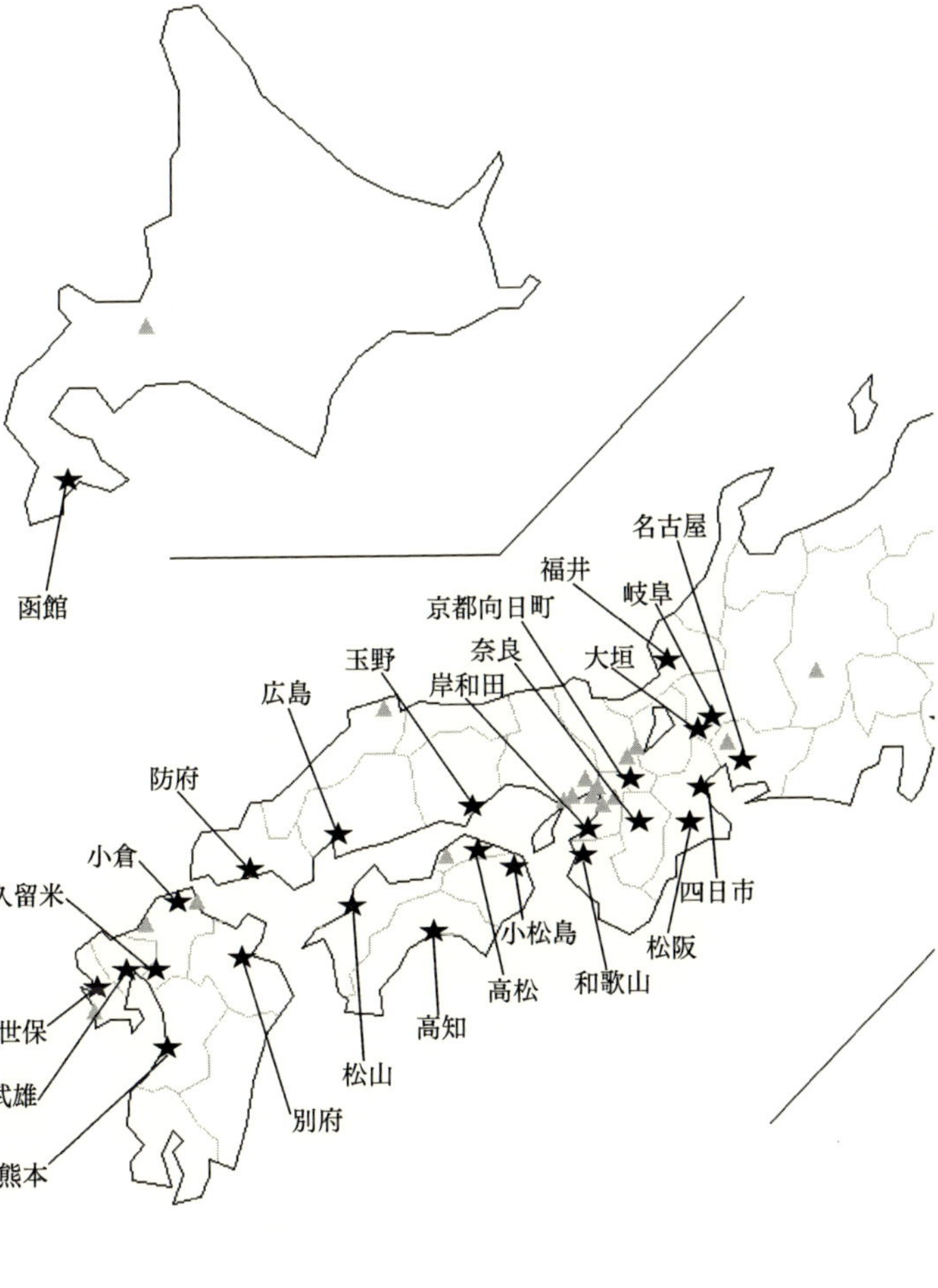
函館
名古屋
福井
岐阜
京都向日町
奈良
大垣
玉野
岸和田
広島
防府
小倉
久留米
四日市
松阪
小松島
和歌山
高松
高知
佐世保
武雄
松山
別府
熊本

序章　文化としての競輪

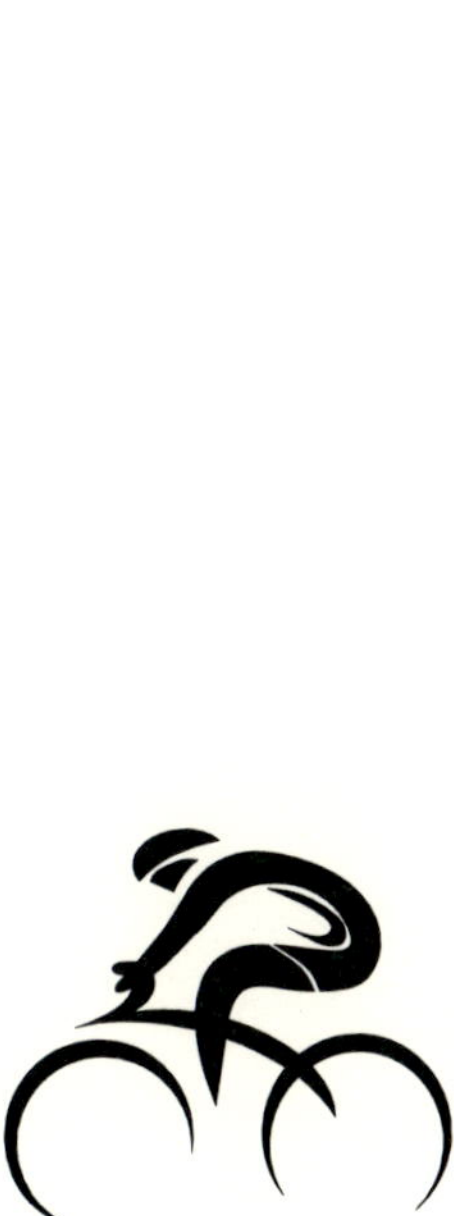

1　競輪との出合い

異世界だった競輪場

私が初めて行った競輪場は、西宮競輪場だった。プロ野球・阪急ブレーブスのホームグラウンドだった西宮球場内に仮設の競走路を組み立てて開催されていた特殊な競輪場で、阪急電鉄神戸線西宮北口駅のすぐ近くにあった。一九九〇年代の初め頃、私は大学院生になったばかりだった。西宮球場で競輪が開催されていることは以前から知っていた。高校進学以来、通学に利用してきた阪急の駅で競輪の開催案内ポスターや看板もよく目にしていたし、なんとなく気になっていたのだ。競馬場には競馬ファンの友達に連れていってもらったこともあったが、競輪に誘われる機会は一度もなかった。このとき、ふと思い立って一人で出かけてみたのである。西宮球場には、野球やプロレスのビッグイベントなどで何度か来たことはあったが、競輪開催時の様子はそれらとはまったく違うものだった。

観客は中高年の男性ばかりで若者や女性はほんの数えるほどしか見かけなかった。締め切り間際の車券売り場は殺気立った雰囲気で、初心者の私が買い方に戸惑ってもたもたしていると他の客ににらみつけられたりした。レースが始まると今度は選手たちに容赦のないヤジが浴びせられた。感情をむき出しにする大人たちの姿がそこかしこにあった。

バブル景気がはじける直前の豊かさにあふれた時期だった。しかしそんな社会の状況とは関係なく、競輪場にはどことなく貧困の匂いも漂っていた。レジャーにお出かけしてきたという格好の人は少なく、観客は近所のタバコ屋や銭湯に立ち寄るときのような、まったくの普段着の「おっさん」たちがほとんどだった。とにかく、それまで経験したことがないような、独特の空間だった。

身近な場所に広がっていた異世界に、私はカルチャーショックを受けた。同時に、他にはない独特の雰囲気に引き付けられて頻繁に足を運ぶようになった。最初は恐怖さえ感じた競輪ファンたちの飾らない姿にも次第に慣れていった。競輪場のなかから見ると、外の世界が公共空間のマナーにどれだけ縛られているかがよくわかった。私にとって競輪場は、他にはない解放感を味わえる居心地がいい場所になっていった。

生で観戦し、競輪という競技自体にも魅了された。そのスピード、ときに身体をぶつけ合う激しい攻防、位置取りをめぐる複雑な駆け引きなど、レースは面白い要素にあふれていた。観客の雰囲気は通常のスポーツ観戦のイメージとはかけ離れていたが、競技自体はスポーツそのものだった。

競輪について調べていくと、ユニークな特徴を数多く持つ競技だということがわかった。競輪の競技スタイルは戦後日本の生まれで、ギャンブルシステムとして競輪を実施しているのは日本だけだった。[1] 競輪場は、公営ギャンブル中最多で全国に五十カ所（当時）もあり、各地で毎日のようにレースがおこなわれている。参加しているのは全員がプロの専業選手で、総数は四千人超（当時）。これは、日本のプロスポーツで最大の数字だった。[2]「日本一」「日本オリジナル」な要素がたくさんある、こんなに特徴があるジャンルなのに、私にはそれまで競輪に関する知識はほとんどなかった。それはいったいなぜだろう。そのこと自体、とても不思議に思えてきた。

その頃の私が名前を知っていた競輪選手は、中野浩一だけだったと思う。一般に有名で、テレビ番組やコマーシャルに登場していたからだ。そういえば競輪の話題は、一般紙のスポーツ欄にも掲載されないしテレビのスポーツニュースで扱われることも皆無だ。それはなぜか。ギャンブルの対象だからか。では、競馬はどうなるのだ。競馬なら大きなレースは、ＮＨＫでも中継しているというのに。もちろん、人気があるからメディアで取り上げるという理屈だろう。しかし、メディアで取り上げるからこそ人気も出るわけであり、どうやら競輪は、そのような循環から外されているらしい。人間の身体能力だけで競うという点では、競馬よりもはるかに一般的なスポーツに近いように見えるのに、どうしてマスメディアから疎外されてきたのだろうか。

そもそも競輪は、どのように誕生して、社会のなかでどのようなものとして見られてきたのだろう。競輪場は、どのような場所として存在してきたのだろう。西宮競輪場に初めて足を運んで以来、社会学の研究者の視点から、ときにはファンの立場から、競輪に関して抱いた疑問点について調べたり考えたりしてきた。その成果をもとに、競輪の世界を多くの人々に知ってもらおうと思い、書いたのが本書である。

団体戦的個人戦

競輪がどのような形態でおこなわれている競技か、最初に大まかに説明しておこう。現在、主流のレースは九人戦だ(3)。ブレーキがない固定ギアの競走用自転車が使われている。トップスピードは時速七十キロにも達し、ときに激しく身体をぶつけ合いながら先着を目指して力走する。一周三百三十三メートルから五百メートルの「バンク」と呼ばれる傾斜がついた楕円形の競走路をぐるぐると周回して競走する。一試合の距離は二キロ程度だ。観客は、勝者を予想して一点百円の投票券(車券)を買う。車券の種類には、二着までを順番どおり当てるもの(二連勝単式)、二着までを順番にかかわらず当てるもの(二連勝複式)、それらを三着までに広げたもの(三連勝単式、三連勝複式)などがある。おおよそ競馬と同じだ。現在いちばん人気があるのは三連勝単式で、組み合わせは五百四通りあるため当たりにくいが、その分配当が高くなる。

レースごとに作成される出走表には、選手の過去の成績やタイムなどが記載されていて、選手の実力はだいたいわかる。しかし、速い選手が必ずしも強い選手ではなく、強い選手だからといって必ず勝つわけでもない。競輪には、ラインと呼ばれる選手間の連携、それをめぐる駆け引きがあり、それが結果を複雑にしているためだ。

スタート台に横一線に並んだ出走選手たちは号砲を合図に動きだす。勢いよく走りだす場合もあるが、ゆっくりとしたスタートになることも多い。先頭誘導員が、風よけとして前を走る。審判から無線で指示を受けながら一定のペースを守り、途中までレースを引っ張る役割だ。スタートしてしばらくは、先頭誘導員の後ろでどの位置を取るかという駆け引きがある。ときには、先頭誘導員だけがずっと前方に行ってしまっているのに誰もついていこうとせず、我慢比べみたいになることもある。やがて何人かの選手でラインを組みながら、全員が一直線に並ぶ形ができあがる。しばらくは一列棒状のまま静かに周回が続く。ラスト二周あたりから、後方の選手がラインを引き連れて前に出てくるような形で隊列が乱れ始める。ジャンと呼ばれる鐘が鳴らされると、ラスト一周半の合図だ。ここで、先頭誘導員はレースを離脱し、ライン間の攻防が激しさを増す。ゴール直前に至るとラインは崩れ、個人間での先着争いとなって勝負が決する。

このように競輪は、途中までは団体戦、最後は個人戦という他の競技では見ない変わった形式で戦われているのだ。

ラインは選手が所属する地域同士、たとえば、愛知県の選手なら愛知県同士、同県がいなければ、近畿同士、北日本同士というように選手の所属地域単位で組まれる場合が多い。「場合が多い」と曖昧な言い方をするのは、例外も珍しくないからだ。お互い適当な相手がいない者同士で組む場合もあるし、競輪学校の同期生同士ということもある。同地区選手がいても単独での戦い（単騎という）を選択する場合もあるし、事前に折り合いがつかず周回の初めから位置取り争い（競《せ》りという）が続くこともある。

どんなライン構成になるかはレースによって変わる。三人ずつ三つのラインになるときもあれば、四対三対二、二対二対二対三のような形になることもある。単騎選手が多くなり、こま切れになることもある。ラインの組み方は選手の自由に任されている。

専門紙やスポーツ新聞、テレビ中継などではライン構成の予想が掲載されているが、これは各選手へのインタビューにもとづいたものだ。出走表はレース前日に発表される。各選手は、メンバー構成を見たうえで自分の戦い方を選択し、「自力で走ります」「誰々の後ろにつきます」「同地区の三番手にいきます」などとメディアに公表する。当然のことだが、競争相手にも伝わるインタビューで手の内すべてを明らかにするわけではない。ファンが予想を楽しみやすくするために、ラインに関する情報だけサービスとして提供しているのだ。レースが始まると、ほぼ予想どおりの並びができあがる。競走後、選手は語る。「ラインのおかげで勝てました」「ラインでワン・ツー（一着、二着独占）を決めたかったのですが残念です」「（期待された走り方ができず）ラインに迷惑をかけてしまいました」など。(4)

ラインは暗黙の約束事ではなく、ファンに公表された作戦行動であり規則違反ではない。競輪の規則は厳格なものである。牽制の仕方や走るコースの取り方などまで細かく設定されていて、違反者には失格など厳しいペナルティーが科せられる。公営でおこなわれ、賭けの対象になっている競技なのだから当然だ。

ただし、曖昧な部分はある。たとえば、次のような競技規則がある。「選手は、暴走、過度の牽制等をしてはならず、勝利を得る意志をもって全力を尽くして競走しなければならない」。敢闘の義務を規定したものだが、自分が勝つことだけでなくラインの構成員の勝利にも配慮して競走していたという前述の選手の声との間には、若干の矛盾があるように見える。あくまでも自分の勝利を目指した合理的選択が結果としてラインという作戦になったものだ、という論理で認められているのだが。

では、規則はあくまでもタテマエで、ライン戦がホンネなのか、というとそうともかぎらない。「ラインに迷惑を……」という声がタテマエで、自分一人が「勝利を得る意志をもって」のほうがホンネという場合も多いように見えるからだ。このように「ラインとは何か」を文章で説明しようとすると、なかなかややこしい。新規ファンを開拓しようと「競輪初心者セミナー」が開かれることがあるが、そこでもやっかいなのが、このラインの説明だ。予想には不可欠な知識だが、無理に説明しようとして「競輪って難しそうだな」と思わせる結果になることも多い。

「最後にたどりつくギャンブル」

作家の阿佐田哲也は、レースの駆け引きに現れる人間らしさが競輪の魅力だと語っていた。「選手がいつも全力で走ると簡単に考える方が、よほど選手の人間性を無視して、サイコロのように見ている考え方だよ」(5)。選手個人の調子や、レースごとのモチベーション、そして選手間の人間関係。それらを総合して予想するのが、競輪の醍醐味なのだと。

「ポーカー、ルーレット、花札、麻雀、その他いろんなギャンブルに長年親しんできたが、そのコク、味わい、読みのどれについても競輪が群をぬいていると思う。その魅力はとても一言では言い尽くせないけれども、その最大の特徴は「推理をつみあげてゆく」面白さである。選手の戦法、性格、脚力、人脈等のデータを集め、実際のレースの動きを見てそのデータを修正していく。経験の〝貯金〟が競輪を「複雑、高踏、難解でスリリングなものにしている」[6]と阿佐田はいう。この〝ギャンブルの神様〟の言葉に、競輪ファンはついうれしくなってしまうのだが、このような難しそうなイメージが新規ファンの参入障壁を高くしてきた面はあるだろう。

実際には、競輪を楽しむこと自体はそれほど難しいものではないと私は思う。誰でも、ちょっと説明を受けさえすれば、予想をして賭けながらレースを楽しめるようになるだろう。当たるかどうかはまったく別の話だが。ラインについても、実際のレースを何本か見れば、「なるほどこういうことか」と理解できるはずだ。競馬や競艇など他の公営ギャンブルと比べて、必要とされる知識が競輪だけに特別に多いわけではない。それぞれに競技の特徴があり、予想をするポイントに違いがあり、ファンの好みが分かれているだけだ。もちろん、ギャンブル依存症になる危険性はある。しかし、それは、他の公営ギャンブルと同程度にすぎない。いずれもプロの競技に賭けるギャンブルであり、全員の賭け金から一定の控除額（二五パーセント程度）を引いた残りを的中者が山分けするトータリゼーター方式でおこなわれ、勝ち負けの確率も大きくは違わないのだから。

それなのに競輪には、公営ギャンブルのなかでも特に難解で、かつ危険だ、というイメージが付きまとってきた。それにはやはり、阿佐田がいうように「人間性」が賭けの対象となる競輪の性質が関係してきたはずだ。

敗戦後の混乱が残る一九四八年、競輪は生まれた。当初の競輪は、今日のような競技スタイルではなかった。先頭誘導員が初めてレースに導入されたのは競輪開始から十年後の五八年だ。この形式は「先頭固定競走」という。それまでは、競走に参加する選手だけで周回する「普通競走」だった。

先頭誘導員がなぜ必要になったのか。そもそも選手たちはなぜラインを組むのか。それは、自転車競技が風圧をめぐる戦いであるからだ。先頭で風を切って走るのと、他の選手の後ろにぴったりと付いて走るのとでは、風圧の負担がまったく違う。二キロほどの道中、ずっと先頭を走り続けると結局ほぼ勝ち目はなくなってしまう。そこで導入されたのが競走に関係ない先頭誘導員だった。勝負どころまで誘導員を先頭に一列に並んで走ることで、参加全選手が体力を温存できるようになった。

大きく分けると、選手には先頭を走るのが得意な先行型と、後ろについて走るのが得意な追い込み型の二つのタイプがある。負担は大きいが、先行はレースを自分で組み立てることができるのが利点だ。追い込みは風圧的には楽だが、自分が追走する先行選手が失敗すると共倒れになるというデメリットがある。誘導員が退避すると、先行選手は後ろにラインの追い込み選手を引き連れてゴールまで逃げ切ることを目指す。追い込み選手は、マークする先行選手をガードしながら追走し、ゴール直前で抜き去って先着することを目指す。

以前の普通競走では、いちばん格下の選手が犠牲的に先頭を引っ張ることが慣例になっていた。周回途中に先頭を走った選手には、トップ賞という手当が支給された。勝負して下位になるよりはトップ賞をもらったほうが金銭的には割に合うという額だった。そのため、普通に競走しても勝ち目が薄い選手が自主的にトップを引いたのだ。ファンもそれを理解して車券を買った。しかし、トップを引く選手も形式的にはレースに参加しており、対象車券も発売されていた。通常は最下位になるが、何かの間違いで勝ち残ってしまう場合もあり、そのときは超高配当になった。たとえば、他の選手が大量に落車してしまった場合などだ。知らずにか間違ってか、あるいは、アクシデントを期待してか、トップ引き選手の車券を買っている人も、ほんの少しはいた。普通競走に存在していた、負けることを前提に走る選手がいるという矛盾を解消するために導入されたのが、先頭固定競走という仕組みだったのだ。

オリンピック種目になった「ケイリン」とは

このように、スタート当初の競輪には、不合理な点があった。自転車競技特有の選手同士の駆け引きも、ファンに理解されるまでには時間がかかった。自分が賭けた選手は、なぜ負けたのか。どうして、あんな走り方をしたのか。選手間でなんらかの不正があったのではないのか。レース結果に納得できない客は、疑惑の目を選手たちに向けた。何かあると暴動が起こって新聞をにぎわすという時代がしばらく続いた。どの公営ギャンブルの競技でもやろうと思えば不正は可能なのだが、人間の動力だけでおこなわれる唯一のレースである競輪は、不正もいちばん簡単にできるだろうと思われていたわけだ。目の前でおこなわれている選手間の駆け引きは勝つための作戦なのか、特定の結果を導くための不正行為なのか、観客が本当の答えを知ることはできない。疑惑の目が向けられるのも当然だった。

競輪の歴史は、このような選手間の駆け引きを合理的なものとしてファンに了解させていき、不信感を払拭していく努力のプロセスでもあった。先頭固定競走の導入によって、勝つ意欲がない選手が参加している、という大きな矛盾は解消された。他にも、選手教育のための競輪学校の設立や、規則や写真判定装置の技術改良など、疑惑解消のための制度整備がおこなわれていき、やがて暴動の時代は去っていった。

競輪で生まれた先頭固定競走は、ギャンブルの対象ではない自転車レースでも実施されることになった。「ケイリン」と名づけられたこの競技は、二十一世紀にはオリンピック種目にも採用された。いまのところ日本語名のオリンピック種目は、柔道とケイリンだけだ。疑惑の目を向けられていた時代を考えると信じられないような進化だ。

競輪の先頭固定競走にはラインがあるため、平等性の面では不十分なところはある。協力しあえる関係があるかどうかで有利・不利が分かれるからだ。一方、自転車競技のケイリンにはラインがない。競輪では、選手が横に動いて他の選手を妨害することがある程度認められている。追い込み選手が他のラインから自分のラインをガードする役割を果たせるのは、このためだ。信頼できる追い込み選手が後ろについてくれれば、先行選手は思い切った仕掛けが可能になる。

若手選手が先輩のために自滅覚悟で先頭を走る、というシーンも競輪ではよく見られる。このような利他行為も長期的視野に立てば十分合理的な選択である。期待される役割をきっちりこなしていくことで選手間評価が上がり、その後のレースで有利になる可能性があるためだ。多い選手になると年間に百本近くのレースをこなす。再戦の機会は何度もある。競輪選手という職業に就いているかぎりレースは続く。捨て身の戦い方も、将来の大きな勝利へ向けての大事な布石だと考えられるのだ。

ケイリンはそうではない。横の動きが厳しく制限されており、妨害行為は即失格となる。そのためラインを組むこと自体難しいし、組んだところで役割分担ができない以上、特段有利にはならない。

このように、競輪とケイリンは別の競技なのだが、その境界線は不明瞭だ。たとえば、韓国でも一九九四年から公営ギャンブルとして競輪が始まった。運営組織や競輪学校の制度から、車番の色、レーサーパンツのデザインまで、日本のシステムをお手本にしたものだ。しかし、韓国競輪にはラインの概念はない。ケイリンに近い、牽制行為に厳しいルールを採用しているためだ。

また、一度は廃止になりながら二〇一二年に約半世紀ぶりに復活した女子競輪も、ケイリンに近いルールでおこなわれている。女子競輪の復活は、オリンピックの男女平等化の流れと連動したものである。近年、外国人選手の短期登録制度の開始や日韓対抗戦競輪の誕生など、競輪というガラパゴス的な世界が緩やかに外に開かれる機会が増えていて、地区別ラインに象徴されるような日本的ルールのあり方そのものが問い直しを迫られるようにもなっている。(7)

2　いま、あらためて競輪を考えること

東京オリンピック

競輪は戦後日本で公営ギャンブルとして誕生し、賭けの対象になりながら独自の発展を遂げて、やがてギャンブルの対象ではない競技スタイルを生み出し、オリンピックの新種目にまで採用された。競輪は、やはりユニークな存在だと思う。本書は、このような競輪というギャンブルスポーツがたどってきた歴史を、日本の社会や国際的なスポーツ情勢の変化など、広い文脈と結び付けながら読み解いていくことを目指している。

二〇二〇年に開催される二度目の東京オリンピックは、オリンピック種目としてのケイリンが日本で初めて実施される機会になる。おそらく、日本代表として競輪選手が出走することになるだろう。一九六四年の東京オリンピック開催時点では、ケイリンという競技は存在さえしておらず、アマチュアリズムが大原則だったため、競輪選手のオリンピック出場など想像もできない話だった。公営ギャンブルとしての競輪は人気絶頂を誇っていた時期だったのだが。

次の東京オリンピックでは、ケイリンも日本発祥の競技としてそれなりに注目されるだろう。競輪運営者側も積極的にＰＲするはずだ。ただ、いまのところ柔道とは違って日本の選手が上位で活躍するのはかなり難しい状況だ。日本には、競輪選手という職業がある。そのため、プロの競技者

総数は諸外国よりも多いのだが、それが自転車競技自体のレベルとは比例していないのだ。世界の自転車競技でケイリンが採用されて以降、各国の選手たちが取り組むようになり、ケイリンの世界的レベルはどんどん上がっている。ファンとして、日本の競輪選手がオリンピックで活躍するのを見たい思いはあるが、一方で、世界の強豪自転車競技選手たちによって、ケイリンが別の競技世界として発展していくのも、それはそれでいいことだと思う。どれだけ別物になっていったとしても、ケイリンが日本の公営ギャンブル・競輪から誕生したという歴史は、その名前から常に確認してもらえるのだから。

実は、オリンピックがおこなわれる東京都は、競輪の最盛期に競輪事業を率先して廃止した自治体でもある。競輪の人気が低調である今日では、あまり現実性がある話ではなくなったが、新しい都知事が誕生するたびに「競輪復活論」が、関係者にとっては希望として、反対派にとっては亡霊のようなものとして、繰り返し聞かれるのもこの都市の特徴だ。かつての後楽園競輪場の跡地に立つ東京ドームには、いつでも競輪場に転換できる隠しバンクや車券売り場が組み込まれている、という都市伝説めいた話を耳にした人も少なくないだろう(8)。

そんな因縁めいた都市で初めてケイリンが実施される二〇二〇年のオリンピックは、知られざる「日本のお家芸」の来歴を振り返る絶好の機会だといえるだろう。

転換点に立つ競輪

一方で、競輪が現在大きな曲がり角を迎えているのも事実だ。冒頭で二十年前の私の競輪初体験を紹介したが、今日の競輪場の様子はかなり変わっている。以前より全体的に穏やかな雰囲気になっているのだが、その大きな原因としてファンの高齢化がある。当時も競輪ファンは中高年男性が中心だったが、近年はさらに高齢層に偏り「お年寄りの娯楽」という印象を受ける場所になってしまっているのだ。

競輪の売り上げは、バブル好景気の頃にピークを迎えて以降、下降傾向が続いている。新規ファンの参入がほとんど進まず、あの頃ファンだった人たちがそのまま競輪を支え続けているのが実情だ。運営側はさまざまなPRをおこない、若い世代の、あるいは従来は少なかった女性ファンの獲得を目指してはいるが、成果はいまひとつである。

公営ギャンブルの競輪は、地方自治体が施行者となって開催する事業だ。売り上げ金の公的活用が開催の大義名分である。その目的が達せられなくなると存在意義がなくなる。これまで、どれだけ地方財政に寄与してきたとしても、役立たずになれば用済みとされてしまう。私の「ホームバンク」だった西宮競輪場も同じ西宮市の甲子園競輪場とともに、二〇〇二年に姿を消した。一九九〇年当時全国五十カ所あった競輪場は、すでに四十三カ所にまで減少し、現在も、いくつかの自治体で廃止論議が起こっている(9)。選手のリストラも進み、四千人強だった総数が二千三百人程度になっていて、今後も縮小が続きそうな状況だ。

ファンや関係者以外のほとんどの人たちにとって、競輪が廃止されようがどうしようが、痛くもかゆくもないことだろう。私も、赤字になってまで継続すべき事業ではなく、状況によって廃止もやむをえないと考えるが、個々のケースを見ていると何とも釈然としない気分になることが多い。

競輪場という場所は、選手たちがときには文字どおり命がけの競走を何度も何度も繰り返してきた場所であり、期待や欲望、あるいは諦念を抱きながら、それらの勝負に熱いまなざしを向ける多くの人たちが集まって、長い時間を共有してきた場所である。部外者には、それがどんなにくだらないことに見えたとしても、人々の経験が積み重なった場所には、それなりの文化的な厚みが生まれている、と私は考えている。そういう場所が、地方自治体の政治家や役人の短期的な決定で、いとも簡単に無にされてしまったように見えるケースが多々あるのだ。自治体は、これまで競輪から財政面で大きな利益を上げてきた。しかし、廃止に至ると、あっという間に何もなかったかのように忘れられてしまう。まるで「黒歴史」とでもいわんばかりに。それはあまりにも不誠実な態度ではないか。そんな思いが捨てきれない。

他の公営ギャンブルでも同様だが、「終わり」になると観客が「懐かしさ」を感じて別れを告げに集まってきたり、ちょっとしたニュースになったり、「思い出」として歴史が書かれたりする。それが悪いわけではもちろんないが、その前の段階で、まだ未来に可能性が残っている状況でこそ歴史を振り返る意味があると思うのだ。

悲観的な状況について書いたが、明るい兆しもある。年末におこなわれる「KEIRINグランプリ」や、GIなどの特別レース[10]になると、今日でもかなり幅広い年齢層のファンが集まっている。普通開催と呼ばれる下位クラスのレースは、実際に閑古鳥が鳴いていることも多いのだが、トップクラスのレースには関心を持つ人がまだまだたくさんいる。インターネットの普及で、全国どこにいても車券の購入を含め競輪を楽しめる環境も整った。ケイリンのオリンピック種目化、それに伴う国際化、最終章で詳述する女子競輪の復活など、新しい試みもなされている。これらは、公営ギャンブルとしての競輪という枠組みにとどまらず、世界のスポーツ文化や、女性の社会進出などの社会の変容と関連した動きでもある。

かつての競輪は公営ギャンブルをめぐる社会的な批判のターゲットとなっていて、存在自体に反対する声も強かった。それくらい目立った存在だったのだ。今日では、良くも悪くも地味なジャンルになってしまっているが、だからこそ、冷静な議論もできるはずだ。

プロスポーツとしての競輪

最後に、広く今日のスポーツをめぐる問題について考えるためにも、競輪の事例を知ることには意義があると指摘しておきたい。スポーツの社会的存在感は世界中でますます高まっていて、同時に、さまざまな課題も浮かび上がっている。

たとえば、スポーツとギャンブルの結び付きは、スポーツをめぐる病理現象の代表的なものとして語られている。記憶に新しいところでは、大相撲の力士やプロ野球選手、あるいはアマチュアのバドミントン選手による違法賭博への関与というスキャンダルがあった。[11]特に、野球賭博などのスポーツを対象とした違法なギャンブルへのスポーツ選手の関与は、業界を揺るがす大問題に発展した。半世紀近く前のプロ野球選手による八百長事件（通称「黒い霧事件」[12]）の記憶を思い出させるものだったからだろう。日本以外でも、サッカーなど人気スポーツがギャンブルの対象になり、それに関与する選手が不正に手を染めたことが発覚する事件は相次いでいる。

現代では、ほとんどの国が国家事業としてスポーツ振興に取り組んでいる。そんな「価値ある」スポーツと「社会悪」であるギャンブルとの結び付きが非難されているわけだが、一方、スポーツとギャンブルはそもそも親和性が高いものだ。英語のスポーツという言葉は、語源的には「遊び」「気晴らし」を意味するものだった。日本語の「勝負事」は、身体を使ったスポーツも、ギャンブルも、どちらにも当てはまる。偶然の結果を予想するギャンブルの対象として、勝負を競うスポーツが面白いのは当然だ。賭けることで楽しみを増幅させながらスポーツを観戦する、という遊びには古い歴史がある。[13]

しかし今日のスポーツは、近代化の過程で、ギャンブルのような「遊び」の要素を切り離し、学校教育にも組み込まれ、社会的価値を獲得してきた。賭けずともスポーツを楽しむ観客も、近代化の過程で生まれたものだ。そのため、今日のスポーツが抱える問題も、歴史的な経緯を踏まえて理解する必要があるだろう。

それに対して競輪は、初めからギャンブルの対象にするために生まれてきた競技だ。賭けの対象であるがゆえに、社会的にはスポーツという枠組みから疎外されてきた。常に賭けられ、賭けて面白いかどうかが問われ、賭けの対象としての適正化に向けて改革が進んできた。賭けないスポーツとしての「ケイリン」も、その結果として生まれたのだ。[14]競輪という競技が歩んできた道は、いま、あらためて問われているスポーツとギャンブルの関係を考えるうえでも大いに参考になると思う。

近年、日本ではマイナーだった「する」スポーツとしての自転車競技の人気が高まっている。競走用の自転車に乗る人々の姿を街で見かける機会も増えた。情報化が進み、ＢＳ放送などでツール・ド・フランスのような「本場」のレースが簡単に見られるようになったことに加え、人々の環境意識と健康志向の高まりも手伝って、自転車に関心を持つ人が増えたのだろう。自転車の専門誌も数多く発行されているし、高校の自転車部を描いたマンガ、渡辺航『弱虫ペダル』[15]も大ヒットした。自転車ブームの後押しを受け、行政も自転車専用レーンの整備など、自転車環境の改善にようやく重い腰を上げるようになってきた。

だが、現在のところ、プロの自転車競技である競輪と自転車ブームはまったくといっていいほどリンクしていない。むしろ、自転車ファン（「する」スポーツとして楽しむ人を含め）のなかには、競輪に嫌悪感を抱く人さえ多いように見える。自転車競技がマイナーだった日本では、長らく、自転車競技＝競輪という時代が続いていた。競技関係者やマニアックなファンを除くと、競輪とその他の自転車競技の違いについて、ほとんど知られてこなかった。自転車競技＝競輪＝ギャンブル。このようなイメージはそれだけ強固だったため、ロードレースなどを通して自転車を好きになった人たちが「競輪と同じように見られたくない」と

図1　2011年に開場した室内自転車競技場である伊豆ベロドローム。トラック競技の国際基準を満たす1周250メートルの木製バンクを備えている。20年の東京オリンピックのトラック競技はここで実施される予定（資料提供：日本サイクルスポーツセンター）

図2　自転車競技のケイリン。伊豆ベロドロームで開催されたジャパントラックカップ、男子ケイリンの様子。2017年7月（資料提供：日本サイクルスポーツセンター）

いう気持ちになるのも無理はない。

それでもやはり競輪が自転車競技の一種であり、日本の自転車文化の一翼を担ってきたのも確かなのだ。競輪とスポーツとしての自転車競技世界との関係は、イコールでは結べないが複雑に重なり合っている。これまで、日本のトラック競技選手の多くが、競輪の世界とつながりを持ってきた。減少傾向にあるとはいえ、競技の賞金だけで生活できるプロの自転車選手が二千人以上いるような国は他にはない[16]。学校スポーツとしても、高校レベルには全国各地に自転車競技の強豪校があり、競技を目的とした入学者を集めるスポーツエリート養成校として機能してきた実績もある。将来の就職先として、競輪という道があったからだ。もちろん、自転車競技をやる学生が全員競輪選手を目指してきたわけではない。近年は特に、競輪とは関係なく競技を始める若者もどんどん増えている。とはいえ、競輪という道がなかったとしたら、アマチュアの選手層ももっと薄かったことは間違いないだろう。

競輪選手は、スポーツで生計を立てるプロスポーツ選手だ。スタート当初の競輪にとっては、ギャンブルの対象であることだけでなく、職業選手であることもスポーツとして見られない要因だった。アマチュア主体の世界だったスポーツは、今日、実質的なプロ化がどんどん進んでいる。競技の高度化には、スポーツの専門化が必然だからだ。初めからプロスポーツを前提として始まり、アマチュアの競技世界があとから広がっていった競輪は、他の多くのスポーツの歴史を逆向きにたどってきたのだ。スポーツと政治、あるいは、スポーツとお金、商業主義化など、今日のスポーツをめぐる社会的な問題の多くは、競輪ではよりはっきりした形で表れてきた。競輪は、スポーツの陰画のような存在なのだ。

本書の視点

競輪がたどってきた変化の過程には、日本の社会状況が色濃く反映されている。競輪に向けられてきた社会的まなざしの変化をたどることで、日本社会のギャンブル観、スポーツ観、広い意味での倫理観や社会観の変容をも浮かび上がらせることができるだろう。『競輪文化』というやや大げさなタイトルを掲げたのは、ギャンブルとして、あるいはスポーツとして見るだけでなく、もっと広い視点から競輪を捉えようというねらいからだ。歌舞伎や相撲も日本の文化なら、マンガやアニメも文化である。競輪も、日本社会で独自性を帯びる発展を果たした文化として考えるべきだろう。

競輪は多様な社会関係が反映して形成されてきた文化である。選手たちとファンとの関係はもちろん、公的な運営組織と選手の関係、競輪場と地域社会との関係、国会や地方自治体の政治的関係、競輪界とスポーツ界との関係、日本の自転車競技界とオリンピック世界との関係、など。本書では、それらの競輪をめぐる複雑な社会関係をできるだけ丁寧に読み解きながら、競輪がどのような文化として日本社会に存在してきたのかを見ていこうと思う。そのため、競技史として描くなら当然中心になるべき個々の選手たちの活躍についてはいは簡単にしか触れていないことを、あらかじめ断っておきたい。

競輪の歴史そのものについては、これまでにも充実した内容の書物が刊行されてきている。統括組織であるＪＫＡ（旧称・日本自転車振興会）[17]が作成してきた『年史』の数々だ。『競輪十年史』[18]（一九六〇年刊行）以来、およそ十年ごとに発行され、最新刊は『競輪六十年史』[19]（二〇〇九年）で、これらは非売品ながら全国の主要な図書館に収められていて、誰でも読むことができる。特に、運営団体に経済的余裕があった頃に発行されたものは内容も充実していて、『競輪三十年史』[20]（一九七八年）などは図版を合わせると八百九十一ページにもなる立派なものだ。『競輪五十年史』[21]（一九九九年）以降は、経費削減のために簡素な編集に変わったが、それでも継続して歴史書を出し続けてきたのは、競輪の社会的意義をアピールしたいという業界の願いによるものだろう。特に、他に資料が得にくい草創期に関しては、しっかりと記録を残してくれていたおかげで容易に経緯をたどることができ、大変ありがたい。

しかし、これらはあくまでも社史であり、当然ながら運営者側の視点に立って書かれたものである。本書では『年史』だけでなく、これまでに競輪について書かれてきた書籍、雑誌・新聞記事、団体機関紙などを資料として批判的に読み直し[22]、運営者側からも、また廃止論者側[23]からも距離を取った視点から競輪史を描きたい。どうあるべきかを論じる前に、どうあったのかを明らかにするこ

表1　関連年表

西暦年	出来事
1898	内外連合自転車競走運動会（上野不忍池畔・日本初の本格的自転車競技会）
1932	第2回西日本サイクル選手権大会（南甲子園運動場・大阪毎日新聞主催）
1934	日本サイクル競技連盟（アマ団体・日本自転車連盟の前身）発足
1936	IOC、1940年の東京オリンピック開催を承認（38年、返上）
1948	福岡県小倉市で第1回競輪開催
1950	鳴尾競輪場騒擾事件、サイクリストセンター（競輪学校の前身）完成
1951	日本プロ・サイクリスト連合（選手会の前身）結成
1956	メルボルンオリンピック後援特別競輪開催
1957	日仏交歓プロ自転車競技大会、世界選手権に競輪選手初出場
1958	先頭固定競走オープンレースとして初実施、自転車振興会職員ヨーロッパを初視察
1959	「朝日新聞」が近畿ダービー事件を報道
1961	公営競技調査会答申（通称、長沼答申）、日韓交歓競技開催
1963	高原永伍選手、年間獲得賞金1,000万円突破
1964	旧女子競輪廃止、東京オリンピック開催
1968	競輪学校、静岡県伊豆修善寺へ移転
1969	美濃部亮吉東京都知事、都営ギャンブル廃止を宣言
1972	後楽園競輪場廃止
1975	安部良二選手、世界選手権プロ・スプリント3位で競輪選手初のメダル獲得
1977	中野浩一選手、世界選手権プロ・スプリント優勝（以降86年まで連続優勝）
1980	中野浩一選手、年間獲得賞金1億円突破、世界選手権プロピスト競技部門でケイリン正式種目になる
1982	車券発売を伴う国際競輪スタート
1983	競輪プログラム改革構想（KPK）実施
1985	第1回ケイリングランプリ開催
1993	世界選手権プロ・アマオープン化
1994	韓国競輪開始
1995	プロ・アマ統合団体、日本自転車競技連盟（JCF）誕生
1996	ケイリンのオリンピック正式種目採用決定（2000年シドニー大会から）。十文字貴信選手、アトランタオリンピック1キロタイムトライアル銅メダル獲得
2008	ガールズケイリン（エキシビションレース）実施。日本自転車振興会が改組されJKAになる。永井清史選手、ロンドンオリンピックケイリン銅メダル獲得、同大会で女子ケイリン初実施
2011	ミッドナイト競輪開始
2012	新生女子競輪開始、第1回日韓対抗戦競輪開催

とが必要だと考えるからだ。
次章以下では、競輪誕生の前史から、終章の女子競輪の復活など二十一世紀以降の動きまで、おおよそ時系列に沿って競輪の歴史を振り返る構成になっている。ただし、各章ごとに論点を絞っているため、年表的には重なったり前後したりする部分がある。事実に関する記述と個人的な意見表明は明確に分けて書いたつもりだが、客観的記述を装いながらも、競輪ファンとしての私の価値判断が入っている部分も少なくないだろう。その点は、読者の批判を待ちたいと思う。

注

(1) 終章で詳述するが、一九九四年に韓国でも公営ギャンブルとしての競輪が始まった。また、競輪についてどこまで「日本オリジナル」といえるかについては、第4章で検討する。
(2) いずれも、一九九〇年代の数字。
(3) 男子の下位クラスや女子レースなど、七車立て(七人戦)でおこなわれるレースもある。
(4) このような形式のライン戦が一般化したのは、一九八〇年代以降である。それまでは、地区に関係なく、強い先行型選手の後ろに強い追い込み型選手が追走するという形が一般的だった。
(5) 阿佐田哲也『阿佐田哲也の競輪教科書』徳間書店、一九八九年、二四ページ
(6) 同書七ページ
(7) 女子競輪の廃止と復活の経緯、および日韓対抗戦については終章で詳述する。
(8) 実際に組み立て式のバンクが格納されていて、自転車競技の大会やイベントで使用されることがあ

る。

(9) 二〇〇二年に西宮、甲子園、門司が廃止になり、一〇年代に入ると花月園(二〇一〇年)、大津(二〇一一年)、観音寺(二〇一二年)、一宮(二〇一四年)と廃止が続いた。現在でも、施行する自治体の議会などで存廃が議論されている例が複数ある。

(10) 二十一世紀に入って以来、競馬にならってレースの格付けをG(グレード)で表すようになり、日本選手権競輪(競輪誕生の翌年から始まったレースで当初は全国争覇競輪と呼ばれていた)など、それまで特別競輪と称されてきたいくつかのレースがGIと格付けされた。これらのレースは、全選手の頂点を決める選手権試合(タイトルマッチ)である。出場条件も厳しく、当然、賞金も高額に設定されている。

(11) 二〇一〇年、現役大関を含む多くの相撲関係者が違法の野球賭博に参加したことが発覚し、相撲協会への信頼を揺るがす大問題となった。一五年から翌年にかけては、読売ジャイアンツに所属する複数の選手が野球賭博に関与したとして、無期失格などの処分を受けた。一六年、バドミントンの日本代表クラスのアマチュア選手が違法カジノに出入りしていたことが発覚し、同年のリオデジャネイロオリンピックの代表から除外された。

(12) 一九六九年、暴力団と関係したプロ野球選手が八百長試合に関与したことが明らかになった。六人の選手が永久追放になるなど、多くの関係者が処分された。

(13) スポーツの歴史とギャンブルの関係については、中村敏雄『スポーツルールの社会学』(朝日選書)、朝日新聞社、一九九一年)が詳しい。

(14) 拙稿「競輪の変容過程——競輪から見たギャンブルとスポーツの関係」「スポーツ社会学研究」第六号、日本スポーツ社会学会、一九九八年

(15) 二〇〇八年から「週刊少年チャンピオン」(秋田書店)で連載開始。単行本は既刊五十三巻(二〇一七年現在)。一三年以降、テレビや劇場用のアニメ化もされている。

(16) 競輪選手は個人事業主である。運営団体から斡旋を受け、レースに参加して成績に準じた賞金ならびに手当を得て生活している。副業は可能だが、多くが選手専業である。選手は地域ごとの選手会に所属しているが、練習場所や方法などは原則として選手の裁量に任されている。公営ギャンブルやプロゴルフのような賞金制、プロ野球やプロサッカーのような年俸制、その他、スポンサー契約によるものなど、「プロスポーツ選手」のあり方も多様であり単純に比較はできないが、競技だけで生活できる選手数という点で言えば、今日でも競輪が日本最多だろう。ちなみに、公営ギャンブルで競輪の次に選手数が多いのは競艇の約千六百人(二〇一七年現在)である。

(17) 競輪の全国統括組織のあり方や名称などは時代によって変化しているが、本書では特に必要な場合を除き概要を記述するにとどめている。以下、具体的な組織名ではなく「競輪運営者」「運営団体」などと記述するときには、JKA(旧称、日本自転車振興会)、全国競輪施行者協議会、監督官庁である経済産業省担当部署など、競輪の振興・発展・売り上げ増が共通の利益となるアソシエーションの複合体をさしている。売り上げ増が利益となる点では共通しながらも、その配分をめぐって運営団体との間に葛藤もある日本競輪選手会については、第2章、第4章で詳しく述べる。ただし、施行者間にも売り上げをめぐる競争があり、選手会を除いた運営者団体も必ずしも一枚岩というわけではない。

(18) 日本自転車振興会競輪十年史編纂委員会『競輪十年史』日本自転車振興会、一九六〇年

(19) JKA編『競輪六十年史』JKA、二〇〇九年

(20) 日本自転車振興会編『競輪三十年史』日本自転車振興会、一九七八年

（21）日本自転車振興会編『競輪五十年史』日本自転車振興会、一九九九年

（22）文書以外にも、運営団体、選手、競技関係者、メディア関係者の方々とのコミュニケーションから教示いただいた知識も当然盛り込まれている。

（23）のちの章で見るとおり、ジャーナリズムなどで競輪が論議の対象となった際には、存在そのものを否定する立場から語られることが多かった。また、競輪を真正面から扱った学問的な先行研究は少なく、論文としては、山田貴史による歴史的観点からのもの（「競輪草創期の史的考察――騒擾事件を中心に」「スポーツ史研究」第十七号、スポーツ史学会、二〇〇四年、他）や、公営事業史として整理した古林英一によるもの（「公営競技の誕生と発展――競輪事業を中心に」「学園論集」第百六十八号、北海学園大学学術研究会、二〇一六年）がある程度だ。

第1章　自転車競技が公営ギャンブルになるまで

1　自転車競技法の成立

法律によって規定されている公営ギャンブル

本章では、競輪が誕生するまでの経緯を見ていきたい。日本では、ギャンブルを目的とした公営競技が四種類（競馬・競輪・オートレース・競艇）実施されている。そのうち戦前からの歴史を有するのは競馬だけであり、他は競馬をモデルにして戦後の占領期に相次いで誕生したものだ。競輪の自転車競技法は一九四八年に成立し、五〇年にはオートレースの小型自動車競走法が、五一年には競艇のモーターボート競走法が制定され、戦後の公営ギャンブル体制が整った。

これ以降、今日まで新しい公営ギャンブルは作られていない。しいて挙げれば一九九八年に生まれたサッカーＪリーグの試合結果を予想するスポーツ振興くじ（通称toto）があるが、これは従来の公営ギャンブルとは大きく性格が違うものだ。複数の試合結果の組み合わせが当選番号になる宝くじ形式で、一億円を超える的中賞金が設定されている。当たる確率は大変低い。スポーツ観戦の楽しみとギャンブルのそれとを引き離し、ギャンブルによってスポーツが「汚されない」よう配慮された仕組みになっているのだ。

これに対して、公営ギャンブルの場合は、スポーツ観戦とギャンブルが直結している。あの選手が勝ったから／負けたから、自分はギャンブルに勝った／負けた。選手のおかげで儲かった／損をした。競技を観戦して引き起こされる感情と、ギャンブル行為に伴うそれとが、直接的に強く結び付く。それが公営ギャンブルの一般的な観戦体験だ。

公営ギャンブルの実施に法律の制定が必要なのは、日本では本来、ギャンブルが違法行為だからだ。ギャンブルを楽しむ場を設定すること、いわゆる「賭場の開帳」には、単純賭博よりも厳しい罰則が規定されている(1)。そのため、特別法を制定して刑法上の違法性を阻却し合法化するという仕組みが考えられた。競輪以下、戦後生まれの公営ギャンブルはすべて、そのような合法化手続きを含めて競馬をお手本にしている。

公営ギャンブルのモデルになった競馬

まず手短に日本での競馬の歴史を振り返っておこう。「くらべうま」「きそいうま」と呼ばれるような、馬を使った競走には古代以来の歴史がある。五世紀の古墳にはすでに馬具が副葬されていて、日本史の最初期から競馬的なものはあったと考えられるが、今日知られているような西洋式競馬の歴史はずっと浅い。幕末、横浜や神戸などの居留地にいた外国人たちが娯楽として始めたのが先駆けだ。これらの西洋式競馬は、明治の初期、文明開化を象徴するイベントでもあった。鹿鳴館時代には、政府の要人や明治天皇が外国人のおこなう競馬を観戦にいくなど、競馬場は外交の場としても機能していたという。

一八七〇年、東京招魂社（現・靖国神社）境内の馬場で日本人が主催する初めての競馬がおこなわれた。一九〇五年には、日本人の手による馬券発売が始まった。それまでは禁止されていたが、「馬匹の改良・馬産奨励」を名目に政府が主催者に「黙許」を与えたのである。馬券発売で資金を集め、賞金付きの競走を実施することで、馬産に関わる人々にいい馬を作る意欲を持たせること。明治期以来、日本では内国博覧会などを通じて、殖産興業のためのさまざまなコンテストがおこなわれてきた。工業産品や農産物などに賞を与えるのは、産業を奨励するためだ。広く言えば競馬もその一環なのだ。

こうして各地に競馬場が生まれたが三年後、再び馬券発売は禁止された。政府が補助金を出して競走をおこなう時代がしばらく続いたのち、一九二三年に競馬法が制定され、初めて合法的に馬券が発売されることになった。当初、競馬は陸軍省馬政局が管轄していた。馬には軍馬としての役割も期待されていたためだ。競馬法の成立をきっかけに、畜産を管轄する農商務省に移管された。

競馬法の第一条には「馬ノ改良増殖及馬事思想ノ普及ヲ図ルコトヲ目的トスル民法第三十四條ノ法人ニシテ主務大臣ノ認可ヲ受ケタルモノハ本法ニ依ル競馬ヲ行フコトヲ得」と競馬の目的が明記

されている。

普及されるべき「馬事思想」とは何をさすのだろうか。現在も東京都・世田谷にある馬事公苑は、一九四〇年に当時の中央競馬運営団体、日本競馬会によって作られた公園だ。八二年に競馬学校が別に作られるまで中央競馬の騎手養成所であった。日本中央競馬会（以下、ＪＲＡと略記）は、馬事文化財団を作り、「馬事普及に貢献」した人や団体に馬事文化賞を授与するなどの活動をおこなっている。これまでの受賞対象を見ると、競走馬についての映画や文学、ドキュメンタリーなどが選ばれている。馬事公苑は、オリンピック種目である馬術の試合場・練習場としても活用されてきていて、騎手養成機能が分離して以降は、そちらの用途がメインである。このように今日の「馬事」は、競馬とスポーツ馬術に関することをさしている。だが、競馬法成立当時のそれには、軍事的なものも含め、馬が持っていた役割を反映して、もっと広い意味が込められていただろう。

競馬法によって、今日につながる競馬の運営体制はほぼ整った。戦時中、競馬は一時中止されたが敗戦後すぐに復活した。ＧＨＱ（連合国軍総司令部）によって、独占禁止法に抵触するとして日本競馬会は解散され、国営競馬として運営される時期がしばらく続いたが、一九五四年に、農林水産省が監督し政府が資本金を全額出資する特殊法人としてＪＲＡが設立され、今日に至っている。日本中央競馬会法では、会設立の目的を「競馬の健全な発展を図つて馬の改良増殖その他畜産の振興に寄与するため」としている。同法では、馬券売り上げから配当分を引いた額の一割と、剰余金の半分を国庫に納付することなども規定されている。

馬事思想という言葉の代わりに畜産振興が加わったが、要するに競馬は、競馬のための競馬として運営できるようになったのである。産業化以前の人々の暮らしのなかで、馬は身近で重要な家畜だった。農耕や輸送のためにも、強くて丈夫な馬は必要とされていた。しかし、社会の発展とともにその需要はなくなり、改良増殖すべき馬イコール競走馬という時代になったのだ[2]。

競輪を創った人たち

管轄官庁を設定し、売り上げ金の使用目的を掲げた法律を作り実施するというやり方を、他の公営ギャンブルは競馬から学んだ。復活した競馬が人気を集めるのを見て、さまざまな勢力が政治家や役人を巻き込み、新しい公営ギャンブル事業の創設を目指した。戦災復興という大義名分と、当時の混乱した社会状況がそのような動きを加速させたのだろう。犬を走らせるドッグレースや、バスク地方発祥の球技で世界的にギャンブルの対象とされていたハイアライなども法制化の動きがあったが実現しなかった。現実化したのは、自転車、オートバイ、モーターボートのレースだった。つまり、人間が操縦して速く走らせるという、馬が持つ機能を代替する乗り物だけが勝ち残ったわけだ。

競馬の場合は、戦前から軍馬増強など馬に関する事柄を「馬事」として、社会的に普及させるべき理念として掲げることができた。なぜ、その競技なのか。刑法が禁じるギャンブルを無理やり合法的に実施するためには、新しいレースでも、官庁が管轄するためのタテマエにもなるような、それなりの名目が必要だった。

競輪の監督官庁は、経済産業省（一九四九年から二〇〇一年までは通商産業省）製造産業局である。

自転車競技法成立の一九四八年時点では、戦前の名称の商工省だった。ちなみに、オートレースも競輪と同じ経済産業省が管轄であり、競艇は国土交通省（誕生当時は運輸省）、競馬は既述のとおり農林水産省（一九七八年までは農林省）、宝くじは総務省、サッカーくじは文部科学省が監督官庁となっている。

明治政府は、殖産興業を担う役所として一八八一年に農商務省を設置した。日露戦争（一九〇四年）、第一次世界大戦（一九一四年）を経て、機械工業や商業の領域が拡大・発展する時期を迎え、第一次産業を担う農林省と第二次・第三次産業担当の商工省に分割された（一九二五年）。敗戦後、省庁の体制は軍隊組織以外ほぼそのまま存続した。競馬を確保している農林省に対して、当時の商工省も同様の資金確保手段があれば、実施したいと考えていたはずだ。

自転車競技をギャンブルの対象にするアイデアは、倉茂貞助と海老沢清文という二人の人物の出会いから生まれたとされている。似たようなアイデアを持っていた人は他にもいたかもしれないが、二人の活動が競輪実現につながったため創始者の栄誉は彼らに与えられている。特に、中心になったのは陸軍士官学校卒の元騎兵隊員、倉茂であった。退役後、満州国など大陸各地で仕事をしていたという人物である。海老沢は元満州国官吏で、その後は国策会社の社員となり大陸にいた。終戦時は、東京に出張中だったという。大陸引き揚げ組の二人が出会い、一九四七年に国際スポーツ株式会社を作る。倉茂は、湘南地方に大型のスポーツ観光施設、国際公都を建設する計画を抱いていて、その実現のための会社だった。敗戦直後のこの時期、戦災復興事業を名目にして、彼らのような経歴の人たちが起こした会社や団体は数多く存在していた。

今日も、観光業やエンターテインメント産業、パチンコ業界が政治家と連携しながらカジノ合法化を目指してはたらきかける動きがある。社会状況が違うとはいえ似たような構図だろう。近年のカジノ構想では、ハリウッドやマカオのような、さまざまなエンターテインメントの複合施設(統合型リゾート〔IR〕と呼ばれている)の建設が目指されている。国際公都は、いわばその先駆的な計画だった。

なぜスポーツ観光施設だったのか。国際スポーツ社の「創立趣意の概要」には次のような目的が書かれている。

終戦後吾国は勿論世界各国に於けるスポーツの興隆は、日を追ふて愈々殷盛を極めつつあります。「スポーツは平和と共に」。やがて世界平和の再建と共に、スポーツの隆昌は、文字通り有史以来の黄金時代を現出するに到るものと信ずるのであります。吾国は今や国家再建の為に各方面に亘り全力を傾けて努力して居りますが、スポーツの奨励普及を図る事こそは、体育の上から見ても又精神的諸要素の涵養と言ふ点から見ましても絶対に之を必要とするのであります。然して日本再建の重要なる一面として、広義に於ける観光日本の建設を考へねばなりません。(3)

大義名分は、スポーツの振興だった。スポーツというキーワードが、平和の時代を象徴するものとして使われていて、さらには観光とも結び付けられている。構想案にはホテルや社交クラブ、映画館や劇場、遊覧飛行機など、およそ思い付くかぎりのレジャー関連施設のアイデアが盛り込まれていた。なかでも目玉は「スポーツランド」という施設だった。そこには、陸上競技場、テニスコート、野球場、ゴルフ場、自転車競技場、競馬場、さらに、ドッグレース場までが作られることになっていた。彼らのスポーツ観が今日一般的なものよりも「遊び」「気晴らし」のイメージに近かったことがうかがえる。

報償付き自転車競技というアイデア

しかし、国際公都の資金集めは成功せず、計画倒れに終わった。そんななか、打開策として彼らが考え付いたのが「報償付き自転車競技」というアイデアだった。[4] この計画が、やがて競輪として結実することになる。倉茂らは、国際公都の建設予定地だった神奈川県の知事・内山岩太郎に許可を得るべくはたらきかけた。その際、次のような「趣意書」を作成している。

報償制度併用に依る自転車競技開催の趣意書

自転車は本邦工業輸出品の中核的存在でありまして、先に商工省当局も銀輪建国に関する抱負の一端を発表して、その必要性と重要性とを強調せられたのでありますが、自転車は又交通輸送の為補助機関として重要なる役割を果たすものであり、スポーツとしても亦極めて大なる価値を有するのであります。

然るに自転車生産の現況は戦前の約十分の一に減少し、而も国内保有量は戦前の約五分の一に過ぎないのであります。

今や国内、国外無限の需要を考へます時、凡有る努力を傾けて、自転車工業の量、質に亘る大増産を促進する必要を痛感するものであり、又銀輪工業とこれに附帯する事業の再興とに依って、難航をつづけつつある新生日本に新たなる分野を開拓することが望ましいのであります。爰に於て私共は左記の如き目的達成を企図致しまして、特別なる方法に依る自転車競技の開催を計画したのであります。

このように企画意図を説明したあと、次の八項目の実施目的を掲げている。

一、国民の自転車に対する関心と知識とを増大せしめる。二、自転車業者の生産意欲の向上を図る。三、自転車の質的改善を促進する。四、自転車工業の発展助長に貢献する。五、国民の体位向上に寄与する。六、スポーツとしての自転車競技の発展を促進する。七、将来仏国に於ける如く日本の自転車競技を国際的に発展せしめる。八、新職業を提供すると共に失業救済の一助とする。(5)(明らかな誤字は引用者が修正)

自転車産業の発展のために国民の自転車への意識を高める、そのための自転車競走ギャンブル、というわけである。一読してわかるように、競馬法の論理をそのまま自転車に持ってきたものだ。スポーツとしての自転車競技の価値にも注目しており、この頃から自転車先進国フランスを意識していたこともわかる。彼らが自転車競技を選んだのは、戦前の日本でも「見る」スポーツとして一定の人気があったためである。

騎兵隊出身の倉茂は、中山や府中の競馬場での競馬の審判や技術テストの審査員経験がある人物だった。のちに、倉茂自身も「競輪は、何から何まで、競馬のまねですね[6]」と語っているように、馬の代わりに自転車を、という単純な発想から始まったのが競輪だったのだ。馬の競走で公益性を主張できるなら自転車だってできるだろう、という理屈だった。

この報償付き自転車競技も結局実現しなかった。やはり刑法に抵触することが問題になったため

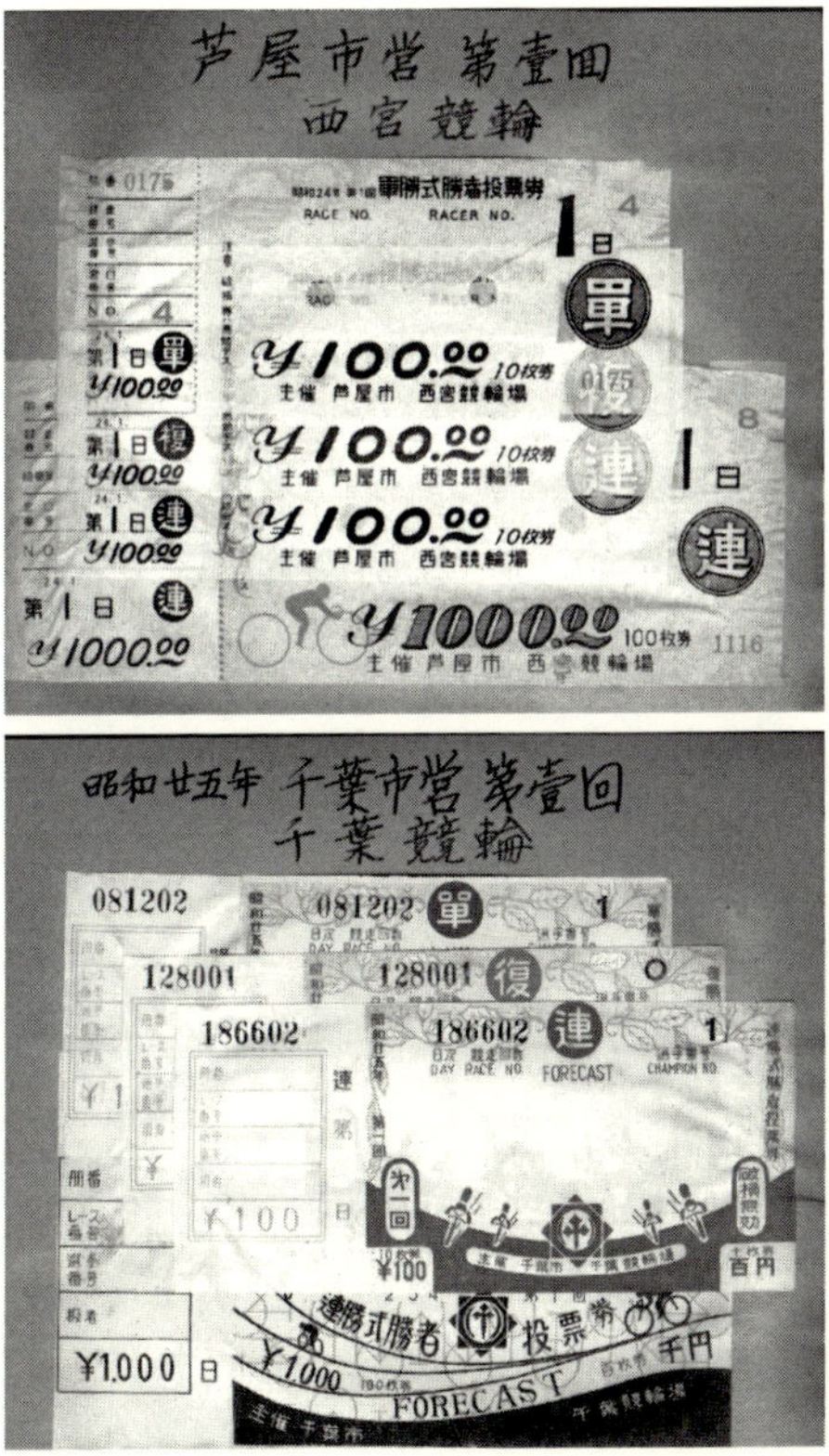

図3　初期の車券の一例。競輪場ごとに個性的なデザインの車券が発売されていた（資料提供：自転車文化センター）

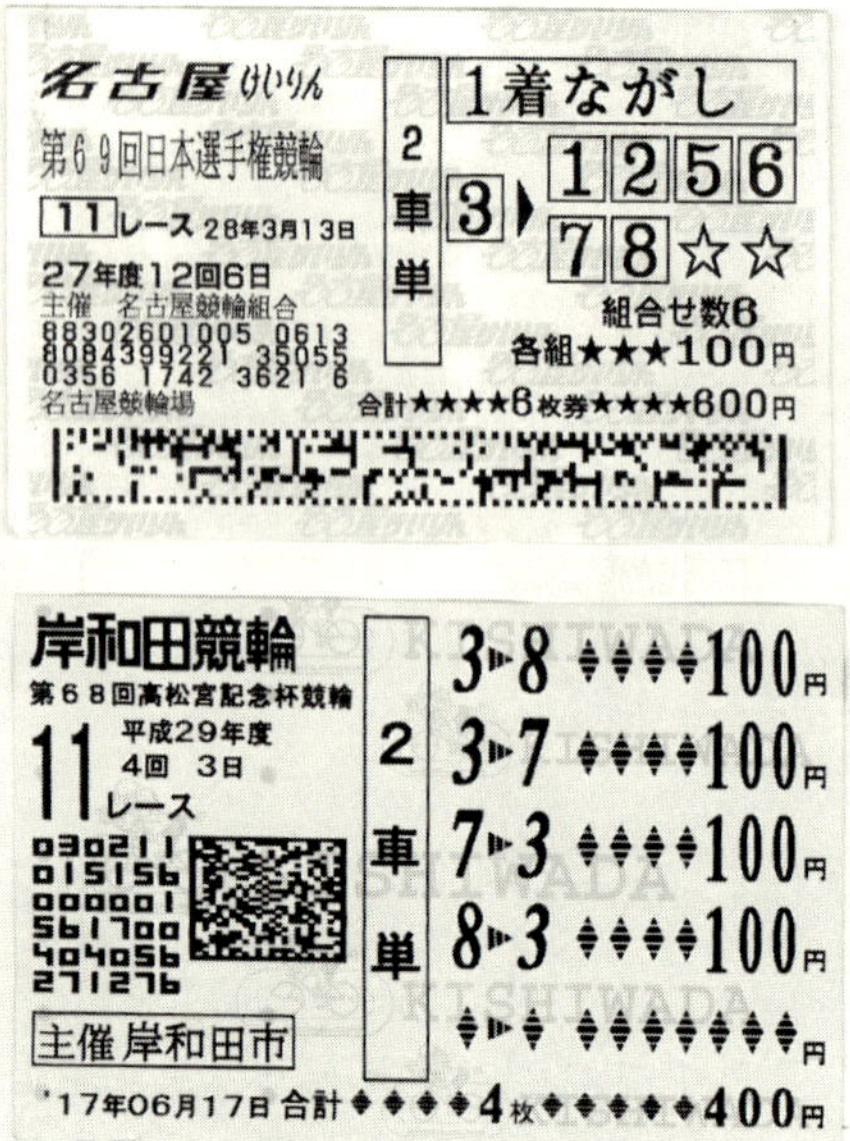

図4　今日の一般的な車券。現在、車券発行はコンピューター化され、どの競輪場でも似たようなデザインになっている

だ。国際スポーツ社の起ち上げが一九四六年六月。報償付き自転車競技の提案は、翌四七年九月。不可能とみると、彼らは各所にはたらきかけをおこない、競馬法同様の法律制定に動き、翌十月には自転車競技法案期成連盟を結成している。大変、動きが早い。

倉茂と海老沢は、出資者探しをしていたとき、訪問先の資産家の屋敷でたまたま居合わせた社会党の国会議員・林大作と知り合いになる。

林代議士は、当時社会党の中央執行委員であり、片山総理大臣の腹心中の腹心でした。私はまだ頭の中に具体的な案が出来上がっていたわけではなかったが、競馬のことが脳裡にあったから一席演説をぶったわけです。(7)

同年四月におこなわれた衆議院選挙で第一党となった社会党は、片山哲を首班に政権の座にあった。社会党は、四年後のモーターボート競走法の審議時には反対票を投じるなど、のちには反公営ギャンブルの政策を掲げるのだが、このときには倉茂らの企画に積極的に賛成した。自転車競技法案期成連盟は、将来の競輪実施団体とするべく自転車業界を中心に結成されたものだ。この民間団体が国の委託を受けてレースを実施するというのが彼らの構想だった。

国会内で開催された期成連盟の会合には、大日本機械工業、宮田製作所、萱場産業、山口自転車製造、日米商店、岡本工業など、当時、自転車の生産・輸入などに関わっていた大手企業の代表者が軒並み参加している。各党からの意見を受け、自転車産業発展だけでなく地方財政への寄与という目的も法律に盛り込まれることになった。こうして、政治権力、自転車産業界の後押しを受け、翌年七月に自転車競技法が国会で可決・成立し、同年十一月、福岡県の小倉市で第一回の競輪が開催されることになった。

倉茂らのはたらきかけが実を結んだ自転車競技法だが、占領政策によって大きく修正させられた点があった。当時のGHQは財閥解体を目指していて、独占企業を排除する方針だった。それを受けて、この時期は競馬も国営で開催されていた。同じように競輪の運営体制も、民間企業による独占禁止、地方分権の促進というGHQの方針に合わせて変更せざるをえなかった。そのため、特殊法人として自転車振興会を各都道府県に設置し、主催する自治体の委託により各振興会が実務を担当して開催するという形式がとられることになった。自転車競技法案期成連盟は、日本自転車振興会連合会へと発展的解消をする。地方の振興会を統合する組織になったわけだが、倉茂らが当初考えていたよりはかなり分権型の組織になった。このことは、競輪が巨大化していくなかで、社会状況の変化に敏速に対応したり組織改革をおこなったりするうえでの大きな障害として、のちのちまで影響した。

小倉の次には、大阪市の住之江、翌年には埼玉県の大宮と、次々に競輪場が作られていった。開催はいずれも大成功を収め、競輪人気は爆発的なものになっていく。各地の自治体があとに続き、開始から数年で全国に六十を超える競輪場が誕生した。

オートバイレースとモーターボートレース

競馬をモデルに作られた競輪の成功。それを受けて、自転車でできるならオートバイも、それならばモーターボートでも、と類似の乗り物競技が探し出されて、さらに二つの新しい公営ギャンブルが誕生する。比較のため、この二つの競技についても誕生の概要を見ておこう。

オートレースを規定する小型自動車競走法(一九五〇年成立)は、開催の目的を「小型自動車の性能の向上等品質の改善、小型自動車に関する海外宣伝その他小型自動車工業の振興に寄与するとともに、地方財政の改善を図るために行う」としている。小型自動車とは、千五百CC以下のエンジンの自動車をさすもので、最初期にはオートバイだけではなく四輪車のレースもおこなわれていた。競馬法、自転車競技法と同じフォーマットで、振興すべきことが小型自動車産業に代わっただけだ。

馬から自転車、そして小型自動車へ、という流れは、生活に身近な乗り物の変遷と重なっている。

競輪の場合と同じように、オートバイ、オート三輪などの小型自動車産業界を中心に運営団体が形成された。当時は、自転車メーカーがオートバイや小型自動車生産に進出する例も多かったため、競輪の業界と重複しており、管轄も通商産業省になったが、競輪ほどの拡大は見なかった。競馬場のダートコースを転用したものなど、最大で九カ所のレース場が生まれたが、開始から数年のうちに半数が休止となった。レース場の建設費が競輪よりも高くつくこと、騒音がひどく立地に制限があることなどが、拡大の障害になったようだ。一九六〇年代に舗装された緩い傾斜を持つ競走路を使うようになり、規定コースを走ることに特化した同一機種のオートバイによるレース形態に統一され、今日に至る。公営ギャンブル最速のスピード、距離ハンデなど独特のレース形態が生み出す勝負の綾を楽しんでいるファンも多いが、競輪同様、新規ファンの開拓に失敗して事業は縮小傾向にある。二〇〇七年、経済産業省管轄下の競輪とオートレースは、合理化のため運営団体（日本自転車振興会、日本小型自動車振興会）が統合され、JKAとなった。[8]

最後に誕生した競艇は、モーターボート競走法（一九五一年成立）によって規定されている。同法が国会で審議された際には、社会党などが反対に回り、参議院で否決されるという曲折があった。競輪が開始されて三年目を迎えたこの頃、公営ギャンブルへの否定的な世論が生まれつつあったのだ。競艇事業を中心となって動かしてきたのは、笹川良一という人物であった。彼は、戦前には国粋大衆党という右翼団体を率い、戦後はA級戦犯容疑者として巣鴨プリズンに入獄した経験がある。

競輪との対比では、誕生年の数年のズレが、のちの運営形式に大きな違いとなって現れたことを指摘しておきたい。自転車競技法成立の頃には、戦前の軍国主義日本の解体を最優先とし、地方分権、独占禁止を徹底して求めていたGHQは、占領末期のこの頃には深刻化した東西冷戦を見すえ大きく政策を変えていた。いわゆる逆コースと呼ばれるこの転換なくして、笹川のような経歴の人物が中央集権的な民間組織を作って公営事業を受託することは不可能だっただろう(9)。

モーターボート競走法では、競走の目的を「モーターボートその他の船舶、船舶用機関及び船舶用品の改良及び輸出の振興並びにこれらの製造に関する事業及び海難防止に関する事業の振興に寄与し、あわせて海事思想の普及及び観光に関する事業並びに体育事業その他の公益の増進を目的とする事業の振興に資するとともに、地方財政の改善を図るために行う」と書いている。この海事思想は、戦前の競馬法の馬事思想そのままだ。海洋事業に関することを振興するためのモーターボート競走、というのが競艇の名目なのだ。そのため、海運をつかさどる運輸省（現・国土交通省）の管轄になった。その他、地方財政、観光、体育など、売り上げ金を活用できる分野をずらずらと並べているのは、もっともらしい理由づけが難しい時代になっていたことの表れだろう。

競輪・オートレース・競艇はいずれも、競馬をまねて、敗戦後の混乱期、いわばどさくさに紛れて次々と誕生した。そののち高度経済成長を迎え、各公営ギャンブルの売り上げはどんどん膨らんでいったが、なかでも競輪は競技場数の多さもあり、売り上げの面でトップを走っていた。しかし、一九七〇年代以降、その存在感が徐々に弱まっていく。一方、中央競馬は、組織の強さを生かして広告・宣伝にも力を入れ、ギャンブルのマイナスイメージを払拭することに成功し、売り上げを伸ばしていった。八〇年代以降は、新規ファンの開拓にも成功し、ますます巨大化していく。

競輪は、一九七〇年代後半には後発の競艇にも追い抜かれる。中央集権的な組織構成だった競艇は、施設改善や広報など、時代の変化への適応が競輪よりも迅速だった。都市部への場外発売所建設にも積極的だったし、スポーツ新聞などへの広告出稿量でも競艇が競輪を圧倒して、メディアの扱いにも差が生まれた。レースそのものも、ラインのような複雑な要素がある九車立ての競輪より、六艇でのレース、内枠が有利になるという条件の競艇のほうがわかりやすかったという面もあるだろう。レジャーが多様化し、ギャンブルファンというパイを公営ギャンブル同士で奪い合う時代になって、結果として競輪は競艇に客を奪われるような形になった。

2　競輪以前の日本自転車史

日本での自転車レースの始まり

倉茂と海老沢は、政治家や自転車業界を巻き込んで自転車競技法の制定にこぎ着けた。前述のとおり彼らが自転車に注目したのは、自転車競走が「見る」スポーツとして戦前から一定の人気を持っていたからだった。

西洋式競馬と同じように、自転車も日本の近代化の過程で西洋から輸入され普及した。幕末から明治初期にかけて、自転車は滞日中の西洋人たちが所有する新奇な乗り物として、日本の社会に登場する。明治の中頃には、現在のような形の自転車の輸入が始まった。明治期の自転車は、今日でいえば高級外車のような一種のステイタスシンボルであり、乗り回せるのは富裕層に限られていた。

図5　兵庫県西宮市郊外で開催された競技大会の様子。大正時代には、日本各地で このような草レースがおこなわれていた（資料提供：西宮市・浅田柳一氏）

一八九三年、日本で最初の自転車団体とされる日本輪友会が結成された。事務所は東京・京橋の交詢社内におかれた。交詢社は、福沢諭吉が設立した日本最古の社交クラブである。日本輪友会には、三菱財閥の岩崎久弥、参謀本部の中島康直大尉などが参加し、ツーリングの会などが催されたようだ。

競馬同様、横浜の居留地で外国人たちがレジャーとしておこなったのが、自転車競走の始まりだ。一八九七年、日本人の鶴田勝三が外国人主催のレースに参加して活躍したという記録がある。日本人の手による最初の本格的な自転車レースは、一八九八年、東京・上野の不忍池畔で開かれた内外連合自転車競走運動会である。主催したのは、同年に結成された大日本双輪倶楽部という団体で、以来、毎年春秋二回の大会を実施するようになった。この倶楽部のメンバーは、二六新報社社長で衆議院議員の秋山定輔や、派手な広告戦略で有名だった天狗タバコの社長・岩谷松平などだった。国際競走をうたった外国人選手も参加する物珍しいイベントだったため、大変な盛況を博した。もともと富豪たちの道楽から出発したもので、柳橋あたりの芸者たちが集まったのも壮観だったと記録にある[10]。

賞金付きの競走イベントも各地でおこなわれるようになり、人気を博した。自転車の普及も進み、輸入業者間の販売競争も始まった。レースでの勝利が、自転車の性能をアピールする絶好の機会となった。各商社は、強い選手をお抱えとして雇い始め、選手のセミプロ化が進んだ。一九〇一年に開催された第一回全国連合自転車競走大会で優勝した石川商会所属の小宮山長造が手にした賞金は百円だった。今日の貨幣価値でいえば二百万円くらいだろうか。ちなみに、当時のアメリカ製自転車の値段は、二百円から二百五十円あたりだった。

この頃は、新聞の大衆化が進み、大新聞間の競争が激化した時期でもある。新聞社は競って、スポーツや展覧会などのイベントを数多く企画・開催し、自社の販売促進に利用するようになっていた。不忍池での最初の大型レースのスポンサーには二六新報社がついていたが、自転車競技の人気拡大に伴って、他にも多くの新聞社が自転車レースを主催するようになった。

なかでも、一九〇七年に大阪新報社が実施した大阪・日光間一千哩レースは、大きな話題を呼んだ。五十余人の選手が大阪と日光を往復して争う壮大なレースだった。この頃には、日米商店という商社が扱っていたイギリス製のラーヂ号という車種の自転車が人気を集めていた。このレースでも、ラーヂ号に乗った日米商店の選手が優勝している。タイムは五日と四時間だった。

競馬では、馬の改良が競馬開催の名目であった。レースによって勝ち残った馬は強い馬、いい馬であり、レースで高い賞金を獲得でき、種牡馬、繁殖牝馬としても高値がつく。そのため生産者の意欲も上がり、より強い馬が生まれることになる。このように業界全体のレベルアップを目指すことが競馬の究極の目的になっていて、それ自体は現在も一応変わらない。「強い馬」が、軍馬として、あるいは農耕、運搬用としてではなく、競馬競走での強さだけを意味するようになったことを除いては。

自転車競走も同じだった。庶民には高嶺の花だった頃のレースは、今日でいえば金持ちによる高級外車の自慢合戦のようなものだったが、それが実用の乗り物として普及していくと、性能競争としての意義も実際的なものになっていった。大きなレースの結果は新聞にも掲載され、優勝したチームの自転車販売業者は広告を出してアピールした。レース結果と自転車販売が直結していたのだ。自転車競技が近代スポーツとして実施されるようになる過程で、競技用の自転車は一般用とは別の発展をしていくが、この頃は未分化だった。過酷な「一千哩」レースでの勝利は、スピードだけでなく頑丈さを証明する絶好の機会になり、ラーヂ号はますます売れたという。

「乗り物」の改良と競走

競輪が始まった当初は、競走用自転車だけではなく、実用車のレースもおこなわれていた。商店などで使われていた荷台付き鉄製の頑丈なタイプの自転車だ。競輪の最高峰レースである日本選手権競輪の前身、全国争覇競輪でも、一九五五年の第十回大会までは実用車レースが実施されていた。

戦後、自転車はますます身近な乗り物になっていったが、戦前と同様に、当初は競輪にも、生活の場で使われる自転車の宣伝というねらいもあったのだ。

初期の競輪では、出走表に自転車のブランド名も明記されていた。誰が走るか、だけでなく、自転車の性能差もレース結果に関わると考えられていたためであり、また、メーカーの宣伝の意味もあった。しかし、業界の期待に反し、競輪で勝った自転車の売り上げが伸びることはなかった[11]。競輪場に押し寄せた観衆の関心はあくまでもギャンブルであり、商品としての自転車に関心を持つ者などほとんどいなかったのだろう。そして、出走表の自転車名欄は、しばらくすると消滅した。レースが繰り返されるうちに、自転車の性能差は予想に必要がない情報と考えられるようになったのだ。

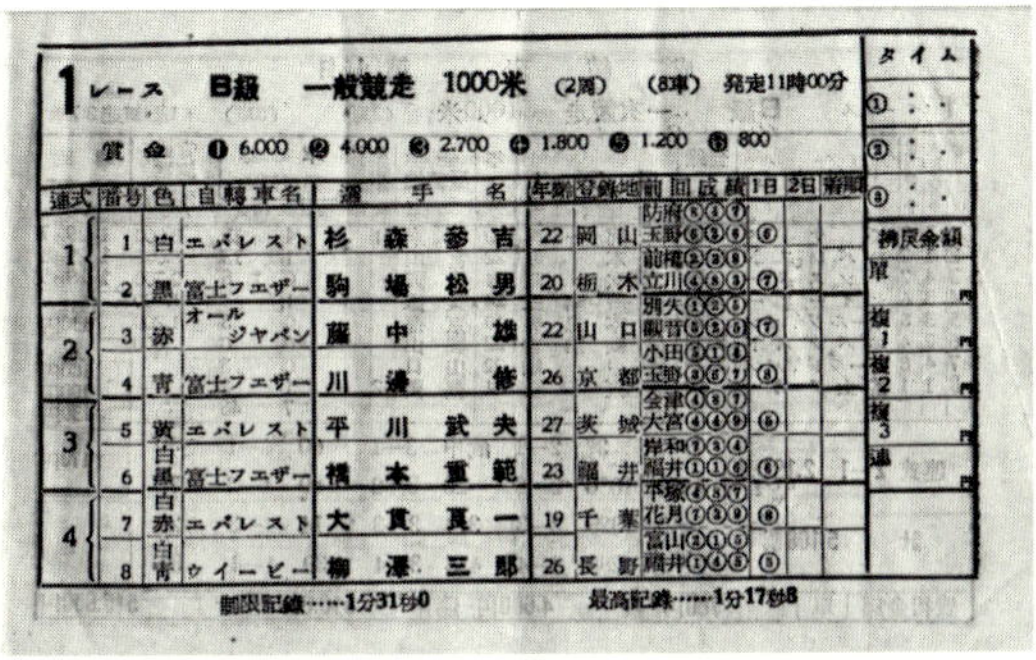

1レース　B級　一般競走　1000米（2周）（8車）発走11時00分

賞金 ❶ 6.000 ❷ 4.000 ❸ 2.700 ❹ 1.800 ❺ 1.200 ❻ 800

連式	番号	色	自轉車名	選手名	年齢	登録地	前回成績	1日	2日	着順
1	1	白	エベレスト	杉森参吉	22	岡山	防府⑧④⑦ 玉野⑥③④	⑥		
	2	黒	富士フェザー	駒場松男	20	栃木	前橋②③⑧ 立川④⑧③	⑦		
2	3	赤	オールジャパン	藤中雄	22	山口	別府①②⑤ 観音⑤②⑤	⑦		
	4	青	富士フェザー	川瀬修	26	京都	小田①①④ 玉野③⑥⑦	⑧		
3	5	黄	エベレスト	平川武夫	27	茨城	会津④⑧⑦ 大宮④④⑨	⑥		
	6	白黒	富士フェザー	橋本重範	23	福井	岸和⑦③④ 福井①①⑥	⑥		
4	7	白赤	エベレスト	大貫真一	19	千葉	平塚④⑧⑦ 花月⑦③⑨	⑧		
	8	白青	ウイービー	柳沢三郎	26	長野	富山②①⑤ 福井①④⑤	⑤		

タイム ① ② ③

払戻金額 単 複1 複2 複3 連

制限記録……1分31秒0　最高記録……1分17秒8

図6　初期の出走表には、自転車のブランド名が明記されていた。1952年、吹田市営大阪競輪開催時のもの（資料提供：自転車文化センター）

ちなみに、他の公営ギャンブルの出走表では、乗り物の扱いはどうなっているのだろうか。競馬は乗り物である馬が主体と考えられているため、「運転手」のほうが二次的な情報の扱いになっている。オートレースでは、現在もバイク名が明記されているが、機種名ではなく選手がつけた愛称にすぎず、予想のための情報としてはあまり意味がない。競艇の場合は、出走表にはボートとモーターの番号が書かれている。ボートとモーターが競艇場の所有物であり、選手はレース開催前日に抽選によって割り振られる仕組みになっているためだ。同じ規格のものを使用しているのだが、モーターの個体差は特に大きく、調子のいい機械を引き当てたかどうかがレース結果に影響する。そのため、名前もつけられず、ただの数字で呼ばれるモーターやボートの連帯率が、出走表のなかでも重要な情報になっている。

戦後始まった競輪・オートレース・競艇は、競馬法にならって、それぞれの乗り物の改良をうたった法律を作ったが、競馬のように乗り物の性能を選別する形のレースにはならなかった。乗り物の進化よりも、公正性や安全性の確保がより強く求められたのだ。ファンにできるだけ疑念を与えないように、安定したレースができるように、ということが何よりも大事だった。一つのレースに使われる乗り物の性能差を、できるだけゼロに近づけることが目指された。モーターボートのように同型の機種を使っていても個体差は出るし、オートレースの場合にはタイヤやその他の機材にも選択の幅があり、結果に影響を与えるのだが、この二つのモーター競技はともに選手自ら機械の整備をするため、乗り物の違いは、予想の対象としての「選手の能力差」の延長線上にあるものと捉えられるようになっている。競輪は公営ギャンブルのなかでは乗り物の影響が最も小さく、選手の運動能力が結果に直結する競技である。乗り物に関して、競輪の出走表に掲載されるのは、ギア比についての情報くらいだ。

競馬を模して始まったこれらの公営ギャンブルでは、スタート当初はさまざまな形式のレースが試行されたが、やがてそれぞれ安定したレース形態が見つけ出され、乗り物も、それに適応するために特殊な進化を遂げた。完成型に近いものができあがったあとは、安全性・耐久性などの点で改良されるくらいで、複数のメーカーが技術を競うような場にはならなかった。売り上げから業界団体に交付金を配分するという面では、それぞれの業界に貢献してきたが、生産者が技術を競い合う場としては限定的な役割にとどまったのである。

スポーツとしての自転車競技界の誕生

明治末期の新聞記事データベースを検索すると、草競馬と自転車競走が一緒に開催されるというローカル記事がいくつか出てくる。地域のお祭りのアトラクションのような形でレースがおこなわれていたようだ。スピードが出る乗り物が走ること自体、珍しい見せ物として成立したのだろう。

　第一次世界大戦後の恐慌、関東大震災（一九二三年）と続く時代に、「見る」スポーツとしての自転車競走の人気は低下したらしい。不景気の影響だけでなく、自動車やオートバイなどさらにスピードが出る乗り物の登場で、自転車の速さは見せ物としての値打ちが下がったのだろう。反対に「する」スポーツとしての自転車競技は、この頃から確立されていく。

アテネで第一回の近代オリンピックが開催されたのは、一八九六年。競技種目は、陸上競技、競泳、体操、重量挙げ、レスリング、フェンシング、射撃、テニス、そして自転車競技だった。以来、自転車競技は、オリンピックの競技種目から一度も外れたことはない。競技種目のなかには、八十七キロのロードレース、スプリント、三百三十三メートルのタイムトライアル（独走での時間計測）、十キロの中距離レースなど、今日でも類似形式でおこなわれているものもあるが、トラックを何度も周回しておこなう百キロレース、十二時間レースという、いまでは見られないような種目もあった。ちなみに、第一回大会では、六種目でフランスの選手が金メダルを獲得している。

世界選手権自転車競技大会の歴史は近代オリンピックより古く、一八九三年のアメリカ合衆国シカゴ大会が初回である。最初はトラックレースだけの大会だった。ツール・ド・フランスが始まったのは一九〇三年。日本のトラックレースは、陸上競技と同じように平面の走路で実施されていたが、海外では、この頃には傾斜があるバンクによる競走も始まっていた。

日本の選手が最初に国際競技大会に正式出場したのは、一九一五年に上海で開催された第三回極東選手権競技大会だった。極東選手権とはアジア大会の前身にあたる競技大会で、一三年から三四年までの間、全十回開催され、自転車競技は第一回から第三回まで実施された。上海大会では、十五マイル競走（約二十四キロ）に出場した藤原延選手が優勝を飾っている。

一九三〇年代に入ると、日本でも大きなアマチュアの競技会がおこなわれるようになった。画期となったのは三二年、大阪毎日新聞社（通称・大毎）の主催でおこなわれた第二回西日本サイクル選手権大会だった。前年の第一回大会は、大阪―鹿児島間ロードレースとして実施されたが、第二回は兵庫県西宮市にあった南甲子園運動場を舞台に、トラック・ロード双方の競技大会として開催された。西日本の各府県代表チームに、植民地だった朝鮮や台湾の代表チームを加えたチーム対抗戦だった。この大会は、戦争で中止になるまで年に一回、計十二回開催されていた。

当時の大毎は、大阪朝日新聞社とライバル会社として発行部数争いでしのぎを削っていた。朝日が一九一五年に始めた全国中等学校優勝野球大会（現・高校野球全国大会）が人気を集めると、大毎は二四年から春の選抜大会を始めた。二五年には大大阪記念博覧会を開催し、四十七日間で約百八十八万人もの来場者を集めるなど、大がかりなイベントを仕掛けて話題を作ってきたことでも有名な新聞社だった。[12]

西日本サイクル選手権は、大毎としても相当力を入れたイベントだったことが当時の紙面からうかがえる。開催日一九三二年九月九日付の紙面は、見開き二ページのメインページを含め、全十六ページのうち七ページに関連情報が掲載されている。記事のなかで目を引くのは、競技規則に関する説明である。

スタートの補助に関する第一条「トラックにおけるスタートの際は競技者は自転車に跨り前車輪の最前部を出発点と垂直に静止せしめ、出発の際安定を得るためには一競技者につき一人の幇助者を許す、幇助者は同県の選手にして出発の号砲と同時に支持せる自転車を手をもって前方に推進せしめ直に退場するものとす」[13]以下、全二十三条の細かな規則が全文掲載されているのだ。今日でも競技会の参加者やスタッフにはルールの周知は必須だが、一般の新聞紙面にそれがそのまま載ることはない。つまり、観客にも基本的なルールを周知させ、新しいスポーツとして認知させようというねらいだったのだろう。

この大会では、自転車も同一規格のものが使われた。採用されたのは「富士号」という国産車だった。前述のイギリス産ラーヂ号で売り上げを伸ばした日米商店が、国産に転換して作成したブランドである。自転車の性能競争の要素を極小化して、自転車競技を肉体競技化（＝スポーツ化）しようというねらいが見られる。この大会は、アマチュア競技大会として実施され賞金を出さなかった。そのため、セミプロの選手たちのなかには、食べていけないと参加を取りやめた人もあったという。[14]

この大会の二年後の一九三四年、日本サイクル競技連盟が結成された。全国的なアマチュア競技団体の誕生である。三六年には、国際自転車競技連合（ＵＣＩ）への加盟が認められ、名称を現在の日本自転車競技連盟に変更し、この年デンマークでおこなわれた世界選手権大会に初めての日本代表選手を送った。

しかし大日本体育協会は、自転車競技連盟の加入をなかなか認めなかった。同協会は、柔道家で教育者の嘉納治五郎が日本人初の国際オリンピック委員会（以下、ＩＯＣと略記）の委員となったことを受けて日本のオリンピック参加を目指して作られた組織で、現在の日本体育協会の前身だ。一九三六年、ドイツのベルリンで十一回目のオリンピックが開催された。アドルフ・ヒトラー率いるナチス政権のプロパガンダとなったこの大会に、初めての自転車競技日本代表を送ることが目指されたが、協会の承認が間に合わず見送りとなった。正式に大日本体育協会への加入が許可されたのは、申請から二年後の三八年だった。四〇年には東京オリンピックが予定されており、日本で最初の自転車競技用トラックも建設中だったが、協会への加入が認められたこの年、東京大会は中止と決まった。[15]

3　働く者のスポーツ

民衆的な親しみのうえに

これまで見てきたとおり、戦後、競輪という新しいギャンブルを作る核になったのは、倉茂・海老沢の国際スポーツ社であり、彼らは、当初スポーツという看板を掲げたレジャーランドの建設を計画していたのだった。そのなかで、資金を生み出すスポーツとして注目したのが自転車競走だった。アマチュアの自転車競技界が形成されつつあるなか、倉茂らはアマチュアとプロの違いについて、どのように捉えていたのだろうか。

彼らが作成した「自転車競技法の提案趣意書」のなかに、次のような一文がある。

> わが国の自転車競技は所謂働く者のスポーツとして明治年代より都市農漁村を問わず民衆的な親しみの上に発達し、自転車の改良進歩に多くの寄与をしてきたのである。戦争によって一時中断された自転車競技に対する関心は今や再び勃興せんとする気運にあり、すなわち自転車競技は競馬よりも一層広く国民大衆の上に基礎を置くもので、レクリエーションの対象としてふさわしいものである。同法案の制定を提唱する所以は自転車生産の直接的効果を期待すると共に、職業選手による自転車競技とアマチュアによる純潔なる自転車競技とを画然と区分して健

全なる発達を図らんとするところに狙いがあった。(16)（傍点は引用者）

ここから彼らの（おそらく当時一般的だった）自転車競技観・スポーツ観がうかがえる。まず、競馬と比較して自転車はより大衆的だといっている。前述のように、日本に入ってきた当初、庶民には手の届かない高級な乗り物だった自転車は、二十世紀の初頭には、商店の軽輸送用の乗り物として普及し始めた。そして、敗戦後のこの頃には、さらに庶民的な乗り物になっていた。

「働く者のスポーツ」という表現は「大衆的なスポーツ」という意味で使っているのだろうが、のちに続く「職業選手による自転車競技とアマチュアによる純潔なる自転車競技」を見ると、また別の含意が読み取れる。職業選手は純潔ではない、という価値観だ。

先に見たとおり、アマチュアの自転車競技大会の画期となったのが、一九三二年に南甲子園でおこなわれた第二回西日本サイクル選手権大会であった。この大会には、岐阜県以西二十八府県と台湾・朝鮮代表を合わせて全三十チーム（各チーム三人）が参加していて、「毎日新聞」の紙面には、全選手の名前と持ちタイム、職業が掲載されていた。圧倒的に多い職業は「自転車業」で、参加選手九十人の四割強にあたる三十七人にものぼっている。今日の実業団のようなものだったのか、選手専業だったのか、詳しい勤務形態や収入はわからないが、いずれも商社やメーカーなど自転車関連会社に所属するセミプロ選手だったのだろう。戦前のトップレベルの自転車競技者は「職業選手」によって占められていたのだ。

昭和六年八月、本社は第一回西日本サイクル・チーム・レースを鹿児島、大阪間に挙行した、これによつて従来やゝスポーツ界から遠ざかつた観あつた自転車競走が全く新しい建設により改良せられ、自転車競走が現に世界オリンピック大会の競技の一種目なつてゐる今日、協力して邁進これに参加すべき曙光を認め得るやうになつた。[17]

これは、『大阪毎日五十年史』（一九三二年）の一節だ。ここでは、ロードレースだけでおこなわれた第一回大会が取り上げられているが、大毎が自転車競走の大会を主催するにあたって、オリンピックが意識されていたことがわかる。「やゝスポーツ界から遠ざかつた観」があったというのは、自転車競技自体の人気低迷だけでなく、職業選手を中心とする「見る」スポーツというイメージがあり、アマチュアスポーツ界とは距離があったことを意味するのだろう。

大日本体育協会が、日本自転車競技連盟の加入をなかなか認めなかった背景にも、この「距離」の問題があったように思われる。職業選手が中心を占めるスポーツは、純潔ではない。だから大日本体育協会には入れたくない。それでも、オリンピック種目にはなっているし、東京オリンピックの開催も近づいてきているから、仕方なく加入が許された、というあたりが逡巡の背景だったのではないか。オリンピックとの関わりという一点が、スポーツであることのアピールになっているという構図は、現在の競輪の姿を彷彿とさせる面がある。

「純粋」なアマチュアスポーツ

日本の近代スポーツの多くは、明治期に欧米から輸入され、学校スポーツとして普及したものだ。日本の「国民的スポーツ」となる野球も、旧制高校や中学などのクラブ活動として人気に火がついた。俳人の正岡子規が東京大学予備門時代に野球を知り、結核が発症するまで熱中していたことは有名な話だろう。やがて、校風を競う学校対抗戦が「見る」スポーツとして人気を集めるようになり、前述のとおり大阪朝日新聞社が「夏の甲子園」を、あとを追った大阪毎日新聞社が「春のセンバツ」を始めて野球人気は拡大した。新聞社がイベントを主催するのは、他社との競争に勝つためのコンテンツ作りであり、広告・宣伝目的でもある。いわば大会運営は新聞社としての商売の一環なのだが、選手たちには精神主義のタテマエを遵守させた。ライバル社に対抗し、読売新聞社が中心となって作り上げたプロ野球が人気を集めていくのは、戦後になって、テレビという新しいメディアが登場して以降のことだった。

他の多くのスポーツもまず学校スポーツとして普及し、競技者団体が形成されていった。その際には、職業化されたスポーツを不純と見なす、アマチュアリズムが尊重された。アマチュアリズムは世界的にも、近代オリンピック開始以来、長い間、絶対的な原則として尊重されていた考え方だった。スポーツによって金銭を受け取ることは、スポーツを汚すことだとされてきた。

もともと遊戯として、あるいは祝祭として実施されてきた「競争」「勝負事」が、合理的なルールを備えたスポーツになっていく過程をスポーツの近代化と呼ぶ。現在世界中で実施されているスポーツの多くが、ヨーロッパで近代化され、世界に広がっていくプロセスをたどった。なかでもイングランドは、近代スポーツを形作った中心地だった。上流階級の子弟教育の場であったパブリックスクールで、スポーツはジェントルマンとしての人格形成に寄与するものとして価値づけられるようになっていったのだ。そのなかで、フェアプレー精神と並んで重視されたのが、アマチュアリズムという考え方であった。

戦前のオリンピック出場規定には「職工条項」という、肉体労働者を排除するルールがあった。仕事で肉体を使い、それによって体力をつけている人間が、アマチュアのスポーツ大会に参加することはフェアではないとされていたのである。このような規定が、身分差別的なエリート主義を背景にしていたことは、今日では誰の目にも明らかだが、アマチュアリズムは長い間、スポーツの根幹に関わる尊重すべき思想とされていた。[18]

先に見たとおり、大阪毎日新聞社主催の西日本サイクル選手権は、賞金を出さない大会として実施された。つまり、自転車競技のアマチュアスポーツ化を目指して実施されたのだった。職業選手だからと排除されたわけではなかったが、前述のとおり、賞金で生活していた選手のなかには参加を取りやめた者もいた。

戦前の旧制中学の進学率は、たとえば一九三五年の段階でも二〇パーセントに満たなかった。[19]そもそも学校スポーツに参加できるのは恵まれた階層の者に限られていて、収入がなくともスポーツに専念できるような者となると、ごく一部の富裕層だけだった。金持ちの道楽から始まった日本の自転車競走は、職業化することで競技者の社会階層を広げていたのだ。

第二回西日本サイクル選手権大会参加者には「自転車業」以外に、「店員」「商業」という職業名が目立つ。酒商・畳商・牛乳商など具体的な商売品目を挙げている選手も合わせると、かなりの数になる。彼らの多くが、仕事として自転車に乗っている人たちだった。厳密なアマチュア規定が適用されていれば「プロ」扱いされて排除されただろう。

これまで自転車競走の歴史をたどってきたが「職業としての自転車乗り」をもっと広く捉えると、別の系譜も見えてくる。記録によれば、日本で最初の自転車の実用は、逓信省が電報配達に採用した一八九二年となっている。一九〇九年頃には、三越が商品の配達に自転車を採用し、その役割をメッセンジャーボーイと呼んで話題になった。当初はハイカラな職業と見なされたようだが、実用自転車が普及していく過程で、新聞・牛乳・酒・魚などの配達、輪タクの運転手など、仕事として自転車に乗る人はどんどん増えていった。

倉茂らが「自転車競技法の提案趣意書」で「働く者のスポーツ」と書いたとき、自転車に乗って働く者たちの姿も念頭にあっただろう。オリンピックを目指す「純粋なスポーツ」は別に発展させ、「働く者」として自転車に乗る人たちは、賞金が出る競輪に集める。このようなもくろみだ。競輪が始まるのは、第二回西日本サイクル選手権の十五年後であり、間に太平洋戦争と敗戦がある。西日本サイクル選手権に参加した選手たちのなかには、戦争で命を落とした人もいただろう。植民地の選手たちも含め、戦後生活状況が一変した者も多かったはずだ。その意味で十五年という実際の期間以上のへだたりがあるのは確かだが、断絶しているわけではない。西日本サイクル選手権以降、アマチュア大会として実施された大会で活躍した選手たちのなかには、戦後は競輪選手となった者も少なくない。競輪という企画を打ち出した倉茂らの頭には、プロの選手はある程度簡単に集められる見込みがあったのだろう。潜在的な候補者の掘り起こしを含めて。

一九四八年八月に成立した自転車競技法の第一条は、「都道府県及人口、財政等を勘案して主務大臣が指定する市（以下指定市という）は、自転車の改良、増産、輸出の増加、国内需要の充足に寄与するとともに、地方財政の増収を図るため、この法律により、自転車競走を行うことができる」とある。競馬法と同じように自転車産業振興を第一に、地方財政への寄与が第二の名目として掲げられた。

「趣意書」の段階では明記されていた、スポーツとしての自転車競技が持つ価値に対する文言は条文から抜け落ちてしまった。ギャンブルを通した資金集めという実質的な目的に比べて、スポーツ云々などの文言は、しょせんはお飾りだったというべきなのかもしれない。しかし、倉茂らが、自転車競技に可能性を見いだした背景に、それまでの「見る」スポーツとしての自転車人気があったことは間違いない。

法律が施行され公営ギャンブルとしての競輪が誕生し、それまでアマチュアとして競技してきた多くの選手たちが競輪の世界に入ってきた。しかし、競輪に参加するということは「働く者のスポーツ」選手になることであり「純粋なスポーツ」とされたアマチュアの競技大会への出場資格を失うことを意味した。オリンピックに挑戦するか、生活のために賞金が得られる競輪に出るか、トップレベルの選手たちにとって、大きな決断が迫られたのだ。

のちに見るように、オリンピックも一九八〇年代頃から商業主義化して、アマチュア規定は廃止の方向に進んでいく。自転車競技の世界でもプロ・アマ合同化が進み、九六年のアトランタ大会からは競輪選手のオリンピック参加も可能になった。しかし、それまでは、競輪選手になることは、自転車競技とは「別の世界」に生きるということを意味したのだった。

注

(1) 刑法では、百八十五条「賭博をした者は、五十万円以下の罰金又は科料に処する。ただし、一時の娯楽に供する物を賭けたにとどまるときは、この限りでない」、百八十六条第二項「賭博場を開張し、又は博徒を結合して利益を図った者は、三月以上五年以下の懲役に処する」と規定している。賭博罪が抱える矛盾については、弁護士の津田岳宏による『賭けマージャンはいくらから捕まるのか？――賭博罪から見えてくる法の考え方と問題点』(遊タイム出版、二〇一〇年) が詳しい。

(2) 競馬史については、日本中央競馬会編『日本競馬史』(全七巻、日本中央競馬会、一九六六―七五年)、立川健治『文明開化に馬券は舞う――日本競馬の誕生』(〔「競馬の社会史」第一巻〕、世織書房、二〇〇八年) を参照。

(3) 旧漢字は適宜新字に改めている。以降の引用文も同様。十起庵主人「競輪発祥記」「連合会会報・業務日報・昭和二十五年十月の記録」一九五〇年十二月号、自転車振興会連合会、二一ページ (十起庵主人は、倉茂貞助のペンネーム)

(4) 予想の的中者に入場料を倍額にして支払う案や予想番号が入った「富くじ」を売る案などが構想されていた。語義的に「報償」はおかしいが、資料の表記に従った。

(5) 前掲「競輪発祥記」二三ページ
(6) 倉茂貞助「のらくら未完成論——思い出すまゝに」「サイクル日本」一九五一年十二月号、自転車振興会連合会、二〇ページ
(7) 倉茂貞助「林代議士とのめぐり合い」『社団法人全国競輪施行者協議会三十年史』全国競輪施行者協議会、一九八二年
(8) 「名称のJは何、Kは何と固定的に考えるのではなく、自転車と小型自動車のJKA、競輪とオートレースのJKAのように両団体のイメージを包含する名称として採用いたしました」(二〇〇八年四月一日配信ニュース「財団法人日本自転車振興会のオートレース事業の開始及び名称変更について」〔http://keirin.jp/pc/dfw/portal/guest/news/2008khn/04/news20080401_01.html〕、競輪オフィシャルサイト〔http://keirin.jp〕に掲載)。オートレースの歴史については、日本小型自動車振興会編『オートレース四十年史』(日本小型自動車振興会、一九九一年)を参照。
(9) 一九六二年、競艇の振興団体(交付金を取り扱う組織)として日本船舶振興会が作られ、初代会長に就任した笹川良一(一八九九—一九九五)は生涯その地位にあり続けた。振興会は笹川の死後、日本財団と改称。作家の曾野綾子が二代目会長に就任したあと、笹川陽平(良一の三男)が二〇〇三年に三代目会長を継いで現在に至っている。笹川良一の評伝としては、批判的な視点からのものとして鎌田慧「笹川良一の真相」(『ルポ権力者——その素顔』〔講談社文庫〕、講談社、一九九三年)が、肯定的な視点からは、佐藤誠三郎『笹川良一研究——異次元からの使者』(中央公論社、一九九八年)がある。また、髙山文彦『宿命の子——笹川一族の神話』(小学館、二〇一四年)は、笹川良一と陽平親子の関係を追う興味深いノンフィクションである。
(10) 佐野裕二『自転車の文化史』(中公文庫)、中央公論社、一九八八年、一三九ページ

(11) 自転車産業振興協会編『自転車の一世紀――日本自転車産業史』自転車産業振興協会、一九七三年、四二ページ
(12) 津金澤聰廣「メディア・イベントとしての博覧会」「AD・STUDIES」Vol.13 Summer、吉田秀雄記念事業財団、二〇〇五年
(13)「大阪毎日新聞」一九三二年九月九日付
(14) 前掲『自転車の一世紀』二二〇ページ
(15) 橋本一夫『幻の東京オリンピック――一九四〇年大会招致から返上まで』（講談社学術文庫）、講談社、二〇一四年
(16) 大阪府自転車振興会大阪競輪史刊行委員会編『大阪競輪史』大阪府自転車振興会、一九五八年、一〇ページ
(17) 大阪毎日新聞社編『大阪毎日五十年史』大阪毎日新聞社、一九三二年、四一六ページ
(18) 近代スポーツの歴史におけるアマチュアリズムの意味については、西山哲郎『近代スポーツ文化とはなにか』（世界思想社、二〇〇六年）が、戦前の大日本体育協会のアマチュア規定をめぐっては、根本想／友添秀則／長島和幸「大日本体育協会のアマチュアリズムに関する一考察――第八回オリンピック・パリ大会における日本代表選手選考過程に着目して」（「育英短期大学研究紀要」第三十四号、育英短期大学、二〇一七年）が詳しい。
(19) 実業学校を含んだ進学率。菊池城司「誰が中等学校に進学したか――近代日本における中等教育機会・再考」『大阪大学教育学年報』第二号、大阪大学大学院人間科学研究科教育学系、一九九七年

第2章　競輪の高度成長期

1　小倉で始まった競輪

国民体育大会と連動して

自転車競技法が成立したのは、敗戦後の不安定な社会状況が続いていた一九四八年だった。戦後日本が高度経済成長期に入ったのは五四年頃からだといわれているが、競輪はひと足早くスタートし、すぐに拡大期を迎えた。各地に競輪場が作られ、売り上げは上昇を続けた。しかし、急激な膨張は、競輪のマイナスイメージを決定づけるような数々の問題を生み、運営側は存続のための対応に追われ続けた。本章では、初開催から六〇年代末頃までの初期競輪の歴史、いわば競輪の「高度成長期」を振り返る。この間の主要な事件や出来事を追いながら、選手たちに対する管理が強化され、制度的な整備が進んでいく過程を見ていこう。

まずは競輪の初開催から話を始めよう。第一回大会は、法律成立の三カ月後の一九四八年十一月、福岡県小倉市（現・北九州市）三萩野の自転車競技場で実施された。これは、第三回国民体育大会（以下、国体と略記）の自転車競技用に作られた競技場だった。

国体は、日本体育協会（一九四八年に大日本体育協会から改称）が主体となり、敗戦の翌年から年一回、開催されている。初回は、近畿地区（大阪府・京都府・奈良県）という広い括りだったが、そのあとからは都道府県単位での持ち回り開催となる。第二回は石川県、その次が福岡県だった。

「敗戦後日本国民の意気消沈を黙視するに忍びず、当時の中堅スポーツマンの提唱により、国民の気力を高揚しようと企てられた[1]」とされる国体は、敗戦後の国民再統合のためのイベントだった。まさにスポーツの政治利用だが、スポーツを「いいもの」「素晴らしいもの」とする価値観は、GHQも共有しており反対はなかったという[2]。国体の開催は各地の競技組織が編制されるきっかけともなり、文部省を頂点とした日本のスポーツ行政の中核的な意味を持つイベントになっていく。

自転車競技は国体の初回から実施されていたが、第二回大会までは陸上競技用のトラックを流用したものだった。福岡県が最初の開催地に決まると、県に対して小倉市が野球の開催を希望する。夏の甲子園（当時はまだ旧制中学校の大会）で小倉中学が四七年に全国優勝を果たし、野球人気が高かったからだ。交換条件として引き受けたのが自転車競技だった。時の市長、浜田良祐は自転車競技法の成立を受けて、国体後の競輪開催を目指して専用競技場の建設を決める。一周五百メートル幅六メートルでカント（傾斜）がついた、当時の国際規格にのっとったものだった。十一月三日、国体の自転車競技は無事終了した。二十日が第一回の競輪開催日になった。

初日に集まった観客は七千人。日曜の二日目には二万人もの観客が訪れた。四日間開催の総売り上げは千九百七十三万円にのぼり、予想額を五百万近く上回った。このとき、レースに参加した選手は百四人だった。国体の開催期間中には、参加していた選手たちに向けて競輪の開始や選手の募集が告知されていた。

国体に参加して、そのまま第一回競輪に出場した選手に横田隆雄がいる。一九四〇年の東京オリンピック出場を目指していた大阪のアマチュア選手だった。有力選手だった横田の周りには練習方法などの教えを請おうと数多くの選手が集まっていて、そのメンバーの多くが初回の競輪開催に一緒に参加している。記念すべき競輪の初レースとなった十一月二十日の第一レースで勝利した芥禎男も横田の仲間だった。横田は、翌年開催された最初の特別レースである第一回全国争覇競輪（現・日本選手権競輪、通称：競輪ダービー）で優勝するなど、黎明期の大スターとして活躍した。

横田や彼の仲間のように、アマチュアで実績がある選手が参加した一方で、素人《しろうと》同然の者も多くいた。やがて選手の質の確保・管理は競輪全体にとって重要課題の一つになっていくが、このときには主催者のいちばんの心配は、はたしてレースが組めるだけの選手が集められるかどうかという点だった。そのため、希望者は誰でもレースに参戦することができた。

選手募集チラシには「満十五才以上の男女で、競走の自信のある方は、どなたでも登録を申し込んで選手となることができます」と書かれていて、「申込書に、一、履歴書（競走履歴のある者はそれを含む）、二、居住証明書（市町村役場へ行けばすぐとれます）、三、健康診断書、四、ブローニー半裁写真三葉（脱帽上半身）、五、登録料金五百円[3]」を添えて出せばそれだけで合格だった。参加選手のなかには二人の女子選手もいて、それに競技会の女子職員二人を加えて模擬レースをおこなった。運営がいかに緩いものだったかがわかる。

小倉競輪の成功を受けて、各地の自治体が競輪に名乗りを上げた。二番手は大阪府で、住之江公園内に作られた住之江競輪場[4]で実施された。翌一九四九年には、東日本初開催になった埼玉県の大宮市、さらに兵庫県西宮市、神奈川県川崎市と続いた。競輪場数は、五〇年度末の数字で全国五十七カ所、ピークの五二年度末には六十二カ所にも達した。自転車産業復興、および戦災復興という名目も掲げられていたため、空襲の被害にあった工業都市を中心に設置が進んだ。この頃の年間開催日数は、のべ四千三百日に達し、毎日全国十二カ所でレースがおこなわれていた計算になる。

スポーツで働く者たちの誕生

小倉の第一回開催時の賞金は、普通レース一着で五千円、特別レースは一万円で、当時としてはかなりの高額だった。競輪選手になれば稼げるということが知られるようになり、選手希望者はいくらでも集まってきた。

前章で見たように、当時は厳しいアマチュア規定があった。競輪選手になることは、アマチュア競技大会への参加資格をただちに失うことを意味し、オリンピック出場という夢も諦めなければいけなかった。先の横田隆雄は当時すでに三十一歳だった。全盛期を過ぎた自分は競輪に参加するが、アマチュア選手として可能性がある若い仲間たちには、もう少し様子を見ることを促したらしい。

競輪が今後も続くのか、本当に賞金で生活ができるようになるのかどうか、見極めてから参加しても遅くはないと。しかし、競輪場が次々に誕生し、当時のサラリーマンの月給程度なら数日のレー

図7　爆発的な人気を集めた競輪。後楽園競輪場でおこなわれた1951年春期全国争覇競輪（日本選手権の前身）の様子
（出典：東京都自転車振興会作成のパンフレット「第4回全国争覇競輪 銀輪の祭典」）

ス参加で稼げることがわかると、アマチュア選手の多くが競輪選手になっていった。[5]

オリンピックをねらえるクラスの選手にとっては、プロかアマかの選択は苦渋の決断だった。アマチュアのトップ選手から競輪選手となり、のちにフランスへ渡って画家として活躍した加藤一という異色の経歴の持ち主がいる。彼の自叙伝『自転車一辺倒[6]』には、当時のアマチュア選手がプロになるときに直面した葛藤について詳しく描かれている。

加藤は、法政大学自転車競技部の選手だった。大学在籍中に戦争を迎え、敗戦後は実業団のチームに所属するなどして競技を続けていた。国体にも第二回大会から参加し、小倉国体では五百メートル、一万メートルの二種目をともに制する活躍を見せ、一九五二年に開催されるヘルシンキオリンピック自転車競技代表の第一候補になった。こうして加藤の夢だったオリンピック出場が現実のものになろうとしていたが、家庭の事情で三十万円前後という当時としては多額の金が必要になり、競技継続が難しくなる。悩んだ彼は大学自転車部ＯＢの重政幸春を訪ね相談する。

彼はきびしい目つきで私をにらみつけながら、断言するようにいった。「加藤、オリンピックへの未練は捨てろ。ヘルシンキへ行ったところで何になる。自己満足じゃないか。それより、おれと一緒に競輪を走ろう。学連ＯＢ、大学出の最初の競輪選手になって、世間を驚かせてやろうじゃないか。お前の脚力なら、それぐらいの金は、二、三カ月もすれば稼げるさ[7]」

加藤は苦悶の末、重政の誘いに乗ることを決断して競輪選手となる。実力どおりの活躍を果たし、賞金も手にして金銭問題は無事解決した。しかし、そんな彼に「オリンピックを捨てて競輪に走るとは何事だ、と非難が集中した」[8]という。「アマチュアによる純潔なる自転車競技」をやめて、金を目当てに走る職業選手になることは、ある種の堕落・転向と見られたのだろう。そのような非難は、スポーツ界から特に強かったはずだ。

プロに転向したのち、加藤は、日本プロフェッショナル・サイクリスト・ユニオンの結成に関わる。労働組合的意味合いを持つ選手の利益代表組織で、日本競輪選手会の原型になったものだ。このように、スポーツで働く者たちの権利を守るために活動した一方で、加藤は競輪選手がスポーツ選手として世界選手権などの大会に出場する道を開くことにも力を尽くした。彼がかなえられなかった夢は、やがて中野浩一の活躍や、ケイリンのオリンピック種目化となって実現していくが、その経緯については第4章でたどろう。

「競輪」という名前が意味するもの

第一回の小倉競輪では、使用自転車のタイプごとに、甲規格・乙規格・実用車という三種類のレースが実施された。甲規格は、木製のリムで二十七インチ、乙規格は二十六インチで甲規格よりも少し太めのタイヤを使用するものだった。実用車は、荷物運搬などに使う一般的な自転車だった。

そもそも自転車競技法には、レース形態に関する規定はない。競輪という名前は、賭けの対象となる自転車競技を、あるいは、自転車競技に対する賭けを意味しているだけである。そのため、たとえば、ロードレースを競輪として実施することも法律上は可能なのだ。

自転車競技法は運用のなかで細かく改正されていったが、競輪場に関して規定している条文は大きく変わっていない。現行では第四条がそれにあたり、「第一項　競輪の用に供する競走場を設置し又は移転しようとする者は、経済産業省令で定めるところにより、経済産業大臣の許可を受けなければならない」としたうえで、「第五項　競輪は、第一項の許可を受けて設置され又は移転された競走場（以下「競輪場」という。）で行われなければならない。ただし、経済産業省令で定めるところにより経済産業大臣の許可を受けたときは、道路を利用して行うことができる」とされている。

ツール・ド・フランスのようなロードレースが世界の自転車競技の中心だということは、当時の競輪関係者にも意識されていた。前章で見たように、戦前の日本でも長距離ロードレースはたびたび実施されていた。現在では競技種目別の専門分化が進んでいるが、この頃はロードとトラックをともに競技する選手も多かった。前述の加藤一も、国体では長距離・短距離ともに参戦して優勝している。一九四七年春に実施された、大阪・東京間を三日間かけて走る長距離レースであるツーリスト・トロフィー・レースにも実業団チームで参加していた。これは戦後再建まもない自転車競技連盟と毎日新聞社が共催で実施した大イベントだった。

競輪スタートから四年後の一九五二年に、競輪の運営団体主催で競輪選手によるロードレース大会がいくつか実施されている。湘南の小田原・藤沢間百十キロを五十七人の選手で競ったレースを皮切りに、琵琶湖一周レース、静岡・東京間レースなど、いずれもかなり大規模なものだ。運営団体は「①自転車産業への寄与の一環②自転車競技法にもとづく道路競走の実現③国際競技への進出基盤をきずくこと」を公式な目標として掲げていたが、②のための実験が主眼だった。しかし、

「何百キロというレースの途中でおきるありとあらゆる事故を、どのようにして監視したらよいかという問題を考えたとき、関係者たちには、これを車券の対象として考えることにためらいが出たのはあたりまえであった(9)」と総括され、結局、ロードレース競輪は実現しなかった。

この後も一九五五年頃までの間に、プロ選手によるロードレースは何度か実施されている。なかには、読売新聞社と競輪関係団体主催での東京・大阪間、東京・神戸間というような大規模なものもあった。車券発売は現実的ではないとしながらも、自転車産業の振興を名目にロードレースが実施されたのだが、経費がかかりすぎるということで以後は実施されなくなった。

図8　2人乗り競走車に乗る選手。1952年頃、広告用に撮られた写真。初期の競輪では多様な形態のレースが試みられていた（資料提供：自転車文化センター）

この時期には、二人乗りの自転車（タンデム）を使ったレースや、通常のコースのなかにX字の走路を設けて競走途中で方向転換をするクロスレースなど、特殊な形式のレースが何度も試みられていて、車券も販売されている。しかし、ファンの支持は得られず数年で実施されなくなった。実用車レースも、一九五〇年限りで廃止になった。競走用自転車に比べてスピードの面で見劣りし、人気がなくなったためだ。

競輪は競馬をまねてスタートした。競輪は、馬の代わりに自転車のレースに賭けることをさす言葉であり、それ以上でも以下でもなかった。競馬には、芝のレース、ダートのレース、障害レースなどさまざまな形態がある。北海道のばんえい競馬のようにソリを引くものや、フランスや南米ではいまでも人気がある繋駕速歩競走などまで含めて、すべてが競馬だ。当時の運営者にとって、競輪にもいろいろなスタイルのレースがあったほうがいい、というのは当たり前の発想だった。ファンを飽きさせない工夫として、運営者たちも競輪の多様性確保に取り組んでいたのである。

しかし、現在の競輪競走のスタイルが確立していくと、そのような取り組みは次第におこなわれなくなっていく。賭けるのに慣れ親しんだ形式のレースを期待するファンが大半を占め、売り上げが伸びている間は、冒険的な試みをする必要がなかったのである。

競輪、銀輪、双輪、サイクル・レース

そもそも競輪という言葉は、いつ生まれたものか。実は、あまりはっきりしていない。第一回小倉競輪の告知ポスターを見ると「第一回公認車券附サイクル・レース」と大きく書かれたうえに「小倉競輪」の文字が見える。戦前の自転車競技大会でもよく使われていた「サイクル・レース」という呼び方のほうが、当時は一般的に通りがよかったことをうかがわせるが、競輪という言葉も説明抜きで理解されるものだったようだ。自転車競技法でも特に定義せずに「競輪」が使われている。

日本で一八九三年、最初に作られた自転車団体が日本輪友会だったことからもわかるように、自

転車が普及する過程でいつのまにか「輪」が自転車を象徴する漢字になったようだ。文明開化の時代、車輪自体が人々の目に珍しく映ったのだろう。その流れで、競馬のような自転車競走が競輪と呼ばれ始めたと考えられる。現存する新聞社の記事データベースで見るかぎり、「競輪」使用例のいちばん古いものは、一九二〇年十二月に「朝日新聞」に掲載された広告である。ダビス号という自転車を宣伝している会社名が「株式会社競輪社」となっている。数多くあった輸入自転車代理店の一つだったと思われる。詳細はわからないが「朝日新聞」に広告を出稿しているくらいだから、かなり大きな会社だったのだろう。

日本で最初の本格的な自転車競技場は、一九三九年に埼玉県大宮（現・さいたま市）に作られた大宮公園陸上競技場兼双輪場だった。小倉の競技場も、ここの設計図を取り寄せて参考にして建設された。ここに登場する「双輪」という名称も、自転車競走をさすものとしてよく使われていたようだ。この頃の新聞には「西日本サイクル選手権」が開催された兵庫県の南甲子園運動場を「甲子園競輪場」と記述しているものもあった。(10) この施設は陸上競技場やサッカー場を兼ねていたが、陸上トラックの周囲に六百メートルのカント付き自転車用トラックが設置されていた。自転車競技が実施される際にだけ「競輪場」と呼ばれたのだろう。この運動場は戦時中に陸軍に接収され閉鎖されたが、戦後すぐ近くに鳴尾競輪場が生まれ、のちに名前を変えて、こちらが甲子園競輪場となった。

「競輪」「双輪」、それから美称としての「銀輪」など、自転車競技を表す言葉はさまざまあったが、戦後にギャンブルとしての競輪が生まれ、この言葉が新たなイメージを伴って定着することになったのだ。

2 「狂輪」と呼ばれた時代

川崎事件・鳴尾事件

売り上げ面では上々の滑り出しをした競輪だが、すぐに問題が続発するようになる。特に社会的な非難の的になったのは、競輪場で起こった数々の騒擾事件だった。レース結果に納得がいかない客が暴れだし収拾がつかなくなるという事態が各地の競輪場で続発したのだ。実は、最初の頃の「競輪」の読みは「きょうりん」が一般的だった。それが事件を報じる新聞見出しで「狂輪」などと当て字されるようになり、イメージ悪化を避けるため、運営者が「けいりん」と読ませるように仕向けたのだ。

事件が起こるたびに、マスコミや政治の場で競輪反対論が巻き起こり、そのつど運営者は厳しい状況に追い込まれ対応を迫られた。どうしてこのような事件が続いたのだろうか。それに対して、競輪運営者はどのような対策を講じてきたのだろうか。大きな事件を中心にいくつかの事例を見ていこう。

初の騒擾事件は開始翌年の一九四九年四月、大阪の住之江競輪場で起こった。本命と見なされた選手が、終始スパートせず最後尾で入着した。それに怒ったファン五百人が走路に入ったり、審判などを取り囲んだりする不穏な状況になった。結局、主催者側が負けた車券を買い戻すことになり事件は収まった。選手は失格とされ出場停止三カ月の処分を受けた。同じ住之江で、その二十日後には三百人あまりの客が暴れだす事件があった。判定写真が不明瞭だというのが原因だった。さらに、その翌日には五千人規模の暴動が起こった。十一人参加のレースで三選手だけが逃げ切り、他の選手たちが牽制しあって追走せず大差がつく結果になったことが原因だった。場内から「八百長だ」という声が上がると、客たちが走路になだれ込み審判室などを破壊した。午後九時になり、一部の客が投票所に油をかけ放火するまでに至った。このときも、負けた車券を払い戻すことにして何とか収拾を図っている。

翌一九五〇年、川崎競輪場で起こった騒擾事件も大きいものだった。一番人気の選手がレース終盤にペダルが故障して失格となるレースがあった。この結果に客の一部が激怒して投石が始まり、バンクに乱入する者が続出して、選手控室への放火、売り上げ金の強奪に至るまでの事態になった。

図9　レースで使われていた実用車と、優勝カップを手にする松本勝明選手。1949年、豊橋競輪（資料提供：自転車文化センター）

そして極め付きの大事件が、同年九月九日、兵庫県鳴尾村（現・西宮市）の鳴尾競輪場で起こる。レース中の本命選手が、クランクピンのナットが外れたため自転車から降り、審判席のスパナで応急処置をして再乗し、三、四分遅れでゴールしたのだ。このレースの払い戻しは、一万円を超える大穴となった。この選手は「検車不十分のため鳴尾競輪の一カ月出場停止」とアナウンスされた。ファンは激怒し「八百長だ」と叫びながら暴徒化する。その過程で、警備の警察官が威嚇として発砲した弾が客の一人にあたり死亡する事態になった。

煙が上がる競輪場の写真つきで大きく報じられた鳴尾事件は、競輪非難の嵐を呼び起こす決定打となった。通産省、自転車振興会連合会、それに競輪開催自治体で作る全国競輪施行者協議会は緊急合同会議を開き、二カ月間の開催自粛を決める。新聞各紙は、社説などで競輪廃止を訴えた。時の首相、吉田茂が競輪廃止の意向を固めたとの消息が関係者に知らされ、通産大臣・横尾龍が直談判に及んで何とか収めるという一幕もあった(11)。

自粛期間中には、施設の改善や自転車の故障を減らすための検車制度の厳正化などの対策がなされた。暴徒の言いなりになって車券の払い戻しをするような場当たり的対応が火に油を注ぐことになっていたのは明らかであり、警備の強化、従業員への教育などがおこなわれた。そして選手の質の向上が、大きな課題として浮かび上がった。

競輪は廃止の瀬戸際に立たされていた。儲かっていたために継続したい自治体が圧倒的に多かったことや、一度始めたことはなかなかやめにくい、という公共事業一般が持つ性質のために、かろうじて生き残ったというのが実情だろう。このとき、これで競輪は終わったと思った選手も多かったという。日本が高度経済成長期に入ると、社会の安定化に伴って大規模な騒擾事件は起こりにくくなったが、小規模なものはなかなか根絶できなかった。

なかでも、一九五九年の千葉県松戸競輪場での事件は、安定期に入ったと思われた頃に発生しただけに関係者に衝撃を与えた。このときは、本命選手の敗退をきっかけに暴れだした客が管理区域に乱入し、競走用自転車を手当たり次第に壊すという暴挙に及んだ。これに対し、運営側は、一人当たり千円の「お車代」を払うという最悪の収拾策を取ってしまった。「ゴネ得」を許すような処置は、他の公営競技場管理にも悪影響を及ぼし、その後いくつかの競輪場で客が車代を要求する事件が続いた。運営する千葉県には開催停止三カ月、千葉県自転車振興会に対しては理事以上全員辞任を求めるという厳しい処分が通産省から下された。

この事件と、のちに見る近畿ダービー事件をきっかけにして、競輪への反対論が再び高まった。一九五九年度中の競輪存廃論に関する新聞記事掲載は、前年の約六倍の三千九百二十二回にも及んでいる。[12]五九年十二月、通産省の競輪運営審議会は、ただちに廃止するのは難しいが「一定の期限までに全廃するという方針を確立し、この方針のもとに逐次整理していくべきである[13]」という趣旨の答申を発表した。「親方」の通産省でさえ、このような結論を出さざるをえないほど、競輪は廃止の瀬戸際に立たされていたのだ。

競輪のあり方を決めた長沼答申

潮目が変わったのは、一九六一年の公営競技調査会の答申によってである。競輪廃止論が高まるなか、内閣の下に公営競技調査会が設置され、公営競技全体が再検討されることになった。会長を務めたのは、戦前からの大蔵官僚で大蔵省事務次官、公正取引委員会会長などを歴任した長沼弘毅だった。メンバーには、プロ野球のコミッショナー、陸上競技連盟副会長などスポーツ関係者から、元最高裁判事の東京大学教授・団藤重光や心理学者の宮城音弥のような研究者、作家の高見順、曾野綾子などが名を連ねていた。この頃、中央競馬をはじめ、どの公営ギャンブルでも似たような暴動事件が起こっていて、公営競技調査会でも全競技が討議の対象だったのだが、競輪の存廃が主眼だったのは間違いない。当時、競輪は、開催日数もレース場の数もダントツのトップで売り上げも公営ギャンブルのなかで最大だった。その分、事件・事故も多く、良くも悪くも公営ギャンブルの象徴だったのだ。公営競技調査会メンバーは、六カ所の公営競技場や競輪学校などを視察し、関係機関への事情聴取を経て、調査検討結果を池田勇人首相へ報告した。これは会長の名前をとって「長沼答申」と呼ばれ、その後の競輪のあり方に決定的な影響を与えることになった。

公営競技は、運営の実情において、社会的に好ましくない現象をひきおこすことが少なくないため、多くの批判をうけているが、反面、関連産業の助成、社会福祉事業、スポーツの振興、地方団体の財政維持等に役立ち、また大衆娯楽として果たしている役割も無視できない。また、これらの競技が公開の場で行われていることは、より多くの弊害を防止する上において、なにがしかの効果をあげていることは否定できない。

したがって、公営競技にかんする今後の措置については、代わり財源、関係者の失業対策、その他の方策等を供与せずに公営競技を全廃することは、その影響するところ甚大であるのみならず、非公開のトバクの道をひらくことになる懸念も大きいので、本調査会としては現行公営競技の存続をみとめ、少なくとも現状以上にこれを奨励しないことを基本的態度とし、その弊害をできうるかぎり除去する方策を考慮した。(14)

このような前文に続き、運営方法や収益の使途など、改善策が細かく提言されている。「大衆娯楽として果たしている役割」を認めるという一文は、きわめて消極的な表現ながら財政的な必要性以外の実施理由が、初めて公的に認められた文言だった。『経済白書』が「もはや戦後ではない」と書いたのは一九五六年だった。戦災復興のための緊急措置としてかろうじて存続を許されていた感がある公営ギャンブル、特にいちばんのトラブルメーカーだった競輪を「戦後」以後も存続させる方向性を確認したのは、所得倍増計画を打ち上げた池田内閣の諮問機関だったわけだ。

ただ、世論の公営ギャンブルに対する目は厳しいままだった。この頃、与党の自民党と野党の社会党という対立構図（いわゆる五五年体制）が成立し、野党は「公営ギャンブル反対」の立場を明確にして世論を味方につけていく。特に、社会党や共産党の支持を受けた地方自治体の首長が数多く誕生した一九七〇年前後の時期には、公営ギャンブルの存廃が地方政治の焦点になり、実際に廃止に踏み切る自治体も数多く現れた。その影響をいちばん受けたのは、やはり競輪だった。その経緯と、その頃の公営ギャンブルや競輪をめぐる議論については、次章で取り上げたい。答申にあった「少なくとも現状以上にこれを奨励しない」という指針は、豊かな時代が到来し、レジャー産業が競合するようになると、積極的な誘客策を抑制する縛りとして長い間影響力を持った。しかし、開催するだけで客が集まる時代が続いたため、当時は大きな問題としては意識されることはなかった。

『競輪犯罪の捜査と公判』

一九七〇年代以降は、どの競技でも大きな暴動事件はほとんど起こらなくなった。ギャンブルである以上、負けた客が不満を抱いたり興奮したりするのは当然といえば当然だ。ギャンブルに負けたのは自分の予想が間違っていたのであり、あくまでも自分の責任だ。暴動がなくなったのは、大方の客がそう納得するようになったということでもある。

暴動が続いていた頃はそうではなかった。負けた客の不満はくすぶり続け、個々のそれが集団的な怒りに容易に結び付くような状況だった。本命選手が敗れ、「八百長だ」というかけ声が上がり、暴動が始まる——。このような事件発生のパターンを見てもわかるように、背景には、レースに対する疑念があった。正当に賭けている自分たちとは関係ない力で、勝負結果は操作されているのではないか。客たちにそのような疑念が共有されていたからこその暴動だったはずだ。繰り返すが、暴動が起こっていたのは、競輪だけではなかった。不正レースへの疑惑は、どの競技でも持たれていたのだ。ただ、公営ギャンブルのなかで、人間の動力だけで戦う競技は競輪だけである。人間がやることなら、いくらでも操作できるだろう。そのような疑念が最も持たれやすい競技だったともいえる。

では、実際に八百長レースは存在していたのだろうか。さまざまな証拠から見ると、初期の競輪に不正レースが横行していたことは否定できない。ファンの誤解、レースの性質への無理解だけでは説明できない点は確かにあったのだ。

鳴尾事件などの捜査にあたった神戸地方検察庁の検事・扇正宏が書いた『競輪犯罪の捜査と公判』[15]という書物がある。鳴尾事件後の一九五二年に発行されたものだ。これを読むと当時の検察が競輪を、あるいは競輪を取り巻く状況をどのように見ていたのかがよくわかる。扇が競輪犯罪として挙げているものは、鳴尾事件のような暴動事件、私設の車券販売に関する事件（いわゆるノミ屋）、そして選手による八百長事件だ。

扇によれば、八百長には、一人八百長と共同八百長があるという。一人八百長とは、強い選手が故意に負けるという方法で、初日・二日目とわざと惨敗し、人気薄となった最終日に勝つようにする。そして家族や友人が、最終日に彼を軸に車券を買い、分け前をあとで選手に渡すというようなパターン。弱い選手の場合でも、無理な先行を仕掛けてレース全体をめちゃくちゃにしたり、道中妨害して本命選手をつぶしたりするなどのやり方があったらしい。共同八百長は、複数の選手が組んでおこなうものである。当然ながら、強い選手のほうが八百長レースを作りやすく、弱い選手の場合は引っ掻き回す一人八百長が一般的だったようだ。

家族や友人など身内のなかで仕組んだレースは捜査が難しい、と扇は書いている。そのような素朴なやり方の、事件にさえならなかった八百長がどれだけあったのかははっきりしない。しかし、次第に暴力団関係者が仕組んだ本格的な八百長レースが横行するようになり、選手が検挙される事例が頻発する。一九五〇年代頃までの新聞には、競輪関係の事件が「八百長」という見出しとともに何度も掲載されている。

当時、選手を籠絡して八百長工作を仕掛ける者は、競輪ボスと呼ばれていた。一九五〇年四月、競輪界最大のボスとされた光村隆正という人物が逮捕された。大きな暴動事件を捜査していた検察が背景に八百長工作があると見抜き、その首謀者として逮捕したのだ。光村は、警察の調べに対して次のようなことを語っている。

競輪の発足は日が浅く今までのレースの九十％が八百長といつても過言ではない、クロウトからみれば車券の売上げですぐ判る、選手の素質も悪く、背後にはかならず女がおり、一人で八百長をするものもいる、外部のボスより競輪界の粛正をしなければ八百長レースは絶えるものではない(16)

盗人猛々しい言いぐさではあるし、九〇パーセントという数字がどれだけリアルなものかはわからないが、当時の状況を見るとそれなりに実態を反映した証言のように思える。

私が直接話を聞いた元選手のなかにも「当時はみんなやっていたよ」と証言する人がいた。賞金だけでは食べていけなかったから、八百長で小遣い稼ぎをしていたのだ、と。レースの賞金は、最初の頃は上位入賞者にしか支払われなかった。そのため、弱い選手が稼ぐのは容易ではなかったようだ。

しかし、やがて最下位の選手にまで賞金は払われるようになった。下位の選手も含め、選手全体が職業として食べていけるような賞金体系が作られていったわけだ。選手の待遇改善は、選手たちが労働組合的組織を作って勝ち取った成果だが、八百長の背景に選手の生活苦があると考えられたための運営側の対応策でもあった。

運営団体が、競輪誕生から十年おきに詳しい『年史』を編纂してきたことは序章で紹介した。これらの社史では、光村のような外部の者が八百長を仕掛けていたとしか書かれていないが、『競輪犯罪の捜査と公判』を読むと印象が変わる。扇によれば、検察は、当時は地域ごとに分かれていた運営団体の自転車振興会内にも、暴力団と結び付いた者がいて八百長に手を染めていたとにらんでいる。

当初の競輪は、運営組織も急ごしらえのものだった。暴力団関係者がそこに目をつけ、あるいは、組織内からそういう組織に積極的に関わって一儲けをたくらむ、などということも少なくなかったはずだ。時代を追って、検察は選手を加害者ではなく被害者として認識するようになっていく。人間関係のしがらみや借金、暴力などによって八百長に協力せざるをえない状況におかれる選手たちの姿が明らかになってきたからだ。

新聞に暴動事件が大きく報じられ、「八百長」「競輪ボス」などという文字が躍ったこの時期に、競輪は八百長が横行するいかがわしいものというイメージも広がった。では、いつ頃まで、実際にそういう疑わしいレースがあったのだろうか。この点は気になるところだろう。

選手管理担当者が明かす「裏面史」

競輪選手の八百長や不正に関して書かれた『サインの報酬[17]』という本がある。著者の源城恒人は一九五四年に京都大学を卒業後、競輪の運営団体である日本自転車振興会に就職し、長い間、選手審査に関わる業務を担当していた人物だ。八〇年代以降は同会理事となり、のちに触れるＫＰＫ（競輪プログラム改革構想）など、競輪事業運営の中心的役割を果たしてきた。退職後も、日本自転車普及協会の専務理事など、関連団体の幹部を歴任した、競輪界の背広組トップに君臨した一人である。

競輪関係の仕事をすべて退いたあとの二〇〇四年、重い病気が見つかり余命が長くないことを意識した源城は「いま、ここで書き留めておかない限り、世界に例をみないスポーツ・ギャンブルとは言え、今日まで公然と語られることが全く無かった競輪の裏面史は、時ならずして戦後史の片隅に埋没し、永遠に忘れ去られるに違いない」[18]と考え、それまで何度も執筆を断ってきた「実録競輪八百長事件」記を残しておくことにしたのだという。

書名の「サイン」は、八百長に加担した選手が、レース前後に仕掛け人に情報を伝える方法のことを表している。競輪で八百長の証拠を挙げるのは、なかなか難しい。不自然な競走があったとしても、選手に「作戦だった」と言われると反論しにくいからだ。車券の売れ方、当該レースの内容、当該選手のこれまでの競走を突き合わせながら、本人に何とか不正を自白させる、という苦労話が書かれている。選手や競輪場の名前には仮名を使い、小説仕立てで面白く書きすぎているように見受けられる部分もなきにしもあらずだが、審査の前線で働いていなければ知りえないだろうリアルな描写にあふれていて「記録」としての価値は高い。少なくとも、この本が出るまで競輪運営団体内部にいた人間が書いた、不正レースに関する信頼できる資料はなかったのだ。

源城が不正対策の前線で働いていたのは、長沼答申が出た一九六一年前後の時期である。答申では、公営競技運営側が取るべき対策として不正選手の排除、不正防止対策の強化も掲げられていて、それを受けて競輪運営団体内に公正安全委員会・不適正選手出場規制委員会・競輪中央情報委員会などが相次いで発足した。七〇年には、警察ＯＢの刑事経験者を専門調査員として配置する制度も導入し、八百長の取り締まりを進めた。七二年には「それまで業務部の一課が分掌していた公正対策の専門機関として審査部を立ち上げ[19]」、源城が初代の部長に就任した。彼によれば、対策強化のかいあって、七〇年代の後半から暴動事件や八百長事件は影をひそめるようになったのだという。確かに、新聞記事を検索してみても、それまでは頻繁に登場していた「八百長」は、この頃以降、ほとんどなくなっている。ちなみに、「朝日新聞」のデータベースで見ると、競輪関連のニュースで「八百長」が問題になったのは七八年の記事が最後である。

近畿ダービー事件

ここで競輪史上で重要な意味を持つ近畿ダービー事件について、源城の記述にもとづきながら振り返っておこう。これまでに取り上げたものとは、異質の事件である。

一九五九年十一月、「朝日新聞」が社会面トップに「八百長競輪で大量処分」という見出しの記事を掲げた。内容は五七年七月に兵庫県の甲子園競輪場で開催された「開設八周年記念競輪」で大々的な談合がおこなわれ、自転車振興会がひっそりと選手を処分していたことが発覚した、というものだった。問題とされているのが報道の二年も前の出来事であり、暴動の引き金になったわけでも刑事事件になったわけでもないことを考えると、異例の大きな扱いだった。特別レースである全国争覇競輪が後楽園競輪場で開催されている日に合わせて掲載されたことを見ても、「朝日新聞」のねらいは明らかだった。同紙はこの頃、競輪批判の急先鋒だったのだ。

記事掲載後、警察が捜査に踏み出したが結局立件されなかった。これまで取り上げてきたような八百長、つまり部外者を儲けさせるための不正レースとは認定されなかったのである。それでも、この記事が社会的に与えたインパクトは大きかった。この頃、一部の自治体で公営ギャンブルからの撤退の動きが起こっていた。一九五六年には、大阪府の赤間文三知事が府営競馬・競輪からの撤退を宣言していた。近畿ダービー事件の報道を受けて、甲子園競輪の施行者だった兵庫県知事の阪本勝も競輪からの撤退声明を出した。甲子園競輪は、西宮市営の開催が続いたため存続したが、県営だった神戸競輪場と明石競輪場は廃止されることになった。

「朝日新聞」は、この事件を「競輪界はじまって以来の不祥事とみられている」と書き立てた。競技の参加者百三人のうち八十五人が談合に加わったことが判明したが、自転車振興会はトップ選手も含めた大量処分は人目につくと判断し、三回に分けてこっそりペナルティーを実施したのだという内容だった。自転車振興会側は、事前の取材に対して次のように答えている。談合の実態は、トップ賞を引き受けるのは誰かを確認し、過度の牽制はお互いに抑制しようと選手間で申し合わせただけだった。それでも、レース前の話し合いは認めるわけにいかないため、処分した。だが、八百長ではなく、事由も掲げて処分はオープンな形でやっている、と。

今日では、先頭誘導員を使う「先頭固定競走」が競輪の基本スタイルになっているが、これは、近畿ダービー事件の翌一九五八年に初めて採用されたものだ。さまざまなスタイルのレースが試行され淘汰されていくなか、安定した種目、つまり、ファンに疑念を与えにくい形態として一般化していったものだ。

近畿ダービー事件は、普通競走で実施された。既述のとおり普通競走ではいちばん格下の選手が先頭を走ることが慣例だった。周回途中の先頭通過者には、トップ賞という別の賞金が与えられた。それを受けることを条件に、いちばん勝ち目の薄い選手が自主的に前を走るという形式だった。もっとも慣例はあくまで慣例にすぎず、他の人が先頭を走ってもルール違反ではないなど、曖昧さが残る競走スタイルだった。

運営者が描く歴史では、この事件は競輪廃止をもくろむ「朝日新聞」が、自転車競技への無理解にもとづいてフレームアップしたことで大騒ぎになってしまっただけだ、というニュアンスでまとめられている。[20] 確かにそう見える部分もあるが、『サインの報酬』を読むと表には出ていないもう少し複雑な問題があったことがわかる。

源城は、この事件の直接の担当者だった。「朝日新聞」の記者が二年前の大量処分を嗅ぎ付けて取材にきたとき、応対したのも彼だった。この事件に源城ら管理側が気づいたのは、他の八百長事件の調査中のことだった。そこで、選手間で「賞金山分け」を約束して馴れ合いレースをする不正が横行していることが発覚したのだという。

その悪習の始まりが、件の近畿ダービーの最終日だった。この開催は、近畿地区のトップレーサーを集めて実施されたもので、いわば顔見知り同士が多いレースだった。当日は雨天だったため、けがの心配もあり、真剣勝負を避けて賞金を山分けしようという申し合わせが選手間でおこなわれた。それがうまくいって以来、関西を中心に「賞金山分け」という慣習が広がっていったらしい。

この最終日の十二レースすべてで事前申し合わせがあった。源城は、選手からその事実を聞き取った際の様子を次のように描写している。

「十二レース全部というのは、出走選手全員がやった、ということか?」「いや、これも聞いた話ですけど、京都の松本勝明さんなんか二十人位の人は、入ってないらしいんですわ。そらそうでしょう。第一松本さんなんかには恐れおうて誰もそんな話、持ちかけまへんわ」「レースの作戦や山分けの話はどこでするんや?」「翌日の番組が発表された後、宿舎か当日の控室ですわ。作戦言うても、トップを引く者、先行する者、それにつける者の並び順くらいで、それもお客さんが騒ぎはるような非常識なことは決めまへん。ただ、お互いに締めたり、撥ねたりはやらんようにしよう、ちゅうこと位ですわ(21)」

先にも書いたとおり、この本は小説仕立てで書かれている。「八百長事件そのものの舞台となった競輪場名、不正レースのかどで処分された選手名、直接不正レースの摘発、不正選手の排除に協力した人物の名は、意図的に伏せてある(22)」が、「不正とは全く無関係であった者」は実名を用いる、という形式をとっている。

会話に登場する松本勝明は、実在の選手である。通算千三百四十一勝という歴代最多勝記録を持つ当時のスーパースターだ。引退後は、競輪学校の名誉教官を務め関係者からの信頼も厚い人物である。つまり彼のような特別な選手だけが例外で、ほとんどの選手が話し合いに加わったということらしい。

トップを誰が引くか、どういうライン構成になるかの話し合いだけなら、黙認された選手間慣行内として公的に処分することもなかった。しかし、賞金山分けは明らかな不正であり、放置しておくわけにもいかず、かといってスター選手を一度に出場停止にしてしまうと売り上げ面に影響するため三回に分けて処分を実施した、というのが源城が語る近畿ダービー事件の「真相」だ。

記者の取材に対して、源城はトップ引きなど作戦面の談合があったことだけを話し、賞金山分けが問題になっていることは隠した。つまり、前者の問題については選手の慣例内の話として競輪ファンには了解されるだろう、しかし、山分けはまずい、という判断だったのだ。

どのように真剣勝負を続けさせるか

外部の者に委託されて故意にレース内容を操作する。あるいは、選手だから知りえる情報をサインによって外部に伝えて、儲けさせる。そのような八百長は、ある意味わかりやすい。厳格な取り締まりや管理によって抑制可能で、実際にほぼなくすことに成功している。しかし、近畿ダービー事件からは、レースの公正さを保つための問題は他にもあったことがわかる。同じようなメンバー同士で戦い続ける選手たちに、どうやって真剣勝負をさせ続けるか、という課題だ。

アマチュアスポーツの場合は、勝利の名誉が真剣勝負をさせる原動力になっている、と人々に信用されている。プロスポーツでは、そこに金が加わる。活躍すればするほど多くの金がもらえること。それが選手に真剣勝負を続けさせる大きな動機づけになっている、とファンは理解している。さらにギャンブルスポーツの場合、ファンからの信頼は、より高いレベルで求められる。そのためにも、選手に高い賞金を与えること、レースごとの賞金額を明確にすることが必要だったのである。

競輪の出走表には、全レースの賞金額が明記されている。この額を争って戦っていますよ、とファンに知らせる意味からだ。ちなみに、現在おこなわれている最高賞金レースは、年末に実施されるケイリングランプリである。賞金は、一着約一億円だ。同じく、年末開催が恒例になっている競艇の賞金王決定戦競走の一着一億円と並んで、一人の競技者がもらう単発レースの賞金額としては世界最高だといわれている。現在では、このレースに勝つこと、出場することが全選手にとって究極の目標となるような競走体系が組まれている。高額賞金は、選手たちのモチベーションを高めること、あわせて良質の選手を集めることにつながっているのはもちろんだが、何といっても期待されているのは、真剣勝負がおこなわれていることをファンに納得させるという効果だ。

ただ、自転車競技の競輪の場合には、他の個人競技とは異なる難問がある。近畿ダービー事件はそのことを示している。談合と合理的な作戦との間に、どうやって線を引くかという問題だ。今日では、近畿ダービー事件のときのような全員で賞金山分けはありえない。不正として厳格に取り締まられるし、競走成績によってランクが分けられる仕組みも整備され、ほとんどの選手にとって利害が一致するような状況は起こりにくいからだ。

しかし、このときなされたとされる談合の内容については、いまでは考えられないとも言い切れない部分がある。先頭固定競走になって以降、トップ引きをめぐるやりとりは必要なくなったが、誰の後ろに誰が回るか、つまりどんなラインになるかについての選手間での確認作業は、慣習としておこなわれているからだ。源城の対応を見ても、その程度のやりとりは、管理側もある程度、黙認していたことがわかる。もちろん、それがどれだけ暗黙のうちに決まるものなのか、どれほど直接のコミュニケーションを経てなされるものなのかは、外部の者には想像するしかない。

しかし、この曖昧な部分も、そのうち選手への不信感を高める要素ではなくなった。競輪ファンの多くは、レース前の選手間でのある程度のやりとりを前提に予想を組み立てるようになっていったのだ。序章で述べたように、今日の競輪では、選手へのインタビューが事前におこなわれ、誰の後ろに誰がつく予定かをファンに向けて紹介させる慣例になっている。その際に、選手たちは「同地区の三人で話した結果、自分が前にいくことになりました」などというように、事前に相談したことも躊躇なく明らかにしている。近畿ダービー事件の頃にこんなコメントが新聞に載ったりしたら、おそらく大問題になったと思われるが、いまでは珍しくない。話し合いは、いわばオープン化されているのだ。

個人が勝利するための合理的判断としてラインを組む作戦を取ること、その際、事前に他の選手にも伝えること、選手同士の折り合いがつくまで、あるいはつかないとハッキリするところまでコミュニケーションを取ること、そして同じラインのメンバー間は、お互い、無理な位置取り争いや牽制をしない「仲間」であるということ――ファンはそう了解して、自分の予想を組み立てている。話し合いの結果が、一部の人にだけ伝えられたとしたら談合だが、予想紙やスポーツ新聞などのメディアに公開されるなら、あくまでも合理的な作戦だ、と考えられるようになったのだ。情報のオープン化は、一九八〇年代以降に進む。外部の人間と組んだ不正はなくなったという信頼が、ファンに共有されるようになったからこそ可能だったといえる。

3　管理される選手たち

競輪学校の誕生

ファンの不信感を払拭するためになされた対応の中心は、選手の徹底した管理だった。最初期には、開催中の選手宿舎にも民間の旅館が使われ、外部の者と接触するのも容易だったが、隔離が徹底されるようになっていった。たとえば三日間の開催なら、前日に設定された前検日（自転車の検査などがおこなわれる）から、最終日にレースが終わるまでの四日間、あるいは落車や失格などによって「帰郷」となるまでの間、外部との連絡は一切禁じられるようになった。今日、携帯電話や通信機能がある電子機器がこれだけ普及していても、選手による開催中の使用は一切禁止されている。前検日に管理者に預け、帰るときに返却するというルールだ。選手にしか知りえない情報を、メディアを通してではなく、個人的に外部に漏らすことを封じるためだ。

管理対象となったのは選手の表面的な行動だけではなく、さらに選手の「質」そのものもだった。各地で暴動が起こり始めた一九四九年七月、選手募集は一旦中止となる。この時点で、男子千三百七十二人、女子五十八人が登録手続きだけで選手になっていた。暴動の最大の原因は「一部の不良選手」と見なされ、「改良」策が取られるようになる。同年十一月、選手の募集が再開されるが、以降、志望者には簡単な登録検定が課せられるようになった。[23]

一九五〇年、訓練施設・日本サイクリストセンターが現在の調布市付近に作られる。開所したのは、鳴尾事件が起こり全国で競輪開催が自粛に入った期間だった。この時点で、登録選手数は、男子五千六百七十四人、女子六百五人に膨れ上がっていた。一年間で五千人近くが新しく選手になっていたのだ。検定ができたとはいえ形式的なものにすぎず、選手への道はまだ広き門だった。そこで登録選手全員にサイクリストセンターで十日間の再訓練を課すことになった。一回に百二十人（のちに二百五十人）に対して実施され、全選手に回るまで三年あまりかかった。

研修内容は、自転車の機械的知識や自転車競技法などの座学、基礎的な競技訓練などだった。当初の訓練項目には、品性訓練として「キリスト教的徳育」などというものも挙がっている。[24]道徳や倫理教育の一環としてキリスト教関係者による訓話でもあったのだろうか。もちろん、たった十日の教育で選手の質が劇的に向上する、などということはありえない。しかし、この訓練所が作られた意味は大きかった。このときの入所検定が、選手選別の役割を果たしたのだ。

入所検定は、技術、学力、身体の三種類が実施された。技術検定は、千メートル、三千メートルの独走タイムを計るもので、当時の選手たちにとっても厳しい基準ではなかった。学力検定は、中学卒業程度が求められた。ともに不合格者は、一パーセントにも満たなかった。実は、最大のハードルになったのは身体検査だった。結核の者、盲腸以外の内臓外科手術経験者、片目が不自由な者、十指不全、花柳病、入れ墨十センチ平方以上の者などが不適格とされた。男子の場合、受検者の三・七パーセントが身体検査で不合格になっているが、それ以外にこの基準を見て受検自体を諦めた者も多かった。

身体検査の基準からは、当時の管理者が「不良選手」のイメージをどのように見ていたのかがうかがえる。たとえば、入れ墨を認めるかどうか。半世紀以上あとの最近になって、ファッションとしてのタトゥーが流行するようになり、公務員の入れ墨の是非などが近年新たに問題化しているが、

教育施設
広大・美麗な敷地に充実施設の数々。
選手能力を最大に高める万全の環境。
3

図10　静岡県修善寺の競輪学校。入学案内のパンフレットと登坂訓練の様子（資料提供：JKA）

このときも、入れ墨は不良のわかりやすいしると見なされた。訓練所ができるまでは、ヤクザ者丸出しの選手がバンクを走る姿も見られたというが、彼らを排除するのも身体検査の大きなねらいだったのだろう。『競輪十年史』には、「いれずみ問題についてはその判定に困ったらしい。戦後の米軍将校らの影響もあっていれずみをする青年が、かなりいただけに小さい問題ではなかったようだ」[25]という記述もある。結局、入れ墨は全面禁止となり、なかには焼きつぶして消すなどの処置をして選手を続けた者もいたという。

三年間にわたる全選手訓練と再登録の結果は、男子合格者四千六百十人（不合格・不参加千百四十九人）、女子合格者五百二十一人（不合格・不参加八十五人）だった。この期間に二〇パーセント近くが淘汰されたことになる。選手の登録は一時中止されていたが、淘汰に伴う選手不足を見込んで一九五一年から新人募集が再開された。それまでは各地の自転車振興会が個別に登録をおこなっていたが、全国一括で実施され一定期間の訓練が義務づけられることになった。第一回の新人採用では、各地の予備検定を通った六百六十余人が試験を受け百三十五人が合格した。競輪選手への道は、一気に狭き門となったのである。

サイクリストセンターは、一九五五年に日本競輪学校と改称した。以来、現在に至るまでその入学試験が、選手希望者にとっての最大のハードルになっている[26]。競輪学校は、六八年に静岡県の伊豆修善寺の山のなかに移設され、より充実した設備を持つ施設になった。訓練期間も徐々に延長され、現在では約一年間となっている。全寮制であり、競走や自転車整備などの技術はもちろん、教養のための座学や、規律を養成するためのさまざまな訓練が実施されている。

早朝のランニングや乾布摩擦などから始まって、夜までみっちりとスケジュールがある訓練生活は、相当な精神力がなければ耐えられないだろう。在学中は、競走に参加しているときと同様、外部との連絡は制限されている。今日でも、携帯電話や通信機器の使用は禁止であり、決められた時間に公衆電話を使うことが許されているだけだという。ギャンブルの対象になる選手として走るのだという意識を徹底して持たせるためだ。

厳しい訓練内容のわりに、途中で脱落する者は少ないという。そもそも難関の選抜試験にパスしたハイレベルな者しか入学できないためだ。生徒は、いい意味でのエリート意識を持っている。合格が難しいことや、厳しい訓練を経た経験は、プロになったあとの選手が逸脱行為に手を染めないための大きな歯止めにもなっているのだろう。

競輪学校は、これまでにもテレビなどでたびたび取材されてきた。そのため、訓練の厳しさや入学の難しさなどについては、一般的にもかなり知られている。競輪学校を取材させることは、広報としての意味もある。ハードなトレーニングに耐える生徒たちの姿は、競輪の信頼性を高めるのに大いに効果的だからだ。

スポーツマンシップを求められる競輪選手

このように、学校という装置が組み込まれることで、選手の質は明らかに向上した。ここでいう「質」とは、不正レースに加担するような「不良」を排除するということであり、それはスポーツ選手としての「質」の向上を目指すことによって得られるものと考えられたのだった。

競輪はスタート当初からスポーツの看板を掲げてきた。その原点には、スポーツテーマパークのアイデアがあったのだった。ファンへの信頼性確保のため、あるいは広報的なイメージ戦略として、そしてまた選手管理の方針として、競輪がスポーツであること、選手がスポーツマンであることが繰り返し強調されてきた。大きな大会前には、選手による宣誓がおこなわれることも多かった。「スポーツマンシップにのっとり正々堂々と全力を尽くして戦うことを誓います」という定番の文句も繰り返し使われただろう。サイクリストセンターから始まった選手教育でも、選手たちに求められたのはスポーツ選手にふさわしい能力の向上、スポーツマンとしての自覚だった。そして、競輪がスポーツであるということは、公正なギャンブルとしての信頼性をアピールするものでもあった。

その一方で、通常のスポーツなら当然であるような、スポーツマンらしい行動の一部は、ある時期までは厳しく制限されていた。たとえば、レース後のガッツポーズなどがそれだ。試合に勝ってうれしい、負けてくやしい。選手たちの素直な感情表現がスポーツ観戦の感動につながるのは自明だが、競輪ではそれらの表現の抑制が求められた。どんな誤解を生むかもわからないから、というのがその理由だった。

それは、選手の振る舞い一つひとつが、八百長の「サイン」かもしれないという疑いの目で見られていたためだ。源城の前掲書には、外部との連絡ができなくなった選手たちが実際に使ってきたサインの具体例が詳述してある。たとえば、選手紹介中の選手が指や肩を動かしたり、特定のコースを走ったりすることで、客席にいる共犯者に「買い目」を伝える行為などだ。選手紹介は、競馬でいうパドックにあたり、レース前の車券発売中に、客前でコースをゆっくり走っておこなわれる。「脚見せ」とも呼ばれ、ここで選手の作戦、つまり誰の後ろを走るのか、どこに競りかける（位置争いをおこなう）のかが、客にわかるようになっている。選手の作戦コメントが新聞を通して読めるようになり形骸化したとはいえ、ファンにとっては予想するための重要な情報源である。源城によれば、一九七〇年代に選手紹介中のサイン送りを封じるための規制を実施したことがあるらしい。自由に周回するのではなく、番号どおり等間隔で一周するだけの無機質なものに変えたのだ。その後八〇年代に入り、海外のトップレーサーを呼んでおこなう国際競輪が始まると、海外選手たちがレース前の自由走行を強く求めたため、再び自由化したという経緯もあったという。

レース前のコメントも、「がんばります」のような形式的なものに以前は限られていた。レース前後、ファンの歓声に応えるなどもってのほかだった。選手は、いわば賭けのサイコロに徹することが求められていたのだ。スポーツマンシップを持つ、サイコロとしての競輪選手。そのような拘束が、「見る」スポーツとしての競輪の魅力を抑制してきたのは間違いないだろう。

外部を儲けさせるための不正レースがあったのは、競輪だけではない。競馬をはじめ、すべての公営ギャンブルで、いくつもの八百長事件が摘発されてきた。管理側が、八百長の廃絶を求めて制度的な工夫をしてきたのもみな同じだ。序章で紹介したように、プロ野球など一般のスポーツでも非合法のギャンブルがおこなわれ、八百長が仕掛けられた事例はある。ギャンブルの対象であれば、外部の者を儲けさせるための八百長が起こる可能性は、常にある。だからこそ、起こさないための工夫や制度の整備は確かに必要だ。

人間の筋力が勝負の要因となる競輪は、公営ギャンブルのなかで、一般的なスポーツイメージに最も近い競技であり、広報に、そして公正さのアピールにスポーツイメージを利用してきた。しかし同時に、スポーツに近いからこそ、不正も簡単だと疑われてもきたのだった。

一九八〇年代以降、競輪をめぐる状況は大きく変わる。勝利選手がガッツポーズで喜びを表現することも、メディアを通して個性的な表現で意気込みを語ることも当然のことのように許されるようになった。第4章で見るように、競技のレベルが上がり、スポーツとして成熟していく過程で、八百長の疑念が払拭されていったからこその変化だ。

近年では、ファンサービスの一環として、選手がファンとの交流に応じることも求められるようになっている。インターネットの普及で、ブログやSNS（ソーシャル・ネットワーキング・サービス）を利用してファンと直接交流する競輪選手も増えている。過去の経緯を知る者からするとまさに隔世の感だが、見ていて少し危なっかしい気持ちになることもある。率直に記したレースの反省や意気込みの文章が、あるいは選手間の仲のよさや一緒に練習する人間関係を紹介する記事が、偶然、何かの「サイン」になってしまわないか、疑念を再び生んでしまわないかと。しかし、それは杞憂なのだろう。

高本公夫(27)という競馬評論家が提唱したタカモト式と呼ばれる競馬予想「理論」がある。それは、レースには必ず「サイン」が隠されている。主催者はレース結果を自由にコントロールしていて、出走馬の枠番、馬の名前、テレビのコマーシャルなど、わかる人にはわかるようにあらかじめ「答え」が書かれている――という一種の陰謀論だ。このような、オカルト的予想法は、形を変えてさまざまに楽しまれている。大きな災害があったから、テロがあったから、政権が代わったから、と社会的事象などを理由にして、馬券を予想することもある。ギャンブルが本来運試しの遊びであることを考えると、「天の意志」をサインと見なして結び付けて予想したり、世界を陰で操る何か（JRAか、あるいは何かの秘密結社か）の陰謀を勘ぐったりするファンは、これからもあとを絶たないだろう。

競輪選手にスポットを当てたテレビのドキュメンタリー番組が、選手同士のSNSでのコミュニケーションが、何かの「サイン」にちがいない――。そういう妄想を楽しむ競輪ファンは今後も現れるかもしれない。しかし、それが広く八百長の疑念に結び付いたり、ましてや暴動につながったりする時代ではなくなったのだ。試合前の意気込みや、ガッツポーズなどの感情表現など、かつては「サイン」と疑われてきた選手からのメッセージを、スポーツらしくオープンにすることで疑念の払拭につなげた競輪には、後戻りする道はもうないと思う。

誤解を恐れるあまり、選手を徹底して「サイコロ」にとどめさせようという方向は、反動以外のなにものでもない。ただ、ギャンブルである以上、疑念が膨れ上がったり、それが暴動につながったりする可能性は完全にゼロにはならない。その抑止力は、あくまでも多くのファンの信頼感であり、それを担保しているのは、やはり選手が体現するスポーツマンシップだ。選手にとっての自由が広がったからこそ、ファンの前では常にスポーツマンらしい姿を見せることが以前よりも強く求められるようになっているといえるだろう。

注

(1) 権学俊『国民体育大会の研究――ナショナリズムとスポーツ・イベント』青木書店、二〇〇六年

(2) 剣道や柔道は、軍国主義復活につながるとされ、競技種目からあらかじめ排除されていた。

(3) 前掲『競輪十年史』六五ページ

(4) 一九五〇年、同じ大阪市の長居公園内に大阪中央競輪場（大阪市営）が作られるまでは、大阪競輪場と呼ばれていた。

(5) 堤哲「競輪事始22」「季刊誌ぺだる」Vol.22春号、JKA、二〇一三年

(6) 加藤一／永六輔『自転車一辺倒――風と彩と人生と』講談社、一九九五年

(7) 同書七七ページ

(8) 同書七九ページ

(9) 二田健蔵編『競輪総覧』競輪総覧刊行会、一九七〇年、七八ページ

(10) 近畿自転車競技会編、井上和巳執筆『近自競四十五年史』近畿自転車競技会、二〇〇九年、五ページ

(11)「競輪、三転して存続に決る 吉田首相も納得」「朝日新聞」一九五〇年九月十七日付（前掲『競輪総覧』六五ページ）

(12) 同書一一六ページ

(13) 前掲『競輪三十年史』四〇六ページ

(14) 前掲『競輪総覧』一一八ページ

(15) 扇正宏『競輪犯罪の捜査と公判』（「検察研究叢書」第三巻）、検察研究所、一九五二年

（16）思想の科学研究会編『戦後派《アプレゲール》の研究』養徳社、一九五一年、七三ページ（「朝日新聞」一九五〇年四月二十二日付夕刊記事の引用）
（17）源城恒人『サインの報酬』東京図書出版会、二〇〇六年
（18）同書六ページ
（19）同書三ページ
（20）「記事は、日本自転車振興会からも取材したようすがうかがわれるが、担当者の主張をまともに取上げず、担当者がどんな弁明をしても作為があったと断定した記事の構成になっている。そして、わざとしたことか、記者が競輪についての予備知識をまったく欠いていたためか、全レースの〝談合〟とはトップ取りを決めるものであったという部分に触れていない。（略）だが、その肝要部分が欠落したこの記事は、たちまちにして競輪廃止の世論喚起に火をつけた。二年余りまえの事件の記事を、全国争覇競輪（日本選手権競輪の前身）の最終日とあわせたことも、報道の狙いとして好機であったにちがいない」（前掲『競輪三十年史』三九八ページ）
（21）前掲『サインの報酬』五四ページ
（22）同書四ページ
（23）技能試験はで千メートル独走、男子一分五十秒以内、女子二分以内、学力試験は、自転車の部品の名称や選手に必要な法律などを答えさせるものだった。ちなみに、二〇一七年に競輪学校に合格した生徒の平均は千メートル男子一分十秒五七、女子一分二十秒一二である。
（24）前掲『競輪十年史』一〇〇ページ
（25）同書九八ページ
（26）試験内容は何度か改変されているが、現行では、独走タイムによって選別する自転車競技経験者向

けの「技能試験」と、自転車に対する運動能力を計測する未経験者向けの「適正試験」がある。適正試験で合格した者は、技能試験組よりも早期に入学して事前訓練を受ける。また他競技で優秀な成績を収めた者には特別選抜試験も用意されている。

(27) 高本公夫（一九三九―九四）は、一九八〇年代を中心に数々の競馬予想本を書いてヒットさせた競馬評論家。

第3章　都市空間のなかの競輪場

1　都市的レジャー施設としての競輪場

場所をめぐる政治

高度経済成長の波に乗り、競輪の売り上げは伸び続けた。数々の事件が起こり何度も廃止の瀬戸際に立たされながらも競輪が存続してきたのは、何といっても地方財政への貢献が大きかったからだ。競輪からの交付金は、当初の目的どおり学校や住宅、道路、病院などの社会的なインフラ整備に活用されてきた。

競技形態を含め運営システムも安定し、国政レベルでの存廃論が収束に向かった一九七〇年代初頭、競輪への大きな逆風が再び吹いた。美濃部東京都知事による都営ギャンブル全廃政策である。

これによって、日本一の売り上げを誇り、競輪のメッカともいうべき存在だった後楽園競輪場は、姿を消した。

都市政治で問題視されたのは、競輪の競技形態や内容ではなく、競輪場という施設そのものだった。レースに熱いまなざしを向けながら賭けをおこなう人々が群れ集う、そのような場を、都市空間のなかにおくことを許容するかどうか。いわば、場所をめぐる政治だった。

競輪場とは、そもそもどのような場所なのか。どのような社会的な文脈を持つ地域に作られてきたのか。本章では、競輪場という場所に焦点を当てながら、この時期の公営ギャンブル廃止の動きを振り返る。

映画に描かれた後楽園競輪場

一九五二年封切りの映画『お茶漬の味』（監督：小津安二郎）に、後楽園競輪場が登場している。佐分利信演じる主人公が知人と競輪を楽しんでいるところに、お見合いの席に向かったはずの姪っ子（津島恵子）が現れて当惑する、という場面があるのだ。舞台は競輪スタートから四年後、暴動事件や八百長騒ぎなどが起こり競輪の反社会的なイメージが強くなっていた時期にあたるが、映画のなかの競輪場には、そのような雰囲気はまるでない。質素ながら豊かな暮らしをしている主人公は、上品なスーツ姿でスタンドに座りレースを観戦している。彼らがその後立ち寄るのはパチンコ屋だ。パチンコも、戦後一気に広がった新しい都市的娯楽だった。その他、後楽園球場で野球を観戦するシーンも登場する。この映画で競輪場が果たした役割は、これら戦後の新しい都市風俗を象徴する場所としてのそれだった。

後楽園競輪場は、後楽園スタヂアム（現・東京ドーム）が一九四九年に建設した施設だった。小津映画は、開場から間もない頃で、まだまだ新しさを感じさせる存在だったはずだ。競輪の施行者は地方自治体だが、競輪場の運営については、自治体直営の場合と、民間企業所有施設を使っている場合とがある。後楽園競輪は後者の例で、東京都が、後楽園スタヂアムに委託して開催していた。(1)

野球の後楽園球場は、戦前の一九三七年に開場した。日本職業野球連盟（一九三六年に誕生）の中心チームである東京巨人軍のホームグラウンドとして使用され始め、八七年に閉鎖されるまで、プロ野球ファンに愛されてきた。後楽園スタヂアムは、読売新聞社の正力松太郎や、阪急電鉄の小林一三などが出資して作った会社である。戦後、競輪場の他、遊園地、ボクシング会場やテレビスタジオとしても有名な後楽園ホールなどを建設して営業してきた。後楽園競輪場は、総合レジャー企業が運営する一施設だったのだ。ちなみに、八八年に開場した東京ドームは、廃止された後楽園競輪場の跡地に作られたものである。

日本で、観光業や「見る」スポーツなどの近代型レジャー産業が生まれたのは、日清・日露戦争を経て、産業社会化が進んだ大正時代（一九一二年から二六年まで）あたりのことだった。輸入品が中心で庶民には高嶺の花だった自転車が国産化され始め、一般的に普及するようになった頃である。レジャー産業の発展に大きな役割を果たしてきたのは、新聞社などのマスメディアと、沿線開発や誘客にレジャー産業を組み込んできた鉄道会社などの交通関連企業だった。それらの企業の初期発展期もこの頃だったのだ。(2)

戦後、国民的娯楽の代表となるプロ野球は、読売新聞社を中心に作られた。読売新聞社主の正力松太郎が初代社長となり一九五三年に開局した日本最初の民間テレビ局、日本テレビの主力コンテンツとなったのが、プロ野球の巨人戦中継だった。読売がプロ野球リーグを結成したのは、アマチュア野球の覇権を握った朝日・毎日両ライバル社への対抗策だった。

朝日新聞社が主催し、アマチュアスポーツが「見る」スポーツとして大イベント化していくきっかけになった全国中等学校優勝野球大会は、最初は阪急電鉄（当時は箕面有馬電気軌道）が所有していた豊中グラウンドでおこなわれていた（一九一五年から一六年まで）が、三回目から阪神電鉄が設営した兵庫県鳴尾村の鳴尾球場に会場を変更した（一九一七年から二三年まで）。鳴尾球場は、鳴尾競馬場のトラック内に作られた施設だった。大会の人気は年を追って高まり、そのため本格的な観客席を持つ野球場が作られることになった。一九二四年に開場した甲子園球場（当初は、甲子園大運動場）だ。この年から、大阪毎日新聞社が主催する春の選抜大会も実施されるようになった。

「読売新聞」の創刊は、一八七四年。「朝日新聞」は一八七九年に大阪で創刊され、九〇年に東京にも進出した。第1章で紹介したように、戦前、西日本サイクル選手権大会を主催していた「大阪毎日新聞」[3]は、一八八八年に創刊されている。大正時代は、マスメディア企業が発展し、ライバル間の競争が激しくなっていた時代だった。新聞社は、野球以外にも数多くのスポーツの大会や、囲碁・将棋のタイトル戦、博覧会や展覧会などのイベントを企画した。これらのイベントは、いうまでもなく新聞拡販とPRのためにおこなわれてきたものだ。そして自分たちで作り上げたイベントをニュースとして報道して、さらにイベントの人気を高めてきた。

都市部の私鉄が開業して沿線を開発し、郊外への「お出かけ」をレジャーとして推奨し始めるのも同じ頃のこと。鉄道会社にとって、レジャー施設は沿線開発の大きな目玉になった。鉄道会社が、遊園地や、阪急の宝塚歌劇団のような劇団を経営したのも同様のねらいだった。[4] 一九三六年に始まったプロ野球が本格的な人気を獲得していくのは戦後のことだが、阪神、阪急、南海、近鉄、西鉄、西武、それに国鉄まで、これまでにいくつもの鉄道会社がプロ野球球団を経営してきたことはよく知られている。沿線に作られた野球場への観客輸送は、うまくいけば大きな収益につながるため、合理的な経営多角化策として鉄道会社がプロ野球に参入してきたのだ。

メディア企業や鉄道会社によるレジャー産業の推奨は、戦争で一旦中断される。しかし、野球や自転車競技の歴史を見てもわかるように、形を変えながら戦後に継続した部分も多かった。さまざまな企業の思惑のなか、レジャー産業が生まれ、「見る」「する」を含めたスポーツが大衆の生活に根づいていき、アマチュアスポーツを価値づける考え方が普及する。その一方で、ビジネスとしてのスポーツも隆盛する。大正から昭和初期（一九三〇年前後）にかけては、そのような時代だった。戦後、競輪は新しいレジャーとして誕生したが、競輪場はそれまでにレジャー地域として整備されていた場所、たとえば運動公園や遊園地などの一施設として設置される例が多かった。

私鉄の沿線開発

野球場と併設だった西宮競輪場、そして死者まで出た暴動事件をきっかけに鳴尾競輪場から名前を変えた甲子園競輪場、これらはともに現在の兵庫県西宮市に設置されていて、二〇〇二年、西宮市が競輪事業の廃止を決めたため同時に姿を消した。

一都市に二つもの競輪場があったのは、もともと西宮市と鳴尾村という別々の自治体だったためだ。二十世紀の初頭まではひなびた一漁村にすぎなかった鳴尾村は、一九〇五年に大阪と神戸を結ぶ阪神電鉄が開業して以降、その姿を大きく変えた。当時の私鉄各社は、イギリスの田園都市思想を手本に、郊外に新しいタイプの住宅地を造成するなど、沿線開発に着手していた。レジャー地域の開発もその一環だった。大阪と神戸という大都市に挟まれた阪神間という地域は、近代型レジャー文化の先駆けになった地域だった。なかでも鳴尾村は、都市部からのアクセスもよく、海水浴にふさわしい海岸も持つ好立地の土地として、阪神電鉄のレジャー地域開発のターゲットになっていた。

図11　西宮競輪場は、西宮球場グラウンド内に仮設のバンクを組み立てて開催していた。1954年4月（資料提供：西宮市情報公開課）

鳴尾競馬場は、一九〇七年に開場した。運営は、関西の財界人・実業家たちが設立した関西競馬倶楽部がおこなっていた。これは、馬券発売の黙許を受けて全国に作られた競馬倶楽部の一つだった。〇八年には、隣に速歩競馬場も作られた。軽量の馬車を引いておこなうトロット競走用の競馬場で、こちらはその年の春と秋に開催しただけで終わり、鳴尾競馬場に吸収合併された。このとき、運営組織は、阪神競馬倶楽部に改称された。三七年に運営が全国組織の日本競馬会に統合されると、競馬場名も阪神競馬場となった。

一九二四年に甲子園球場を完成させた阪神電鉄は、二九年に甲子園南運動場という大規模なスポーツ施設を作り上げた。自転車だけでなくサッカーやラグビー、陸上競技の競技場としても当時の日本最大規模を誇るものだった。既述のとおり、大毎主催の西日本サイクル選手権大会がここで開催されている。同年、遊園地、動物園、水族館を兼ねた浜甲子園娯楽場（のちの阪神パーク）も近くに完成する。他にも、数多くのコートを持つテニス場や、競技用プールなどが一帯に作られていった。

戦争中、競馬場は軍部に接収され、取り壊されて飛行場になり、一帯は空襲のターゲットとなった。敗戦後、競馬場は宝塚市の南、阪急電鉄の仁川駅近くに移転して再開される。倶楽部名に由来する阪神競馬場の名称はそのまま維持された。

このような地域開発の経緯を振り返ると、鳴尾村に競輪場が作られたのも自然な流れだったように見える。戦災復興、地方財政への寄与を大きな名目にして競輪がスタートすると、多くの自治体が開催へ名乗りを上げた。戦前からすでに「甲子園競輪場」と呼ばれることがあった甲子園南運動場が存在していた鳴尾村は、自転車競技の歴史を考えても競輪場建設に格好の場所だったのだ。税収源の競馬場を失った鳴尾村としても、誘致に積極的だった。こうして、一九四九年六月、甲子園球場の南に鳴尾競輪場が誕生する。甲子園土地企業という阪神電鉄系の民間企業が所有・管理し、施行者が賃貸契約を結んで開催する形が採用された。

西宮競輪は同年三月、鳴尾に先んじて初開催にこぎつけている。西宮球場は、阪急電鉄によって一九三七年に開場された。当然、阪神の甲子園球場を意識したものだった。二つの球場間は、直線距離で二・五キロしか離れていない。阪神間という同じエリアを走る阪神電鉄と阪急電鉄は、二〇〇六年に持ち株会社を作ってグループ企業化するまで、長きにわたりライバル関係を続けてきた。プロ野球の阪神タイガース（当初は大阪タイガース）と阪急ブレーブス（当初は阪急軍）の二チームは、どちらもプロ野球草創期以来の球団で、ライバル関係にあった。戦後、一九五〇年にセ・パ二リーグに分かれたあとは、人気面で大きな差がついてしまったが。

阪急電鉄の社史によれば「当時、西宮球場の状況は、野球その他催物の回数が少ない上に、入場者も少く、かなりの不使用空白があり、経営は思わしくなかった。そこで、打開策として競輪を取り上げ研究をおこなったのである。たまたま兵庫県が開催候補地として、当球場と甲子園に着目したが、甲子園が選定された。競輪開催については西宮市当局にも意欲があったので、話し合いのあと、当社が施設面を担当して、暫定的に実施することになった(5)」のだという。

施設の有効利用のためという理由だが、阪神が競輪をやるならわが社も、というライバル意識も読み取れる。甲子園球場で競輪がおこなわれる可能性もあったという事実も興味深い。西宮競輪場は、公式の女子レースが実施された最初の競輪場でもあった。前述のとおり第一回の小倉競輪でも女子レースはあったが、エキシビション扱いだった。男女同権をうたった日本国憲法が発布されてまだ三年というこの時期、女性のプロスポーツは、新しい時代の到来を感じさせる新鮮なイベントと感じられたにちがいない。阪神と阪急のライバル関係は、阪神間モダニズム(6)と呼ばれるような都市文化の形成に大きな役割を果たしてきたが、その文脈のなかに西宮・甲子園という二つの競輪場も位置づけられるのだ。

鳴尾村は一九五〇年、ジェーン台風の大きな被害を受ける。そのうえ、鳴尾競輪場の騒擾事件まで勃発して歳出が激増した。そのせいで単独での市制移行が難しい状況となり、五一年、西宮市と合併する。悪名を全国にとどろかせてしまった鳴尾競輪場は、甲子園競輪場と名前を変えた。西宮競輪は、以降も、全国唯一の仮設バンクでの競輪場として継続していくことになり、こうして西宮市は二つもの競輪場を持つ自治体になったのだ。

2　工業労働者の街に作られた競輪場

鉄火場としての競輪場

このように、競輪場は大正時代から大衆に広がった「見る」スポーツという新しいレジャーの系譜に連なる新施設として各地に誕生した。しかし、このレジャー空間は、キッカケ一つで暴動が起こる危険な空間でもあった。

一九五九年九月、NHKのドキュメンタリー番組『日本の素顔』で競輪問題が取り上げられた。タイトルは『競輪立国』。競輪の売り上げが社会のインフラ整備に活用されている事例を紹介しながら、競輪が抱える問題を批判する内容だ。この番組で映し出される競輪場の姿は、その七年前に封切られた映画『お茶漬の味』のイメージとはまるで違う。カメラが捉える観客たちは、貧しい身なりの男性ばかり。彼らはみな、ギャンブルに心を奪われ虚ろな表情をしている。競輪の借金で主人が失踪し残された家族が途方に暮れる、という家庭崩壊の事例が、当時の新聞では頻繁に報道されていた。この番組でも、家出した亭主を競輪場で捜し回る、貧しい母子の姿が描かれている。

ドキュメンタリーには、作り手の主張にもとづくストーリーがあり、この時代のものは特に演出過剰なのだが、これも当時の一般的な競輪イメージをリアルに反映した「よくできた」番組だった。競輪場は、「見る」スポーツを楽しむレジャー空間というより、博奕場、鉄火場という言葉がふさわしい「悪場所」と認識されるようになっていたのだ。視聴者の多くは、競輪などいますぐ廃止すべきだ、と考えるようになったはずだ(7)。

この番組には、土井熊吉というヤクザの親分がインタビューされるシーンもある。大阪市の長居公園にあった大阪中央競輪場をわが物顔で歩く姿とともに。当時、国会でも取り上げられていたのが、競輪場の場内整理役をヤクザに委託している事例が各地で発覚した問題だった。

ヤクザと呼ばれ、極道・侠客・任侠・渡世人などと自称してきた集団は、戦後、一括りに暴力団と規定され警察の取り締まり対象になっていった。ヤクザのなかでも博徒と呼ばれた人々は、賭博がなりわいだった。賭場を開帳し、その手数料（寺銭）を取って生きてきた。彼らから見れば、一九二三年の競馬法成立は自分たちの領域に国家が侵食してくる時代の始まりでもあった。

戦後、競輪を筆頭に爆発的に増えた公営ギャンブルには、さまざまな形でヤクザが関わってきたが、その経緯を考えれば、それも無理からぬことだった。国家が開帳する賭場で「出目」を利用して自分たちで客を集め投票券を売るノミ行為や、前章で見たように選手を籠絡して八百長レースを仕掛けて儲ける不正などが、わかりやすい例だった。運営側も、客が暴動を起こすのを食い止めるために、ヤクザを場内警備係として利用したりもした。ヤクザの側も、自分たちの必要性を高めるために、ときには計画的に暴動を起こす。そのような悪循環もあったようだ。

前章で紹介した『競輪犯罪の捜査と公判』によれば、兵庫県の各競輪場の場内警備は、西宮競輪場は森岡組、鳴尾競輪場は竹田組、神戸競輪場は山口組と大島組、明石競輪場は本田組と担当分けされていたらしい。神戸も明石も『競輪立国』放映の頃に廃止となった競輪場だが、大都市にあった神戸競輪場は特に売り上げが多かった。それだけヤクザにもうまみがあったのだろう、山口組の勢力拡大史が語られるとき、神戸競輪場での西海組との縄張り争いのエピソードはよく取り上げられる。

今日でも、競輪場に限らず公営ギャンブル場に行くと、「暴力団追放」「ノミ行為追放」などと大きく書かれた看板が目立つところに掲げられている。警察は、東京オリンピックの一九六四年から、頂上作戦と銘打った全国的な暴力団取り締まりを始めた。その過程で、競輪場での警備の仕事などからもヤクザは追い出されていく。代わりに、警察官ＯＢを採用した警備隊が作られるようになっていった。ちなみに、今日の競輪場では、警備会社に委託して、どこにでも見られるような普通のガードマンを雇っている形が一般的だ。取り締まりはどんどん厳しくなり、九一年のいわゆる暴力団対策法の成立で、ヤクザが表立って社会活動をすることはほぼ不可能になった。

そもそも、祭りや興行などレジャーの場をはじめ、多くの人が集まる非日常的な場は、長らくヤクザたちの活躍の場であった。暴力団対策が強化されるまで、美空ひばりや田端義夫などのスターが山口組系の神戸芸能社に所属していたことや、プロレスやボクシングの興行にヤクザが関わっていたことなどは、よく知られているだろう(8)。競輪が誕生した敗戦後の混乱期から高度経済成長の時期は、彼ら裏社会の人々が大きく勢力を伸ばした時期でもあった。

ノミ屋がいる。何人もの客に別の予想を無理に吹き込み、レース後に当たった者を見つけて金をたかるコーチ屋と呼ばれるヤカラがいる。捨てられた車券のなかから、間違って捨てられた当たり車券を見つけ出そうと地面を見つめ続ける地見屋がいる。結果が気に入らない、運営者の対応が悪いなどと言いがかりをつける柄の悪い連中がいる。それを押さえ付けるための用心棒がいる。この頃までの競輪場は、何とも怪しい人たちが群れ集う、まさに鉄火場だったのだ。

競輪場がある街

ここまでに見てきた競輪場の文化的な特徴、つまり大正時代頃からの大衆社会化のなかで生まれた「見る」スポーツというレジャーの系譜につながるものであり、かつ危険な鉄火場でもあるという点は、他の公営ギャンブルにも同じく共通するものだった。

明治初期以来の「伝統」のある競馬も、多くの地方競馬場が作られ、大衆的な人気を集めるのはその頃からである。以前は競馬場だった場所の近くに戦後に競輪場が作られた例は、鳴尾（甲子園）以外にも多い。茨城県の取手競輪場や奈良競輪場などは地方競馬場の跡地に作られたものだし、大阪府の岸和田競輪場の近くには、廃止されたが春木競馬場があった。現在、サッカーのスタジアムがある大阪市の長居公園は、大阪競馬場と大阪中央競輪場が併設された公園だった。西宮競輪は特例だとしても、多くの競輪場が他の運動場や陸上競技場などスポーツ施設と重なるような条件の場所に作られていた。後楽園競輪場の跡地が東京ドームになったように、神戸競輪場の跡地はＪリーグのヴィッセル神戸のホームグラウンドである御崎公園球技場になっている。

高度経済成長期まで危険な鉄火場的雰囲気を漂わせていたのは、競馬をはじめ他の公営ギャンブルも同じだったが、競輪の社会的イメージは特に悪かった。前章では、人間の力だけが動力である唯一の公営ギャンブルである競輪が、競技の性質ゆえに不審の目を向けられてきた歴史を見てきたが、競輪のイメージには競輪場の立地も関係してきたように思われる。

紙芝居作家出身の民衆文化研究家・加太こうじは、『日本のヤクザ』（一九六四年）のなかで、競輪場の立地条件について考察している。当時、存在していた競技場の地域分布を説明したあと、加太は次のように述べる。

こうして調べてみると、東京、大阪、名古屋、北九州の商工業地帯を中心とした地域には、全国五十一ヵ所の競輪場中の二十八競輪場が集中していることになる。すなわち、工業を中心として、それに付随する商業がさかんな地域に競輪場が集中しているのである。

反面、岩手県、秋田県、山形県、宮城県、長野県、山梨県、鳥取県、石川県、島根県、宮崎県、鹿児島県の工業があまりさかんでない県には競輪場はない。

競輪場の集中や配置の度合から見ると、競輪の主たる客は工業関係――工員や工場での事務系サラリーマン、下請関係あるいは港湾労働者、建築関係労働者その他の労働者だと推定できる。もちろん、それらの人々に付随しての商店関係の者も主たる客である。官公吏もその他のサラリーマンや自由業者も競輪の客になってはいるが、これは工業関係者にくらべるとはるかに少ない。

競輪場とくらべて競馬場の配置を見ると、中央競馬会所属の競馬場は、函館市、福島市、宮崎市など、比較的工業がさかんでないところにもある。古い歴史がそういう結果を招来したので、もともとは人口集中度の高いところに競馬場も作られたと思われるが、いまでは工業地帯に集中している競輪場にくらべれば、競馬場は全国的に分散している。別に地方競馬の競馬場が全国的に分散している。

そういう競輪場の集中度からいうと、競輪の利益金として大衆のふところから主催側へはいるカネの半分以上は、大衆のなかでもあまりゆたかでない層である工業関係者のふところからでていると推察される。ここに競輪の特殊な性格がある。(9)

これに続き加太は、「テキヤからみた競輪と競馬客の違い」として、露店の古着商の証言を挙げている。この露天商は、競馬客は生活がよく露店の洋服になど見向きもしないが、競輪場では当たった客が買ってくれることが多いと語っている。競輪場は、競馬場に比べて都市部に集中しているから、客層は「大衆のなかでもあまりゆたかでない層である工業関係者[10]」が中心になる。つまり、客の社会階層が低いため、競輪のイメージも低い、というのが加太の説明だ。

競輪場が都市部に多い背景には、そもそも自転車競技法の目的に、自転車産業などの工業振興・戦災復興が挙げられていたため、工業都市での開催が優先的に認められたという経緯がある。初開催が小倉、大阪、大宮、西宮、川崎という順だったことからもそれはわかるだろう。その後、静岡県伊東や佐賀県武雄、新潟県弥彦など、地方の温泉地や観光地などでの開催も認められていくが、全体として競輪場は都市型のレジャー施設である。分布の偏りは、戦後生まれの新レジャーとしては必然でもあった。高度経済成長は、大都市への人口集中と都市域の拡大を急激に推し進めた。特に、京浜、京阪神、中京、北九州などの工業地帯では労働者の需要が増大して、地方から多くの若者が集団就職で都市に向かった。彼ら中卒の若年労働者たちは「金の卵」と呼ばれ、多くが工業労働者として働いた。レジャー産業が彼らをターゲットにしていたのも当然だった。

郊外の競馬場、市街地の競輪場

対して、加太こうじが「古い歴史がそういう結果を招来した[11]」という競馬場の立地はどのように決まったのだろうか。中央競馬は、一九一〇年頃にできた分布が源流になっている。第2章で見たように、馬券発売の黙許（一九〇五年）後に再び禁止され、補助金競走の時代が続き数多くの競馬倶楽部が淘汰された。競馬法（一九二三年）施行まで生き残った倶楽部は、日本（根岸）・東京（目黒)・阪神（鳴尾）・京都・小倉（戸畑）・新潟（関屋）・松戸・函館・札幌・福島・宮崎の全十一カ所[12]。戦後、アメリカ軍に接収され廃止された根岸競馬場、育成牧場に転用された宮崎競馬場を除いて、一部場所を移転しながら今日まで続いている。

現在の府中市にある東京競馬場は、大田区の池上競馬場（一九〇六―一〇年）、目黒区の目黒競馬場（一九〇七―三三年）の流れを汲む。目黒で第一回東京優駿大競走（日本ダービー）が開催された一九三二年頃に、競馬人気が高まって施設拡充が必要になった。移転地として選ばれたのが府中だった。開場は三三年。当時の府中は東京府下といっても未開発の田舎《いなか》だったが、二十年前に京王電気鉄道は開通ずみだった。交通の便と、広大な敷地との両方が得られる場所であり、私鉄によって広がる都市化の波を見据えての移転だった。

京都競馬場は、一九〇七年に京都市下京区に作られた。火事によって、一二年に丹波町に移転するが、交通の便が悪かったため二五年に現在の京都市伏見区に移った。府中同様、未開発の土地だったが、一〇年に開通していた京阪電鉄の沿線で、京阪は土地供出にも協力している。既述のとおり、鳴尾競馬場の立地には阪神電鉄の沿線開発が関係していた。中山競馬場は、松戸競馬場が陸軍用地となり一九年に移転したものだ。このように、中央競馬のなかで格の高いレースがおこなわれる四つの競馬場は、レジャー産業と鉄道による沿線開発の勃興期に、東西の大都市郊外に作られたのだった。戦後の五三年になると、名古屋近郊に中京競馬場が新たに開場した。ローカルと呼ばれるその他の競馬場は地方の中核都市に作られたが、福島や宮崎、北海道の二場は、馬産地を背景にした立地でもあった。

地方競馬は、国家事業的な性質がある中央競馬とは違い、各地でおこなわれていた草競馬的なイベントにルーツがある。一九三六年版『地方競馬便覧』[13]には、全部で百十六カ所もの競馬場名が掲載されている（ちなみに、二〇一七年現在の総数は十五）。これでも、二七年の地方競馬規則（農林・内務省令）によって各府県三カ所以下という制限が設けられた後の数である。植民地の朝鮮半島・台湾・満州国も含め、各地にまんべんなく分布していたが、北海道には十四カ所も登録されている。設置制限が旧支庁単位だったことに加え、開拓事業のため馬がより身近な家畜だったことの表れだろう。

これらの地方競馬場は、戦後の公営ギャンブルのように年間を通して継続的に営業しているものではなく、開催日数は限られていて、地方都市の街外れのような場所に作られていたものが多かった。年に数日間のお祭りのために使われる空間というイメージに近い。レジャー産業の発展は、それまでは非日常的な時間・空間だけでおこなわれていた娯楽を、日常的なサービス商品として普及させていく過程だった。競馬法の成立や地方競馬の隆盛も、レジャー時代の幕開けを象徴するものだったが、戦後のあり方に比べるとまだまだ牧歌的だった。

戦後の公営ギャンブルは開催日数が増え、競技場は常設のギャンブル空間になっていった。戦後の公営ギャンブルの歴史は地方競馬場での闇競馬から始まるが、一九五〇年代初頭までに多くの地方競馬場は廃止されている。その代わりに登場したのが競輪場だった。数多くの競走馬や厩舎を必要とする競馬場は、それだけ経費や人手がかかる施設であり、開催日数を増やすにも限界がある。競輪なら、競技場さえ作ってしまえば選手はいくらでもかき集めることができた。運営する地方自治体にとって、競輪のほうが手軽に利益を上げられる競技だったのだ。

戦後に生まれた他の公営ギャンブルと比較しても、競輪は立地に関する制限が少ない。競艇場は、海辺や湖沼などに限られるし、オートレース場は騒音という大きな障壁がある。競輪は、他の競技施設を転用したり、併設したりするのも比較的容易だった。西宮球場のような併用例まであったくらいだ。集客面でも、交通の便がいい立地を確保しやすかった。

公営ギャンブルが売り上げを伸ばした高度経済成長期は、工業都市に人口が集中し、また都市域が拡大した時期であり、戦前には街外れだったような場所も市街地に飲み込まれていった。後楽園競輪場のように、大都市の真ん中でも開催が可能な競輪は、まさに都市の常設ギャンブルに好適の競技だった。

通う場所として

新聞の身の上相談欄に、夫が競輪狂で家に金をいれず、幼い子どもが二人いて、働きに出ることもできず、困っている。どうしたら夫の遊びをやめさせることができるかといった記事がでている。この回答もきまっていて、あなたは好きで一緒になったのでしょう、あなたにも男を見抜く目がなかったのです、もし遊びが止まらないようだったら離婚する以外にない、それには……といったような具合である。

この相談も回答も間違っている。どこが違っているかというと遊びという考えである。これを夫の側にたって考えると、彼は遊びに行っているのではなくて、働きに行っているつもりなのである。彼は競輪に全知全能を傾け、金を儲け、借金を返し、妻子を喜ばせようと思って出かけてゆく。つまり、彼のほうにも大義名分があるのである。そこが困るところである。(14)

競馬ファンとして知られた作家の山口瞳は、今日ではギャンブル依存症の典型例として語られるような競輪「狂」の心理をこのように説明した。家庭崩壊を引き起こす原因として、公営ギャンブルのなかでも競輪が特に批判の対象になってきたのは前述のとおりだ。「働きに行っているつもり」は、いわゆる文学的表現だったとしても、戦後の公営ギャンブルが非日常的なレジャーの枠を超え、あたかも通勤するかのように足しげく通ってくる客たちを作り出してきたことは確かだった。

競輪（および地方競馬・競艇・オートレース）と中央競馬のイメージの差は、開催日による部分も大きかった。中央競馬は、競馬法施行規則(15)などによって、早くから土日祝に限定されることになった。一方、他の競技は平日も開催されている。競馬以外は数日間のトーナメント方式を採用していて、土日だけで日程を組むのが難しいこともあるが、中央競馬との競争を避ける意味もあった。

中央競馬の競馬場は、立地の面でも非日常性を維持し続けた。都市の拡大期より前に、郊外の都市鉄道沿線の広大な敷地に作られた競馬場は、週末や祝日に「出かけていくレジャー空間」のイメージをある程度は確保していた。また一方で、都心のアクセスがいい場所に場外馬券売り場も用意していた。小倉で競輪がスタートしてすぐの一九四八年十二月には銀座に、翌年には後楽園に、大阪でも都心の梅田と難波に場外馬券売り場がオープンしている。美しい芝のコースを持ち、その上を芸術品のような競走馬たちが疾走する。馬主など豊かな階層の人たちも集う場としての高級イメージもある。そんな空間を郊外に確保しながら、街中には、純粋なギャンブル空間としての（いわば「庶民的」な）場外売り場を設置して収益を上げる、という二面作戦に成功したのが中央競馬だった。

3　公営ギャンブルと都市の政治

地方自治体のギャンブルからの撤退

戦後の公営ギャンブルの隆盛は、高度経済成長と、それに伴う都市化の波に乗ったものだった。オイルショック後の一九七〇年代後半からは、縮小していくギャンブルファンというパイをめぐって各競技間の競争が激化し、競輪は、中央競馬はもちろん、競艇にも後れを取っていく。七二年の後楽園競輪場廃止は、競輪の時代がターニングポイントを迎えた象徴的事件だった。

前章で見たように、一九六一年に公営競技調査会の長沼答申が出ると、国政レベルで競輪の存廃が論議されることはなくなったのだが、施行する各自治体がどう判断するかは別の問題だった。競輪批判の論調が強まっていた五〇年代後半から六〇年前後は、競輪場廃止の最初のピークだった。目立つのは大阪近郊で、豊中競輪（一九五五年に廃止）を先駆けに、大阪中央（一九六二年）、住之江（一九六四年）が相次いで姿を消している（巻頭の「競輪場一覧」を参照）。二十一世紀に入ると赤字を理由にした撤退例が現れるが、財政に寄与していながらの廃止は後楽園競輪が最後になった。

図12　活況を呈した後楽園競輪場の様子。奥は後楽園球場。1970年頃（資料提供：東京ドーム）

大阪の例は、当時の赤間文三大阪府知事が一九五五年に決断したものだった。府営としておこなわれていた豊中は即時廃止となり、あとから他場も続いた。赤間の決断は、河野一郎農林水産大臣の「公営ギャンブル平日開催禁止」発言が引き金だった。「国民が熱心に働いているときに当然な措置」だという彼の提言は、閣議でも了解事項とされ抑制策が図られることになった。それまでも土日中心の開催だった中央競馬には影響がない発言だったが、他競技、特に都市に集中して競輪場同士での客の競合が起こっていた競輪にとっては大きな逆風になった。ちなみに河野一郎自身は、牧場主かつ競走馬のオーナーであり、競馬とつながりが強い人物だった。これに対して、各団体や施行者が対応策を検討しているなか、大阪では赤間知事が関係者の頭越しで廃止を決定した。府営競輪の売り上げは、土日開催に限定されると五千万円ほど低下するだろうという試算を受け、いっそのことつぶしてしまおうと考えたのだという(16)。

このように、公営ギャンブルの廃止は、自治体首長によるトップダウンで実行されることが多かった。社会的批判が強い公営ギャンブルをどうするか。選挙で選ばれる政治家にとって、社会観や価値観、そして自身のイメージをアピールする格好の材料であった。美濃部亮吉東京都知事による一九六九年の都営ギャンブル廃止はその代表例であり、また公営ギャンブルが政争の焦点になった（現在までのところ）最後の例だった。

環境悪化の源としての公営ギャンブル場

美濃部亮吉は、社会党・共産党に推された革新統一候補として一九六七年に都知事に初当選した。「東京に青空を」というスローガンの下、住民運動の後押しを受けて、自民党の候補を破ったのだ。水俣病やイタイイタイ病、四日市ぜんそくなどの公害問題が顕在化し、産業の発展がもたらす副作用が明らかになってきた時代だった。環境問題や都市化に伴う住宅不足の問題など、さまざまな都市問題も表面化した。そのような潮流のなかで、各地に「革新首長」が数多く誕生した。なかでも、首都東京で初めての革新首長になった美濃部は、この時代の象徴的な存在であり、彼の施策は全国的な注目を集めることになった。

初当選した選挙の際には話題にもしていなかった都営ギャンブルについて、美濃部が突然、廃止の考えを表明したのは、就任二年後の一九六九年正月だった。

ギャンブルは一種の社会的公害で、ギャンブル事業をやめることによる年間百億円近い収入減は、公害をなくすために百億円を支出することだと考える。[17]

選挙時に掲げた公約「主婦とこどもが安心してくらせる東京に」を実現するための政策だ、と彼は説明した。廃止宣言にあたり次のようなエピソードも語っている。選挙の年、あるテレビ番組に出演した際、都内に住む子どもに「大人には競馬場や競輪場があるのに、僕らには広っぱもない。あんな広いところで遊んでみたい」と訴えられた、それが廃止を決意するきっかけだった、という「お話」だ。[18] 公営ギャンブルは「公害」であり、その被害を受けるのは「こども」、そして「こども」を保護すべき「主婦」である、という論理だった。

ギャンブルが青少年に悪影響を及ぼすという意見は、明治期の馬券発売論争から近年のサッカーくじ、カジノをめぐる議論に至るまで、繰り返し語られてきたものである。美濃部も、同じような文脈で「こども」というキーワードを使っているといえるだろう。だが、都市問題の時代にふさわしく新しく使われた「公害」という言葉は、「汚染」をばらまく存在として公営ギャンブル（特にその競技場）があるのだという悪いイメージをより強調する効果があったのではないだろうか。

今日でも、たとえば新たな場外発売所を作る計画が持ち上がると反対運動が周辺住民のなかから立ち上がるが、そのとき主張されるのは地域の「環境悪化」である。そこで想定される「汚染源」は、いわば、そこに集まってくるギャンブルファンが作り出す風俗とでもいうべきものだろう。これは、単に不特定多数の見知らぬ人々が集まることで生み出される混雑や騒がしさをいとうこととは違った意味を帯びている。場外発売所の建設が計画されるのは、当然ながらもともと繁華街など不特定多数の人々が集まる場所が多い。それでも反対を受けるのは、ギャンブルファンを、単なる群衆としてではなく「汚れた」人々として認識する視線があるからこそだ。事件・事故が起こる舞台として、公営ギャンブル場は危険な場所と見られたのだったが、そこに集まって日々ギャンブルに興じる人々も同じように危険な存在として捉えられてきた。美濃部の「公営ギャンブル＝公害」論は、そのようなまなざしと共鳴し、公営ギャンブルを市民の安心した暮らしの紊乱者として位置づけるものだった。

美濃部の廃止宣言は、確かに主婦層に強くアピールするものだったようだ。廃止の声明が新聞で初めて報じられた四日後には、次のような記事が掲載されている。

草の実会など東京都内の六婦人団体の代表三十人が都庁を訪れて「都営ギャンブル廃止に、よくぞ踏みきってくれた」と、美濃部都知事を激励した。とくに後楽園競輪を控えた文京区、大井競馬場のある品川区から来た代表は、日ごろ見聞する経験をもとにギャンブルは家庭不和の原因であると、その悪影響を訴えた。

同知事は顔をほころばせながら耳を傾け「日本のギャンブルは物価の上昇で生活が苦しくなる低所得層を対象にして、一獲千金の夢を与えている。数理的にいうとギャンブルは損をするようにできているが、損をすると決まった人たちを集めて射幸心をあおり、生活をカケさせるのは、低所得層から収奪することになる」と経済学者らしい説明をひとくさり。

「よろしくお願いします」という婦人層の声援に「どうぞご協力を…」と頭をさげていた。(19)

日本で女性の参政権が認められて四半世紀を迎えるこの頃、女性票の動向が選挙結果を大きく左右することがようやく意識されるようになっていた。戦前から婦人参政権運動を主導した象徴的存在である市川房枝も美濃部知事誕生を後押しした。女性人気の高さが彼の大きな強みだったのだ。

当時の婦人団体や運動は、あくまでも主婦の立場を前提にするものだった。女性の参政権や学習権など法的な平等が獲得されたにもかかわらず、社会の隅々に残る男性優位原理。それを徹底して批判するウーマン・リブ運動が世界的なうねりとして広がっていくのもちょうどこの頃だが、日本で一定の影響力を持つようになるのはもう少しあとだ。ウーマン・リブでは「成人女性＝主婦」という前提自体が批判されるが、美濃部を支持した「婦人」たちはあくまでも家庭の主婦の立場から、公営ギャンブル廃止を歓迎した。女性の自己決定権を重視する立場からなら、ギャンブルが「大人＝男」の遊びと規定されている認識の枠組みも問い直されただろう。実際に、一九八〇年代以降になると女性のギャンブルファンも珍しいものではなくなっていった。

ともあれ、これら婦人団体やＰＴＡの協力、「知事が都政の姿勢を正すために、勇断をもって実行することを期待する」[20]と明確な支持を表明した大手新聞社の後押しを受けて、美濃部の都営ギャンブル廃止は断行された。宣言が出た一九六九年六月に東京都が実施した世論調査では、六三パーセントの人が知事の方針に賛成だった。ギャンブル経験者の割合は全体の二五パーセント[21]であり、ギャンブルをまったくしたことがない七五パーセントの人たちにとって、わざわざその存続を願う理由などなかったにちがいない。当然、ファン側の意見など考慮されることはなかった。七一年の二期目の選挙では、当時の最高獲得数三百六十一万あまりの票を獲得して美濃部は圧勝する。都営ギャンブル廃止は、有権者からの承認を受けたといえるだろう。

東京都の決定は、各地の住民運動を盛り上げることにもつながった。たとえば、一九六九年、甲子園競輪場でおこなわれる予定だった全国都道府県選抜競輪は、周辺住民の反対で中止になっている。このような反対運動の背景には、ギャンブル公害論の影響とは別に、都市化の進行によって公営ギャンブル場の立地が変質したという事情もあった。

戦後の公営ギャンブル場は、都市の近郊で交通の便がいいところに作られたのだったが、はじめから住宅地の真ん中という立地に建てられたのではなかった。後楽園は、他の施設もある大きなレジャー空間の一部だったし、たとえば東京周辺の競輪場である花月園や京王閣、西武園などは、名前からもわかるように、もともとは郊外の遊園地だった場所に設置されたものだった。[22] しかし、高度経済成長による都市化によって、かつて街外れや場末だったところは、どんどん住宅地に飲み込まれていったのだ。甲子園競輪場の周辺もまさにそうだった。以降、甲子園では、九九年のオールスター競輪まで三十年間、観客が増加する特別レースは開催できなかった。そして解禁の三年後、赤字を理由に甲子園競輪は廃止された。

中途半端に終わったギャンブル廃止政策

美濃部都知事の「公営ギャンブル＝公害」という主張は、旧来から根強く共有されてきたギャンブルに対する倫理的な嫌悪感を、この時代に合わせて表現したものだった。ただ、公営ギャンブル政策に関して、全国の革新自治体が足並みをそろえていたわけではなかった。

たとえば、社会党公認で当選した蜷川虎三京都府知事は、質問を受けて次のように答えている。

私は公営競技を廃止する考えはない。ギャンブル収益に頼らなければならない地方自治体の財政制度が問題だ。（略）競輪はギャンブルだからいけないというが、ギャンブル的な資本主義の中で単純に結論は出せない。もっと社会学的に検討を要する問題だと思う。(23)

革新系から立候補し、のちに保守派に転じた当時の京都市長・高山義三は、京都市営競輪（宝ヶ池競輪場）を廃止したが、蜷川知事は向日町競輪場での府営競輪開催継続を選択した。

また、東京都下の各自治体のなかには、都営中止で空いた穴を埋めるように公営ギャンブルに積極的に参加する動きも起こっている。美濃部が、後楽園競輪場以外に具体的なターゲットとして挙げていた大井競馬場と江戸川競艇場は、都営が中止されて以降も都下の他の自治体が継続して開催し、現在まで存続している。そのなかには革新政党に所属する首長を持つ自治体もあった。また、群馬県伊勢崎市に新しいオートレース場が作られることになったが、これは廃止された大井オートレース場の代替としてだった。財政の「打ち出の小槌」としての公営ギャンブル需要は依然として高かったのである。ちなみに、一九五〇年代に府営ギャンブルを全廃した大阪府の赤間文三知事は、保守系の政治家だった。つまり、公営ギャンブルに対する考えは、必ずしも、政治思想によって決まるわけではなかったのだ。

のちに美濃部は次のように振り返っている。

都営ギャンブルの廃止を進めていた四十六年の秋、『週刊朝日』の対談の席で、競馬に詳しい大橋巨泉さんにかみつかれたことがあった。「ギャンブルは全部公害だ、競馬もやめろ、というのは反対だ」という。それに対して私は「日本のギャンブルは自分や家族の生活をかけてやっている。これは罪悪だ」という話をした。

私自身、ギャンブルをしたことは全くといっていいほどない。母方の菊池家は賭け事がご法度で、トランプはおろかメンコまで厳禁だった。私のギャンブルぎらいは、そんな家風がしみ込んでいたせいかもしれない。(24)

これを読むと、政治思想というよりもむしろ彼の家庭環境（間違いなく紳士階級的な）からくるギャンブルへの嫌悪感が、公害という表現につながっただけではないか、とも思える。しかし、美濃部都知事の「公害」除去運動は、結果として見れば失敗に終わった。東京近郊の公営ギャンブル場の多くはそのまま存続したのだから。後楽園競輪廃止から五年後の雑誌「世界」には、次のような記事が掲載されている。

美濃部東京都知事が「社会的公害」として〝公営ギャンブル廃止宣言〟を出したのをはじめ、四〇年代後半、各所で論議が起った廃止・有害論は、現在ほぼ影をひそめてしまった。東京都の場合も、都が主催をやめても、革新市政を含む都下の各市が結局すべて肩代りし、公営ギャンブル廃止は実質的に尻ぬけに終わった。都は、名も実も失ってしまったのである。

この公営ギャンブル廃止論の敗北には、二つの理由がある。一つは、公営ギャンブルの収益金が、不況で深刻な財政ピンチにあえぐ地方自治体の〝救世主〟であること。他は、犯罪や家庭崩壊などと結びつける病理行動の具体的な事例が、いわれるほどに多くなく、あまりに急激な大衆化の前に有害論が説得力をもたなくなった、ということである。[25]

この記事では、財政事情に加え、大衆化が「失敗」の要因だと総括している。廃止宣言が出され、後楽園競輪場の従業員など関係者の補償問題に揺れた頃、知事を援護する新聞には「知事あてに、約五百通の手紙がきた。〈そこにギャンブルがある〉ために、生活のどん底に突落とされた、妻の、子の、母親の訴えが、いまも続く」[26]という記事も掲載されていた。「病理行動の具体的な事例が、いわれるほどに多くなく」と総括される、ほんの四年前のことだ。このような「手紙」自体、知事側の演出だったのではないかと疑いたくもなるが、では公営ギャンブルによる家庭崩壊がまったくの絵空事だったかというと、必ずしもそうではないだろう。戦後の公営ギャンブルが、いまだ貧しかった庶民の欲望を飲み込んで巨大化したのは否定できない事実である。続発した暴動事件は、彼らの余裕がない生活状況からくる切迫感が「八百長だ！」のかけ声とともに暴発したものだった。「豊かな社会」の到来がその切迫感を緩和させ、公営ギャンブルという場が持つ意味を大きく変えたのである。

シンボル闘争のターゲットになった後楽園競輪場

ここまで、後楽園競輪場廃止の経緯を見てきた。競輪関係者側から見れば、美濃部の決定は人気取りのために独断的になされたもので、目立つ存在だった競輪が政争の具としてたまたま選ばれてしまっただけ、というように映る(27)。しかし、国会での決議を経て誕生した制度に対して社会的な批判が集まっていたのなら、政治の場でその是非が論議されるのは当然のことだ。戦後のどさくさのなかに成立した制度が、この頃、再検討されるべき時期にきていたのも確かだろう。「世界」での「総括」のとおり、後楽園競輪場が廃止されても近郊の他の競輪場にファンが分散したため、競輪全体の売り上げは実際にはほとんど下がらなかった。しかし、競輪が大きなダメージを受けたのは事実である。それは、象徴的損失というべきものだった。事件や暴動が多かった競輪だが、この頃はようやく安定期に向かっていて、ファン以外の人々にとってそもそも関心の対象ではなくなり始めていた。だが、彼の決定は再び競輪に否定的な視線を集め、マイナスイメージを強める機会になったことは間違いない。

後楽園競輪場は都心の真ん中にあり、しかも国民的スポーツ・プロ野球のメッカと隣接した競技場だった。アマチュアの自転車競技大会の会場としても使われていて、存続していたらのちに述べる競輪のスポーツ化の流れのなかで別の意味を持つ競技場になりえたかもしれない。

公営ギャンブル廃止宣言は、全公営ギャンブルを対象にしたものだった。地方競馬一の人気を誇る大井競馬場もターゲットだったが、他の施行者があり存続した。競馬や競艇は残り、後楽園を失った競輪と大井を失ったオートレース(28)が影響を強く受ける結果になったが、それは都の単独開催だったという制度上の偶然だった。しかし、競輪のメッカを廃止したことで、美濃部が象徴的に勝ちえたものもあったのではないだろうか。

廃止宣言の翌年、「朝日新聞」のインタビューで美濃部は次のように話している。

――（略）競馬場に入場できないくらいファンがつめかけている現状をどうごらんになりますか。

ウィークデーに集まってくるファンは、ギャンブルに収入をかけている人たちでしょう。ひと穴あててみじめな生活から抜け出したいという人たちではないか。そうであればその人たちの考え方は間違いだ。現在のギャンブルは主催者側がもうかるようにできている。従って大多数の人は損をする仕組みになっている。損を承知の金持ならよいが、低所得者にとっては、これは悪税みたいなものですよ。それを公共団体が主催し、誘惑するのはとんでもないことだ。

――あなたのお話では、金持ならギャンブルをやってもよい。貧乏人はするなというようにとれますが。

金持でも望ましいことではない。ただギャンブルにともなう弊害が少ないということだ。ロンドンなどのように競馬場が社交場のようになればまだよいのだが。(29)

このインタビューで興味深いのは、彼もやはり競馬を他の公営ギャンブルより上と見ていたことがわかる点だ。引用文の前段では、ギャンブルをやるための条件が話題になっていて、「かけごとそのものに人間の力が加えられないもの、まぁその限界は競馬ぐらいのところでしょうね」と語っている。理想としてはルーレットだ、と。他の条件として、「金に余裕のある人がやること」も挙げている。

競馬は馬が走るから八百長が少ない。競輪は操作しやすい。つまり、選手はルーレットになりきれない。また、競馬にはヨーロッパ由来の、高級な文化としての伝統があり、他はそうではない。このような、当時の一般的常識を彼も共有していたらしい。美濃部の発言内容全体から見て、競輪・競艇・オートレースの違いについてはほとんど関心も知識も持っておらず、おそらく当時一般的だった、「競馬」と「競輪その他」という程度の認識だったのだろう。美濃部にとって、公営ギャンブルの悪の核心は、貧しい庶民から金を巻き上げる、という点にあった。それならば、庶民的なイメージが強かった競輪をつぶせたことは、それだけでも彼のイメージ戦略上かなりの「成果」を勝ち取ったともいえるのではないだろうか。

「働く者」たちを誘惑する「働く者」のスポーツ

庶民的な労働者たちは、競輪（その他）の被害を最も受けやすい人たちである、というイメージを美濃部は抱いていたようだ。これまで見てきたように、スポーツが近代化する過程で、スポーツに労働として参加する者に対する否定的な見方が生まれた。対価がなければ参加する余裕がないような階層の人々に対する、働かずともスポーツに専念できる側からの差別的な意図がそこには込められていたのだった。

そして美濃部によって、スポーツで働く者たちによって戦われる競輪は、働く者たちを誘惑する、つまり、遊びとしてギャンブルを楽しむ余裕がないような人々を誘惑するものとして否定されたのだ。競輪場での暴動が頻発していた時期は、確かにそのような一面があっただろう。しかし、「世界」による総括にあったように、高度経済成長による急激な大衆化は、多くの労働者に「余暇」を楽しむ余裕を与えた。もちろん、今日でも貧困は古くて新しい課題であり続けているのだが、競輪場のような空間に貧しい者たちが群れ集う、というようなイメージは過去のものになっていた。美濃部が競輪場のなかに幻視していた庶民像は、六千万人以上の人々が大阪万博に足を運んでいた当時としては、かなり時代遅れのものだったのではないか。

競輪をはじめ公営ギャンブルがこのような文脈で「社会問題」として論議を呼ぶのは、この美濃部都政時代が最後になった。ただ、国政レベルでは収束に向かっていた問題が、最後は都市政治のレベルで議論を呼んだということ自体は、無理もない話だった。東京都のように国家レベルの財政規模がある巨大自治体とはいえ、やはり都市政治で争われるのは、目に見える都市空間のあり方だ。競輪場をはじめ公営ギャンブル場は、人々の目に見える「問題」の場所だったのだ。

都市には学校がある、工場がある、会社がある、商店がある。そして人が集まる盛り場がある。日雇い労働者の街や港湾労働者の街、スラムと呼ばれたような貧困地帯などがある。その一方で、裕福な人たちが暮らす住宅地がある。都市が描き出す人々の空間的配置は、社会階層や社会問題が具体的な形をとって現れたものでもある。たとえば、スラムのような目に見える貧困をどうやってなくしていくのか、というのは近代都市の最優先課題だった。

公営ギャンブル場は、匿名の人々が集まる都市的な盛り場であり、祝祭的空間でもあり、社会的「悪」が目に見えるところでもあった。安定した生活を送る人々にとって、目にするだけで不安な存在だったスラム地区は、社会の発展・安定化に伴ってクリアランスされ、安全な地域へと組み込まれていった。終戦後のどさくさに闇市として生まれた猥雑な盛り場も、どんどんスッキリとした安全な場所へと生まれ変わっていった。一九八〇年代以降、大都市、特に東京の盛り場は、高度消費社会の最先端地域としてますます多くの人々を吸い寄せるようになるが、人々のセキュリティー意識の高まりも手伝って、安全な消費空間へと整備され目に見える危険な場所は減っていったのだ。

都市生活者の多くは、公営ギャンブルの開催日に、沿線の鉄道の客層が普段とがらりと変わることを経験してきただろう。赤鉛筆を耳に挟み、予想新聞に目を凝らすファンであふれかえった車内は、いつもとは明らかに違う雰囲気になる。

本書冒頭で示した、私が初めて訪れた頃の西宮競輪場もそうだった。競輪場に最寄りの西宮北口駅は、全国的にも有名な高級住宅地芦屋周辺を沿線に持つ阪急神戸線の駅だ。大阪と神戸の間には阪神、JR、阪急と三本の路線が並行しているが、山の手を走る阪急には、最も「上品」なイメージがあり、沿線の不動産価値なども明らかに高い[30]。裕福な家庭の子弟が集まるとされる私学も多い路線だ。普段の客層はそれを反映していたが、競輪開催日は様子が変わった。競輪人気がすでに下火になっていた当時でもそうだったのだから、全盛期はどれほどのものだったろう。美濃部の廃止宣言が出された前年に後楽園競輪場で開催された日本選手権競輪では、六日間で三十二万人もの観客が集まった。この頃の東京を知る人に聞くと、やはり競輪開催日の国鉄中央線の様子は、普段とまったく雰囲気が違ったという。

美濃部が「社交場のようになればまだよい」と考えたのは、他者の目に配慮した人々がマナーを守って交流を楽しむ、というような空間のイメージだろう。日本の公営ギャンブル場が、そんな理想とはかけ離れた場所になっていたことは、誰の日にも明らかだった。足しげく公営ギャンブル場に通う人たちのなかには、他人にどう見えるかという他者の目や、取り澄ましたマナーから自由な人や、あるいは自由になるためにきているような人も多かった。「安心して暮らす」ことを求める多くの市民たちにとって、買い物や外食に出かけたり遊園地に遊びにいったりするのとは明らかに違う意識を持っていることが、見た目や振る舞いから見分けられる人々が大量に群れていること自体、除去すべき公害だと感じられたのも無理からぬことだった。

浄化された都市空間のなかで

都心から距離がある鉄道沿線の競輪場は存続したとはいえ、都心のど真ん中にあったそれを除去できたことは、美濃部がねらった「都市浄化」がある程度成功したことを示している。その後、美濃部とは正反対の思想を持つ（ように見える）石原慎太郎が都知事として君臨する時代（一九九九―二〇一二年）がやってくる。美濃部をライバル視していた彼は、お台場へのカジノ誘致と並んで、東京ドームを使っての後楽園競輪復活計画を立てた。[31] このとき、ドームの所在地である文京区からは、強力な反対の声が上がった。

> 文京区は、多くの大学等の教育機関や文化施設が所在し、名実ともに〝教育・文化のまち〟です。区政の基本的指針となる基本構想でも「文の京（ふみのみやこ）」を掲げ、教育・文化のまちにふさわしいまちづくりを目指しています。
>
> このように教育・文化のまちを目指している文京区で競輪を再開することは、好ましくありません。また、かつて後楽園競輪が開催されていたときには、ゴミの投棄、盗難や子ども等対《ママ》する迷惑行為が発生し、家庭では子どもたちに対して、競輪場周辺に行かないよう注意していました。
>
> 子どもたちや地域環境に与える影響を考えると、これ以上、区内にギャンブル施設は設置すべきではないと考えます(32)。

これは、地域住民の声を反映した意見だった。また、このような反対を押してまで競輪場を作ってもメリットがあるほど、競輪の売り上げは望めない状況にもなっていた。そのため、競輪復活計画は立ち消えになった。

都市空間は、社会が目に見える場所だと先に書いた。社会階層によるある程度の棲み分けが進むことも都市の特徴だ。文教地区などの都市計画も、その地域の社会的価値を守るための政策である。棲み分けを攪乱し、子どもに見せてはいけないような姿の大人が群れ集う競輪場は、そのような価値をおびやかす最たるものだったのだ。

二十歳を過ぎたら一度は競輪場に出かけてみましょう。はじめは経験者に連れていってもらうか、予想屋さん（競輪コンサルタント）のおじさんとお友だちになると早く覚えることができます。赤鉛筆を耳にはさみ、金網にしがみつきながら予想紙を振り回すスタイルが基本。選手に野次を飛ばしてはいけません。あなたの人生を一八〇度変える神様になるかもしれないのですから敬意をこめて名前を呼びましょう。ただし、勝っても負けてもあなたの責任。人生の鉄則です。(33)

『絶対音感』(34)などの作品で知られるノンフィクションライターの最相葉月は、若者向けの『熱烈応援！スポーツ天国』で、このように〝競輪観戦〟をススメていた。この本では、女子サッカーからラクロス、綱引きなどいろいろなマイナースポーツの競技場を探訪し、知られざるファンの姿を紹介しているが、その一例として西宮競輪場が取り上げられているのだ。神戸育ちの最相が、子どもの頃、父親に連れられて何度も訪れた思い出の場所だという。廃止されるというニュースを聞き、彼女はひさしぶりにここに足を運んだ。あまり知られていないが、最相のデビュー作は一九六〇年代のスター競輪選手・高原永伍の評伝(35)であり、一時期は競輪雑誌に連載を持っていたこともある。

大人になったら、一度はあの場所に行ってみたほうがいい。最相の言葉に私も共感する。ギャンブルとしての競輪を、興味がない人にまで勧める気持ちはないが、競技自体、生で観戦する価値がある面白いものだと思うし、場所としての独特の魅力があることも間違いない。大人たちが、洗練されていない、よく言えば飾らない姿であれほど群れ集っている場所は、なかなか他にはないだろう。競輪場は、大人たちが、子どもの視界から必死で隠そうとしているものを見せてくれる、そんな場所なのだ。

注

(1) 後楽園スタヂアム社史編纂委員会編『後楽園の二十五年』後楽園スタヂアム、一九六三年

(2) 津金澤聰廣編著『近代日本のメディア・イベント』同文舘出版、一九九六年

(3) 戦時中に「東京日日新聞」と合併し、今日の「毎日新聞」となった。

(4) 津金澤聰廣『宝塚戦略――小林一三の生活文化論』(講談社現代新書)、講談社、一九九一年

(5) 京阪神急行電鉄編『京阪神急行電鉄五十年史』京阪神急行電鉄、一九五九年、二一二ページ

(6) 大阪と神戸に挟まれた阪神間地域では、明治期の終わりから昭和初年にかけて鉄道会社の主導により住宅地やリゾート地、スポーツ施設などの開発が進んだ。六甲山地と海に囲まれた環境は、富裕層の居住地として好まれた。当時、この地域で育まれた先駆的な近代文化は阪神間モダニズムと呼ばれている。「阪神間モダニズム」展実行委員会編著、兵庫県立近代美術館監修『阪神間モダニズム――六甲山麓に花開いた文化、明治末期　昭和十五年の軌跡』淡交社、一九九七年

(7)『日本の素顔』は、一九五七年から六四年にかけてNHK総合テレビで放送されていた。プロデューサーの吉田直哉は、のちにテレビ・ドキュメンタリーの構成方法について書いた文章のなかで『競輪立国』を取り上げ、本編は「個々の家庭悲劇などよりも、もっとスケールの大きな悲劇、競輪など

に頼らねば国が立って行かないという現実の歪んだかたちを描く画面で」構成したものだったと語っている。吉田直哉「テレビ・ドキュメンタリーの構成――『日本の素顔』を主材として」「放送文化」一九六〇年二月号、日本放送協会
(8) 猪野健治『三代目山口組――田岡一雄ノート』(〔ちくま文庫〕、筑摩書房、二〇〇〇年)、竹中労『増補 美空ひばり』(〔朝日文庫〕、朝日新聞社、一九八七年)などを参照。
(9) 加太こうじ『新版・日本のヤクザ』大和書房、一九八七年、一七五ページ(旧版は一九六四年)
(10) 同書一七六ページ
(11) 同書一七六ページ
(12) カッコ内は当初の競馬場名。倶楽部名と同じものは省略。
(13) 帝国馬匹協会『地方競馬便覧 昭和十一年版』帝国馬匹協会、一九三六年
(14) 山口瞳『変奇館の春――男性自身シリーズ』新潮社、一九七三年、一三〇ページ
(15) 一九五四年に公布された農林水産省令。
(16) 前掲『競輪総覧』九〇ページ
(17) 「朝日新聞」一九六九年一月二十四日付夕刊
(18) 前掲『競輪三十年史』五三九ページ
(19) 「朝日新聞」一九六九年一月二十八日付
(20) 「社説・公営ギャンブル廃止に勇断を」「朝日新聞」一九六九年十二月十四日付
(21) 「朝日新聞」一九六九年六月十三日付
(22) たとえば京王閣競輪場は、京王電鉄が一九二七年に開業し〝関東の宝塚〟と称された「多摩川原遊園 京王閣」の跡地に作られた。「東京の記憶 京王閣」「読売新聞」二〇一二年九月二十四日付

(23) 日本自転車振興会編『競輪四十年史』日本自転車振興会、一九九〇年、三九三ページ
(24)「都知事十二年――美濃部亮吉回想録」「朝日新聞」一九七九年六月十日付
(25)「日本の潮4 ギャンブルと地方財政」「世界」一九七七年十一月号、岩波書店、一九〇ページ
(26)「美濃部路線――六年たって・いま」「朝日新聞」一九七三年二月二十日付
(27) たとえば、美濃部を筆頭に当時の革新自治体の都市政治を総合的に検証した、岡田一郎『革新自治体――熱狂と挫折に何を学ぶか』(〔中公新書〕、中央公論新社、二〇一六年)には、公営ギャンブル政策に関する記述は一切出てこない。今日の政治学からは政治史的重要性が高い政策とは見られていないことがわかる。
(28) 大井オートレース場はオートレース最大の売り上げを誇る競走場だったが、都の単独開催だったため、後楽園競輪場廃止の翌一九七三年に廃止となった。同じ敷地内の大井競馬場は、東京都ではなく、特別区二十三区によって形成された競馬組合による開催だったため存続となった。
(29)「朝日新聞」一九七〇年一月二十五日付
(30) ちなみに、住宅情報会社がおこなった「みんなが選んだ住みたい街ランキング二〇一七関西版」というネットアンケート調査によれば、西宮北口駅が五年連続で一位に選ばれているという(リクルート住まいカンパニープレスリリース「『二〇一七年版　SUUMO住みたい街ランキング 関西版』を発表！住みたい街一位は五年連続「西宮北口」、「なんば」が過去最高の三位！」〔http://www.recruit-sumai.co.jp/press/2017/03/sumitaimachi2017kansai.html〕〔二〇一七年四月一日アクセス〕)。
(31) 石原慎太郎は、二〇〇三年六月の都議会本会議所信表明で「東京ドームの施設を活用した競輪を再開したい。これまでの常識を覆す、若者や女性も楽しめる斬新でスマートな競輪を目指す」と意欲を示した(「読売新聞」二〇〇三年六月二十五日付)。

（32）文京区「後楽園競輪再開反対に関するQ and A」（http://www.city.bunkyo.lg.jp/kusejoho/torikumi/keirin/QandA.html）［二〇一七年四月一日アクセス］
（33）最相葉月『熱烈応援！スポーツ天国』（ちくまプリマー新書）、筑摩書房、二〇〇五年、二六ページ
（34）最相葉月『絶対音感』小学館、一九九八年
（35）最相葉月『高原永伍、「逃げ」て生きた！――風の人三十五年間のバンク・オブ・ドリームス』徳間書店、一九九四年

第4章　競輪のスポーツ化

1　競技としての競輪

スター選手たちの活躍

ここまでは主に競輪と外部の社会との葛藤に注目して、一九七〇年代頃までの競輪の歴史をたどってきた。本章では、競輪の競技としての側面に目を向けながら、ギャンブルのためにおこなわれてきた競輪からオリンピック種目のケイリンが生まれる過程をたどっていこう。

既述のように、競輪は誕生してすぐに急激に拡大して、日本で最大規模のプロ選手を抱える競技になった。選手には選手番号が登録順に与えられるが、本書執筆時（二〇一七年夏現在）、いちばん若い番号は一万五千二百三十二番。二〇一二年に復活した新生女子競輪の選手はこの番号に統合されているが、かつての女子選手は別枠で千十六番の選手までいた。これまでに一度でも競輪選手になったことがある人は、男女合わせると一万六千人を超えるというわけだ。

そのなかから多くの名選手・スター選手が生まれてきた。ここで、時代を代表する活躍をした選手を少し紹介しておこう。

松本勝明（デビュー：一九四九年）は、通算千三百四十一勝という不滅の記録を打ち立てた初期競輪の大選手だ。第2章で、近畿ダービー事件の際、選手たちが談合を企んだが彼には恐れ多くて誰もそんな話を持ちかけられなかった、というエピソードを紹介した。松本は、東京外事専門学校（現・東京外国語大学）中退という、競輪界では異色の経歴の持ち主である。医大を受験するための浪人中、ドイツ語の勉強のために同校に通学していたが、選手募集を知って応募した。アルバイトのつもりで競輪選手を始めたのだという。一九八一年に引退したあとは、競輪学校の名誉教諭となり後進の指導にあたった。[1]

「ギャンブルの神様」阿佐田哲也が、近代競輪を作った選手として名前を挙げるのは、高原永伍（デビュー：一九五九年）である。阿佐田によれば、競輪草創期の先行選手は最終第三コーナーでスピードを落とすのが一般的だったが、高原は猛練習によって減速せずにコーナーを回り逃げ切る先行力を身につけた。「その影響が他の選手たちにも現れて、新しい逃げ屋たちは、いずれも永伍スタイルを目標にした。その結果、トップ引きも含めて、ジャン前後からレースが緊迫し、スピードアップして、見た目にいっそう面白くなった[2]」のだという。

高原の全盛期は、一九六〇年代だった。数多くのタイトルを獲得し、六三年には競輪選手としては初めて、年間獲得賞金が一千万円を超えた。彼は九四年まで現役を続け、最後まで先行という競走スタイルを変えなかった。(3)

一九七五年に、中野浩一がデビューする。言わずと知れた「ミスター競輪」である。自転車世界選手権プロ部門のスプリント競技に出場して、二回目に出場した七七年大会で優勝を飾る。世界選手権で日本人が優勝したのは全種目で初めてのことだった。以降、中野は八六年大会まで十回連続優勝という快挙を成し遂げた。当初はマスコミの扱いも小さいものだったが、連覇を続けるうちに徐々に注目されるようになり、競輪界という枠を超えたニュースになった。本業の競輪でも圧倒的な強さを誇り、デビュー二年後には早くも賞金王となり、八〇年には年間獲得賞金が一億円を突破した。この年のプロ野球最高年俸選手は、読売ジャイアンツの王貞治で推定八千百六十万円。中野はプロスポーツ最高賞金額獲得選手として話題になった。中野はまた、現役中からテレビコマーシャルにも登場し、大衆的な知名度があるスターになっていった。八〇年代以降は、競輪選手＝中野浩一というイメージが一般的に定着するくらい圧倒的な存在になっていた。(4)

中野は一九九二年、彼より十五歳上の高原永伍よりも早く引退している。それまでの選手は、全盛期を過ぎて下位クラスに落ちても現役を続けるのが一般的だったが、中野はトップクラスのまま引退する道を選んだ。引退後もメディアでの露出は多く、ビッグレースやオリンピック中継の解説者を務めることも多い。二〇〇六年、競輪関係者では初の紫綬褒章を受けるなど、競輪を象徴する人物であり続けている。

中野と同時期に活躍して、特別競輪のタイトルをすべて獲得（グランドスラム）した「鬼脚」こと井上茂徳（デビュー：一九七八年）や、練習の鬼として知られ、グランプリを含め計十四回もタイトルを獲得し引退後は競輪学校の校長に招かれた「怪物」こと滝沢正光（デビュー：一九七九年）も、競輪ファンの誰もが認めるスーパースターだ。特別競輪（GIレース）は、選考基準上位百人程度に入らないと参加できない大会である。一万六千人のなかには、一度も参戦の機会なく引退する人のほうが多いくらいであり、特別競輪に何度も出走し複数のタイトルを獲得したこれらの選手たちは、ピラミッドの最上位で活躍したスーパーエリートだった。

この他にも数多くの名選手・スター選手がいる。紙幅の関係上、選手個々の紹介や名勝負の歴史については他書に譲りたい。ここでは、競輪の中心に、これら選手たちの競走があったことを確認しておくにとどめておこう。

「世界通有」の競技を目指して

オリンピック種目になったケイリン競走は、競輪の先頭固定競走をアレンジして作られたものだ。きっかけは中野浩一の活躍だった。彼の世界選手権での活躍が注目を集めたことを受けて、競輪界のなかに競輪の自転車競技化や国際化を本格的に模索する動きが生まれ、その成果として結実したのがオリンピック種目としての新規採用だ。

第2章で見たとおり、一九九〇年代にプロ・アマがオープン化するまで、競輪選手になることはオリンピックへの夢を諦めることを意味していたのだが、ヨーロッパの自転車競技にはプロの競技世界が存在していて、最も権威ある世界選手権でもプロ部門が別枠で実施されていた。日本の競輪界も、同大会への競輪選手の出場を積極的に後押ししてきたわけだ。

競輪の国際化は、最初期から模索されていた。小倉でスタートして半年後には、早くも国際競輪振興委員会という組織が作られている。会長は、当時の日本自由党の重鎮で政治家の大野伴睦が務めた。タイに競輪を「輸出」する契約が成立し、それをきっかけに生まれたものだった。もっともこの計画は、タイの政変によって実現しなかった。同委員会は、本土復帰前の沖縄でも競輪開催を画策していた。アメリカ軍政府からは許可を得たが、現地のマスコミの論調が大反対だったこともあり実現には至らなかった。[5]

一九五五年には新たに海外委員会が作られ、英語とスペイン語の競輪紹介パンフレットを作成して各国の「有力筋」に配布する、というPR活動もおこなっている。タイや「沖縄」への輸出は失敗に終わったが、他に日本の競輪システムを輸出できる国はないかと画策していたのだ。交渉相手としては、中南米や東南アジア諸国をターゲットにしていたようだ。詳細は不明だが、競馬などのギャンブルが人気の開発途上国なら、政府へのはたらきかけで実現できると考えていたらしい。結局、海外への輸出は、九四年の韓国競輪誕生まで実現しなかった。韓国競輪と日本の関係については終章で見る。

競輪を世界に、という願望は運営団体が抱き続けてきたものだった。何かあるとすぐに廃止の声が上がる状況のなか、存立基盤を固めるためにも国際化は必要だった。競輪は常に競馬よりも「下」と見られてきた。前章で見たような、競輪場の立地条件からくる客層のイメージだけではなく、戦前からの伝統がある競馬と違って、戦後のどさくさに生まれた、新手の娯楽だということも軽く見られる要因だった。

思想の科学研究会が一九五一年に刊行した『『戦後派《アプレゲール》』の研究』(6)は、戦後の文化史研究で頻繁に参照される本だが、ここでは「賭博・競輪」という項目が立てられている。アプレゲールとは、フランス語で戦後を意味し、従来の価値観や道徳に縛られない享楽的で無頼な当時の若者たちの生活態度を表す概念として使われていた。競輪は、敗戦後という特殊な時代を象徴する、享楽的娯楽の代表として一般的にイメージされていたのだ。

同じ賭博でも、戦前からあった競馬に対する人々の意識はやはり違っていた。一九五四年、当時の大蔵大臣・小笠原三九郎は、衆議院予算委員会で次のような答弁をしている。「競馬の方は、世界的にどこでもやっておるものだけれども競輪というものは正直なところ、あまりほめた話でもない」「競馬は歴史も古いし、どこの国でもやっている。世界通有のことであって、競輪ほど弊害もないように思います」(7)

このような声に対抗するための手段の一つが、競輪の国際化だった。つまり、競馬と同じ「世界通有」の競技にして、競輪の存在基盤を強固にしようという作戦だ。

日仏交歓プロ自転車競技大会

海外輪出計画は失敗に終わったが、一九五七年には最初の「国際交流」試合となる、日仏交歓プロ自転車競技大会を実現させている。これは、パリ在住の実業家・薩摩治郎八らが持ち込んだ企画だった。「フランスは、自転車競技についてもっとも古い歴史があるばかりでなく、自転車競技は国技として国民のあいだ《(ママ)》広大な支持をえているだけに、同国との交歓競技の実現は、わが競輪界にとっても大きな収穫が予想された」(8)ため、自転車振興会は喜んで応じた。フランスから六人の選手が参加して、国際記録として認定される正式競技としての「日仏対抗競技」が岸和田・後楽園・静岡の三カ所で、他にエキシビションの交歓競技が十一カ所の競輪場で実施された。日本側の十五人の代表選手リストには、先に紹介した松本勝明の名前もある。法政大学自転車部出身で生活のためにオリンピックを断念した加藤一も選手として、また選手会の理事として関わっている。加藤はこのときの縁でフランスへ渡り、画家になるというもう一つの夢を実現させることになる。

レースは、車券を発売せず、世界選手権で採用されている種目と、通常の競輪競走の両方で実施された。結果については、「競輪競走では日本選手は互角のしのぎをけずるレースを最後まで示したが、世界選手権種目では、日本選手の経験不足がはっきりとした差になってあらわれた」(9)と総括されている。このときの「競輪競走」は、ケイリンの原型になる先頭固定ではなくトップ引きによる競走だった。

選手会の機関紙に、このときのフランス代表選手たちの声が掲載されている。競輪競走の感想を聞かれ、彼らは次のように答えている。「競技そのものについては自転車競技の一つの型式であり、速度競走に属するものであることはまちがいない。しかし乍ら、未だ幾多の疑問がわれわれにはある。たとえばあの形式で、あの多い人数で、どうしてあれだけの距離を走らなければならないのかなどと?《(ママ)》まだ多くの疑問がある。／先頭走者に関してのルールも理解出来ぬ面がある」(10)

このときの競輪競走は六、七車立て、二キロから三・二キロの距離で争われている。フランスでは、このような形式のレースはなかったのだろう。トップ賞という賞金をつけ、誰かが自主的に先頭を走るように促す、というルールも不公正なものに思われ、戸惑った様子がうかがえる。

フランス選手団の団長ルイ・ジェラルダンは、「競輪が競馬の様に国際性を持って世界的に発展することは可能と思うか」という日本側からの質問に対して、次のような意見を述べている。


各国とも自転車競技連盟は貧乏でほとんどお金がないからそういう事業を起こすことが出来ないのが現状である。今回の日仏交歓レースにしても競輪があればこそ出来た事だ。日本自転車振興会が考えている国際競輪にしても、まず日本がイニシアチーブを取って財政援助をすればかならず出来ることだろう。このスタートについてはぜひ日本のケイリンにやってもらいたい。[11]

フランスから来日した選手たちは、自転車関連企業と契約したり、年間六十ほどあるというレースに参加して賞金を得たり、というプロ生活を送っていた。ツール・ド・フランスで大活躍する一部の選手を除き、日本でいう実業団選手程度の収入だったと思われる。それに対して、日本の競輪界が持つ資金は潤沢だった。選手たちの収入も、少なくともこのとき代表メンバーに選ばれていたトップ選手たちは、フランス選手たちよりもずっと多くの額を得ていたはずだ。[12]自転車競技の実力ではかなわないながらも。

このイベントは交互に定期開催される計画で、二回目はフランスで開催するという契約だったが、フランス側には日本から選手を招待する費用のメドが立たなかった。日本側は、外交筋を通して契約の履行を促す交渉を進めたが、結局、日仏交歓競技は一回だけの打ち上げ花火で終わってしまった。しかし、この経験から競輪界が得たものはやはり多かったと思われる。競技レベルや歴史の点ではるか彼方にあると思われていた「世界の自転車競技界」だが、やり方次第ではそのなかで日本＝競輪の存在感を示すことができる、という感触が得られたのではないだろうか。

ここで確認しておきたいのは、当時、国際化を目指した「競輪」とは、競技のことではなく、あくまでもギャンブルシステムそのものをさしていたということである。前述の海外委員会が作成した外国語のパンフレットについて、『競輪十年史』は、「けいりんＫＥＩＲＩＮが、トータリゼーター・システムを採用したプロ・サイクル・レースの世界語となることを念願とした大規模なＰＲ運動の展開であった[13]」と書いている。日仏交歓競技に関しても、将来的な夢とされていたのは、パリでの車券付き競輪の開催だった。競馬のように、他の国でも実施されているギャンブルであるという状況を作り、日本の敗戦後という特殊状況に生まれたあだ花にすぎないという、競輪に対する人々の目を変えようというのがいちばんのねらいだったのだ。

世界選手権への挑戦

競輪界から自転車世界選手権大会に初めて選手を送り出したのも、日仏交歓競技が開催された一九五七年だった。同大会に参加するためには、世界組織である国際自転車競技連合に加入する必要があった。この組織の通称はＵＣＩ、フランス語の Union Cycliste Internationale の頭文字を取ったものだ。ＵＣＩは、第二回オリンピックがパリで開催された一九〇〇年に設立された。第一回のアテネオリンピックでも自転車競技ではフランス勢が圧勝していて、組織面でもフランスがヘゲモニーを握っていたのだ。日本の自転車競技連盟のＵＣＩ加盟は三六年。日本の国連脱退によって中止となった幻の東京オリンピック（一九四〇年開催予定）の招致が決定した年だった。日本ではアマチュアの自転車競技世界が生まれたばかりの頃だった。

第二次世界大戦によって日本は一度除名されるが、戦後の一九四九年に再加盟が認められる。しかし、この頃の日本自転車競技連盟は日本体育協会に加盟するアマチュアの団体であり、競輪選手は参加できなかった。競輪側は別団体を作って単独でのＵＣＩへの加盟を模索していたが、一国一団体という原則があり難しかった。それでも日仏交歓競技を記録に残る公式競技として実施するためには、競輪選手のＵＣＩへの加盟が必須だった。結局、五七年に日本自転車競技連盟をプロ・アマ統合団体として再編し、下位団体として、日本プロフェッショナル自転車競技連盟（以下、プロ車連と略記）、日本アマチュア自転車競技連盟（以下、アマ車連と略記）を立てるという方法で、プロ選手のＵＣＩへの加盟が実現した。会長は、隔年でプロ・アマそれぞれの団体から出す、という折衷案が取られた。

アマチュアリズムが強かったこの頃、競輪選手になることは「裏切り」と目されたことを物語る当時のトップ選手たちのエピソードはすでに紹介したとおりだ。アマチュアの競技界と、競輪界との間には高い壁があった。この壁は、アマチュア側からのプロへの警戒心から作られていた。アマチュアリズムは、スポーツの精神性そのものを象徴していると考えられていて、厳守すべき価値だったのだ。オリンピックのプロ・アマ統合が進み、完全なプロ・アマ統合団体である日本自転車競技連盟（JCF：Japan Cycling Federation）が一九九五年に成立するまで、その壁は崩れなかった。(14)

このときの日仏交歓競技でのプロ・アマ統合はあくまでも形式的なものだったが、それでも何とかアマチュア団体からの協力が得られたのは、大会準備にあたり来日したUCIの事務局長による仲介があったからだった。

自転車競技連盟のその後の経緯を簡単に確認しておこう。形式的なプロ・アマ統合は、一九六五年に終わる。これは国内事情のためではなく、IOCの方針によるものだった。IOCの総会で、UCIがプロ・アマ統合団体であることが問題視され、分離が勧告されたのだ。このとき、国際サッカー連盟にも同様の勧告がなされている。スポーツの専門化・プロ化が各地で進んだことを受けて、アマチュアリズムという原則を再確認するための措置がとられたのだ。このため、UCIはプロ・アマの区分を明確化し、世界選手権も別々に実施されることになった。アマ車連とプロ車連は、それぞれ個別にUCIへ加盟することになった。その後三十年近く、完全に分離した状況が続くが、世界的なプロ・アマオープン化の流れのなか、九二年、UCI内でのプロ・アマの組織分けがなくなり、日本でも九五年、完全なプロ・アマ統合団体として現在のJCFが誕生した。

そのような調整の苦労にもかかわらず、世界選手権への競輪選手の挑戦は、当初なかなか実を結ばなかった。初挑戦から十九年目、一九七五年のベルギー大会で阿部良二が獲得した銅メダルが、初めての「成果」となった。種目は、スプリント（当時はスクラッチと呼ばれていた）だった。スプリントとは、主に二人の選手でトラックを何周かしながら先着を競う種目である。風圧をめぐる相互の駆け引きが勝負を左右し、その頃実施されていた種目のなかでは、最も競輪の技術を応用可能なものだった。日仏交歓競技大会での経験から、タイムトライアルや団体追い抜きなど体格がものを言う種目では勝ち目は薄いが、スプリントには可能性があるのでは、と考えられたのだろう。

阿部良二が銅メダルを獲得した翌年、菅田順和が再び銅メダルとなった。このとき、中野浩一は初参戦で四位だった。メダルを獲得した菅田にだけ注目が集まる様子を見て闘志を燃やした中野が、翌一九七七年、競輪界に初めて世界選手権の金メダルをもたらすことになった。その後、十年連続一位という輝かしい記録を打ち立てたことは、先に書いたとおりだ。

2 日本が生んだ（部分が多い）世界のスポーツ・ケイリンの誕生

動きだした競輪界

中野の活躍がニュースになるまで、競輪が社会的な話題になるのは暴動や八百長、廃止などマイナスのニュースによるものばかりだった。美濃部都知事に公害と呼ばれ、後楽園競輪場を失った競輪界は、中野浩一の金メダルという朗報を好機と捉え、競輪の国際化に向けてあらためて動きだす。V1の翌年、ミュンヘンで開催された世界プロ選手権には、代表以外に八人の競輪選手が同行して、「競輪競走」のデモンストレーションが実施された。

これらのイベントを実現させるために、どれだけの経費がかかったか。詳細は不明だが、競輪の売り上げ金によって得られた豊富な資金があってこそ可能だったことはいうまでもない。これまで、海外の自転車競技界では、ほとんど注目されることがなかった日本という国。そこでおこなわれている競輪とはどのようなものか。中野たちは普段どのような競技を戦っているのか。そしてまた、日本の競輪界がどれだけ潤沢な資金を持っているのか。ヨーロッパの自転車競技関係者へアピールする絶好の機会になった。

翌年、外国人選手を交えてのデモンストレーションが実施され、競輪競走は一九八〇年に晴れて世界プロ選手権自転車競技の正式種目として採用された。ＵＣＩが認定する競技種目＝ＫＥＩＲＩＮが誕生したのだ。

デモンストレーションの段階では日本でのレースに近い形で実施されたが、正式採用にあたってはヨーロッパの競技界の意見が入れられアレンジが加えられている。先頭固定競走でおこなわれ、風圧よけの先頭誘導員（ペースメーカーと呼ばれる）は原動機付き自転車、電動アシスト自転車などに乗り、一定の速度を守って走行することになった。誘導員が恣意的に走って不公平にならないようにという配慮である。スタートの方法や距離、誘導の速度など、競技規則は徐々に改良が加えられていった。

これ以降、ＫＥＩＲＩＮ／ケイリンは、競技種目の名前になった。正式種目決定までに日本の競輪界がどのようなはたらきかけをおこなったのか、詳細はわからない。世界の自転車競技界で決定権を持つ人々への交渉、根回しには相当な資金が使われたはずだ。日本語の名称がそのまま採用されたのは日本側が強く求めた結果だろう。しかし、ケイリンという競技スタイルの魅力が重要な要素だったことも間違いない。このときにケイリンが採用されたのは、プロ部門だけだった。プロ競技では、やはり「見る」スポーツとしての面白さが求められていたのだ。それまでヨーロッパでの自転車競技の人気の中心はあくまでもロードレースであり、トラックレースは地味で人気も低かった。賭けの対象として、大勢の観客の前で繰り広げられてきた競輪の歴史から生まれた競技スタイルは、見る人々の興奮を呼び起こす力を持っていたのだ。

繰り返し述べてきたように、競輪という言葉は、もともとは競馬の「馬」の代わりに「輪」を入れて作られただけのもので、ギャンブルを伴う自転車競走システム全体をさす言葉として使われてきた。カタカナやローマ字で表記してもそれは同じだった。しかし、特定の競技種目名として採用されることで、意味内容が限定されるようになった。以降、競技種目をさす場合はカタカナあるいはローマ字表記(ケイリン/KEIRIN)を用い、ギャンブルシステム全体、およびそのなかでおこなわれる競走をさす場合は漢字表記(競輪)が慣例になっている。ケイリンは、それ以降、国体や高校総体など国内のアマチュア競技でも、あるいは競輪選手が参加する競技大会でも採用されていくが、賭けの対象になっていないものはケイリンである。本書でも慣例に従って使い分けているが、序章でも述べたようにケイリンと競輪の境界線はかなり曖昧である。

たとえば、一九八五年に新設された競輪のビッグレースには「KEIRINグランプリ」とローマ字のタイトルが付けられた。毎年年末に、その年のトップ九選手によっておこなわれる競輪界最大のレースだ。競技形態は一般的な競輪だが、スポーツとしてのケイリンとの連続性をアピールするねらいがあるのだろう。この頃から、競輪のシンボルマークなどにも、ローマ字のKEIRIN

が多用されるようになった。

さらには、日本の競輪場でおこなわれている普通の競輪も、ＵＣＩルールのケイリンに近づくようにルール改正が徐々に進んでいる。たとえば、左右に動いて他の選手を妨害しながら有利なレース展開を作っていく行為が、徐々に反則になっていくなどの変化があった。二〇一二年に復活した新生女子競輪では、国際的なケイリンルールに近いものが採用されている。

つまり、ケイリンという競技種目は、世界の自転車競技界に対しては日本の競輪ＰＲの役割が担わされていて、日本国内に対しては競輪が「世界」とつながっていることの象徴として利用されているのだ。表記をあえて曖昧に使っているのも、そのためだろう。

アマチュアリズムの退潮とともに

一九七四年、ＩＯＣはオリンピック憲章からアマチュア条項を外した。東西冷戦真っ盛りの当時、オリンピックは東側の国々にとって、国力を誇示してイデオロギーの正しさをアピールする格好の舞台だった。そのため国を挙げて選手強化に邁進し、代表選手たちの生活を保障して、競技に打ち込む環境を用意した。ステート・アマと呼ばれた実質的にプロ生活を送る彼らの存在は、アマチュアリズムの形骸化を象徴するものだった。

ソ連のアフガニスタン侵攻（一九七九年）に抗議し、モスクワオリンピック（一九八〇年）は西側諸国がボイコットした。次のロサンゼルスオリンピック（一九八四年）は、対抗措置として東側諸国がボイコットしたため、資本主義の力を見せつける大会として運営された。オリンピックが、スポンサー企業からの協賛金や、高額の放映権料によって利益を生み出す商業主義的イベントになっていく、その先駆けとなった大会だった。アマチュアスポーツの祭典から、世界最高レベルの「見る」スポーツの大会へと、オリンピックの意味は変わっていった。アマチュア規定の扱いはそれぞれの競技団体の判断に任されたが、多くがＩＯＣの意向に合わせてオープン化していくことになった。

自転車競技の世界選手権も、一九九三年の大会から、プロ・アマオープンで開催されるようになった。ケイリンのオリンピック正式種目採用に尽力した当時の自転車振興会会長・花岡宗助は、その経緯を次のように振り返っている。

平成四年夏、スペイン・バレンシアの世界選手権に行ったとき、競輪を五輪種目に、との要望を国際自転車競技連合（ＵＣＩ）のフェアブルンゲン（オランダ）会長に申し入れました。ＵＣＩ会長は「ＵＣＩ内の意見ではむしろケイリンは世界選種目から落とすかどうか検討中だ。今ギリギリの瀬戸際にある」とのことで、オリンピックどころではありませんでした。

理由は日本の選手がヨーロッパのレースに出て来ないこと、さらにケイリンは審判が難しい、と言うのです。私は「分かった。審判は日本に招いて勉強してもらう。トラックのワールドカップを新設し、日本の選手を参加させよう」と約束し、実行しました。その結果、ＵＣＩは世界選手権でのケイリン種目の存続を決定しました。[15]

このように、プロ・アマ統合によって、世界選手権のケイリンは終わりを迎える可能性があったのだ。花岡が「新設」を約束したワールドカップは、同年から毎年実施されることになったシリーズ戦で、世界選手権の予選を兼ねておこなわれるものだ。経費も含め、日本の競輪界主導で始まったことがわかる。日本の選手がヨーロッパの大会に出ていくのが難しかったのは、競輪にオフシーズンがなく、競技への参加が即、収入減につながるのをどうするかという問題があったからだ。しかし、選手たちの労働組合として機能してきた日本競輪選手会との難しい調整を経て、少しずつ競技と競輪の両立が可能な環境を整えながら、競輪選手の派遣が始まった。

オリンピックへの競輪選手の出場は、一九九六年のアトランタ大会から始まる。このとき、一キロタイムトライアルに出場した十文字貴信は銅メダルを獲得し、話題となった。競輪選手としてはトップクラスまで到達していなかった十文字だが、その功績から年末のＫＥＩＲＩＮグランプリへの出場が決まった。これ以降、世界的な自転車競技大会で好成績を収めると、特別競輪などへの出場権・シード権が得られるように競輪の規定が改正されていった。同年、ケイリンのオリンピック種目採用が正式決定する。花岡によれば、フアン・アントニオ・サマランチ会長は当初、自転車のトラック競技そのものに否定的な意見を持っていたらしく、それを覆すべく直接交渉を重ねたという。

競輪選手のメダリスト誕生。オリンピックでの「ケイリン」誕生。これらのニュースは、競輪の売り上げ向上という面ではあまり効果はなかったが、イメージアップのうえで果たした役割はやはり大きかった。競輪の国際化は、競輪の基盤を安定させる目的で始まった、壮大なキャンペーンの一環だった。ほんのひと昔前まで、八百長や暴動の話題ばかりが先行して、公害とまでいわれた競輪に対する人々の目は、この頃から変わってくる。スポーツの枠組みで見られることが明らかに増えたのだ。年間最大のレースとなったKEIRINグランプリは、オリンピック採用決定以降、NHK-BSでも中継されるようになっている。中央競馬以外の公営競技のレースがNHKで中継される、現在のところ唯一の例だ。

美濃部都知事の頃、競輪批判の急先鋒だった「朝日新聞」だが、一九九四年には、『KEIRIN for Ladies』(16)というタイトルのブックレットを発売している。競輪を知らない若い女性に向けて、競輪の魅力や車券の買い方をアドバイスする内容だ。二〇〇二年からはGIレースの競輪祭は朝日新聞社杯、全日本選抜競輪は読売新聞社杯という冠がつくようになった。広告費など、競輪側からの広報戦略の結果という側面があるとはいえ、メディアの扱いの劇的な変化は、ケイリンの国際化があってこそのものだったことはいうまでもない。

先行者としてのデンマーク競輪

競輪の歴史に関して、ケイリンが誕生して以降、あまり触れられなくなった事実がある。それは、「デンマーク競輪」との交流に関するものだ。日仏交歓競技が実施された翌年の一九五八年、自転車振興会は初めて二人の職員をヨーロッパへ視察に送った。いちばんのねらいは、ギャンブルとして自転車競技が実施されているデンマークの実情を知ることだった。

同国における競輪の歴史は、一八八八年、オードラップ競輪場の創設からというから、まことに古い。単勝式、連勝式はその翌年から実施し、複勝式は一九四二年、三重勝式は一九五〇年から実施しているという(17)。

日本で競輪が生まれてようやく十年というこの頃、デンマークの競輪は、すでに七十年の歴史を重ねていた。戦前のアマチュア黎明期から、ヨーロッパは自転車競技の本場として、日本の競技界にとってははるか彼方にあるあこがれの存在だった。今日に比べて情報の流通に大きな制限があるなかでも、ヨーロッパの自転車事情は関係者にはある程度知られていたのである。そのなかでも、ツール・ド・フランスが国家的なイベントになっているフランスと並んで、ギャンブルの対象として自転車競技が実施されていたデンマークは、競輪草創期から意識されていた国だった。もっとも、実情を見た者は誰もいないが古い歴史があることは知られている、という程度の状況だったのだろう。

レースの観戦態度は極めて理想的で、卑俗な弥次等は聞かれない。選手を激励することは盛んなものであり特に少年少女が一生懸命に応援していた(18)。

視察者は、日本の競輪場とはまったく違う現地の様子を目にした驚きと感激を報告している。施設はどのようなものか、競技の種類にはどんなものがあるか、運営組織はどうなっているのか。

『競輪十年史』には、現地報告の内容が詳しく記述されていて、先進事例を学ぼうという真剣な思いが感じられる。レポートによれば、当時のデンマークには三カ所の競輪場があり、日本と同じトータリゼーター方式、つまり主催者がテラ銭をとって車券を売り、客同士が配当を取り合うという形でギャンブルがおこなわれていたらしい。ナイターレースがおこなわれていることや、選手はプロ・アマ混合だったことなどが日本と違う。ポイント競走やミス・アンド・アウト競走（周回ごとに最後尾の選手が脱落していく形式）、スプリント競走など多様な競技種目が実施されていた。その一つである四周競走については、八人から十人で一周三百七十メートルのバンクを四周する形式のものであり、「日本における競輪とほぼ同様で、先頭賞金等はないので、いきおいスロー・レースになるのが多く、バンク上方に蛇行するような場合もしばしばあり、勝負は最終回のダッシュ力によって左右されるわけである」(19)と報告されている。

視察の翌年、一九五九年は、世界選手権が隣国のオランダで開催されたこともあり、日本の代表選手は招待を受け世界選手権の前にデンマーク競輪へ出走している。

初期の不安定な競輪にとって、競馬と同じように他の国でも競輪が実施されていること、日本だけの特殊な例ではないことを示すことは、大きな意味を持っていた。ヨーロッパの先進国でも日本同様の競輪が実施されていること、場内の雰囲気も含めて日本が手本にすべきモデルがそこにあることを人々に知らせるのは、競輪の存続キャンペーンとしても効果があっただろう。しかし、このようなデンマーク競輪との交流については、『競輪四十年史』以降、まったく触れられなくなっている。

もちろん、「社史」に何を載せるかは作り手の自由だ。「会社」の営業にとってマイナスになることは載せたくないだろうし、ある程度は都合がいい書き方をするのも当然だ。ただ、ケイリンの国際化については大きく項目が割かれ、その先駆的事例として日仏交歓競技については『競輪四十年史』以降も記述されていることを思うと、外国に「競輪」の先行例があったことはあまり紹介したくないのだな、と編集意図を勘ぐってしまう。中野がプロスプリントに優勝して世界選手権にケイリンが採用されたいまとなっては、日本がオリジナルではないと都合が悪い、とでもいうように。

歴史あるデンマーク競輪は、一九七〇年代には姿を消していた。七〇年代後半、ヨーロッパの自転車競技界で武者修行をおこなっていたアマチュアの自転車競技選手・長義和によれば、デンマークの競技場には車券の発売窓口の跡などがまだ残っていたが、すでに発売はやめていたという(20)。競馬に比べ人気がなくなったためだといわれている。それを考えると、『年史』から外されたのも自然だったともいえる。他の国でも終わったのだから、日本も終わらせるべき、という形で廃止論に利用される可能性も考えればなおのことだ。

「日本で生まれて発展してきたのが「競輪」。それが輸出され、国際種目に採用されました(21)」。競輪のウェブサイトなどでは、ケイリンという種目についてこのように説明している。新聞などのメディアでも、競輪運営者の説明をおおむね踏襲しているが、「日本で生まれて」に関しては、デンマークの事例を見れば留保がいるだろう。では、デンマークをケイリン発祥の地とするべきだろうか。

第1章で見たように、自転車競技自体には、近代オリンピックよりも古い歴史がある。新しい近代的な乗り物としての自転車による競走が「見る」スポーツとして人気を博してきたなかで、おそらく賭けもいろいろな形でおこなわれてきたはずだ。デンマークの競輪も日本の競輪も、そのなかの一つだと考えるべきだろう。戦後に生まれた日本の競輪も、戦前のセミプロ競技の歴史を背景にしていたのだった。デンマークの競輪がすたれずに今日まで続いていたならば、「日本が生んだ」というアピールも若干調子が異なるものになっていたかもしれない。

もっとも、法律的な裏づけを持った公的事業として実施され、これだけの数の選手をレースだけで生活させることを可能にしてきた日本の競輪が、自転車競技世界全体のなかでも独特の存在だったことは確かだ。競輪は、自転車競技の中心地域であるヨーロッパから遠く離れた辺境の地で、戦後の混乱期に誕生して数えきれないほどのレースを繰り返し発展してきた。そんな日本の競輪がオリンピック競技種目ケイリンを生んだことは、やはり「たいしたもの」というべきだろう。

3　ギャンブルとスポーツの関係

賭けの対象としての競輪

戦前の、アマチュアスポーツとしては未完成だった自転車競走をベースに、馬の代わりのギャンブルレースとして始まった日本の競輪では、トップ引きのような曖昧な要素を抱えたまま、疑念の目で見られながら、レースが重ねられた。そのなかで暴動や社会的批判をかわすために、いわばギャンブルの対象としてまともなものになるために、規則や運営組織、選手管理の整備が進み、競技もレベルアップしていき、近代スポーツらしさを獲得していった。賭けられ続けてきて洗練されたからこそ、賭けを伴わないケイリンというスポーツ競技が生まれたともいえるだろう。

勝負事であるスポーツは、どんな競技に対しても賭けようと思えば賭けることはできる。しかし、賭けて面白いかどうかとなると話は別だ。たとえば、運動会の徒競走はどうか。参加選手の持ちタイムなどがわかっていれば、ほぼ確実に予想どおりの結果になり、賭ける気が起きないだろう。偶然性が適度に組み込まれていないと賭けの興味は続かないのだ。かといって常に偶然の結果ばかりが出ればいいわけではない。スポーツに対するギャンブルの醍醐味は、観戦と賭けが結び付くところにある。選手同士の勝負を楽しみながら、賭け手が選手の技量を比較し自分なりの予想を組み立てられること、つまり、競技の性質を理解して、自分の推理力によって合理的に予想できたと思えたとき、本当に「勝った」という喜びが得られるのだ。

客観的な過去の競技データは合理的な予想を組み立てるための資料となり、賭け手はそれらの資料から自身の「解釈理論」によって予想を導き出す。試合の結果は、そのまま次の試合の予想資料になる。しかし、賭け手によって予想は適度に分散する。このような条件がそろってこそ、継続的にファンを引き付け続けるスポーツ・ギャンブルが可能になる。

スポーツに対するギャンブルには、大きく分けてブックメーカー方式とトータリゼーター方式の二つがある。ブックメーカー方式とは、胴元が倍率を決めたり、ハンデをつけたりしたうえで客に投票させる方式だ。事前の予想を踏まえ、どうやって客を賭ける気にさせるかがブックメーカーの腕の見せどころだ。

後者のトータリゼーター方式は日本の公営ギャンブルが採用しているもので、フランス語でパリミュチュエル（お互い同士の賭け）方式と呼ばれることもある。『日本大百科全書』では、「賭け事に参加した人々は思い思いに金銭を賭けるが、的中した場合、払戻し金は、負けた人々の賭け金の合計を、的中した人々が、賭け金の額に応じて公平に案分して受け取る仕組みである[22]」と説明されている。

金のやりとりをしているのはあくまでも客同士であり、胴元である運営者は賭け金全体から一定の手数料、いわゆるテラ銭を抜いて儲ける。客が勝とうが負けようが、賭け金が増えれば増えるほど収益は上がる。運営者にとっては偶然性なく「勝てる」システムだが、それだけに、客の賭ける意欲を喚起する仕掛けは、競技自体に組み込まれていなければならない。

競技が継続的におこなわれ、予想に利用できる客観的なデータを蓄積させながら、ある程度は偶然の結果を生み続けること。しかも、競技の勝負自体がそれなりに興味を引くものであること。スポーツが、（特にトータリゼーター方式による）ギャンブルの対象として興味を維持し続ける条件は、案外厳しい。

競輪の生みの親の一人・倉茂貞助は、競輪開始当初を振り返ったエッセーで次のように述べている。

自転車競走が果して賭の対象として、観客の興味をそゝり得るだろうか、と言うことは、私が最も苦心したことの一つでしたよ。この問題を解決するために私は、随分多くの賭の専門家

(?) にお会い致しましたね。そして私は、それ等の人々のご意見の結論として、賭の対象となる要件は、「適度に勝敗が判断出来る」ことであると思いましたよ。ところがこの「適度」と言うことが仲々むつかしいのですね。お客によつて、この「適度」には色々と変化がありますし、この「適度」は、的中率の点からも、配当金の金額の上からも、適度でなければならぬ様ですね。(23)

倉茂はここで「賭の専門家 (?)」などと揶揄的な書き方をしているが、自転車振興会での仕事を降りた頃から、彼自身「賭の専門家」となり、数冊の本を出版するまでになった。(24) 先の「トータリゼーター・システム」に関する『日本大百科全書』の説明文は、実は倉茂が担当執筆したものだ。彼自身、相当なギャンブル好きだったようで、「実地調査」も重ねて世界各国の事情を調べており、自らギャンブル研究の第一人者となっていたのだ。

このエッセーで、競輪を思い付いたのは一九四七年七月だと述べている倉茂だが、同文中には次のように矛盾することを書いている。

私はあまり人様には申しませんが、競輪は、かつて上海でやつて、僅か一年そこくでつぶれてしまつた歴史があるのですよ。何と申しても、この種の事業は「賭になるか」と言うことが、根本的な問題なのですからね。

然し結局私は「自転車競走は賭になる。例え多少の不備があつても、演出や規則でそれをカバー出来る」と断じたのでした。[25]

つまり、日本で競輪を思い付く前に、戦時中の上海でも思い付いてやってみていたことがある、というのだ。いったい倉茂は、敗戦で引き揚げてきて例の「国際公都」計画を立ち上げる以前はどんな仕事をしていたのだろうか。著書にある肩書には、「一九〇八年生まれ。一九二七年陸軍士官学校卒業。一九三七年退役。日支事変、太平洋戦争中、中共研究のため、北支、中支、満州、シベリヤに在住。一九四六年米軍戦略情報所勤務」[26]とある。退役後は、軍属として「情報収集」関係の任務に就きながら、大陸のあちこちを行き来していたのだろうが、それ以上詳しいことはわからない。[27]軍隊では騎兵隊に属していて、競馬関係の仕事にも従事していたのは既述のとおりだ。そんな彼が上海でやっていた競輪とは、いったいどんなものだったのか。資料がなくわからないが、おそらく最初期の競輪とそれほど違ったものではないだろう。『年史』に書かれている競輪の「誕生物語」は、倉茂が語った「お話」がベースになっている。私がここまで書いてきた「事実」もその記述にもとづいたものだが、デンマークその他の先行例がどれだけ意識されていたのかということや、上海での（あるいは他にもあったかもしれない）競輪が日本の競輪にどういう形でつながったのかは曖昧なままだ。ここでの倉茂の「あまり人様には」話してこなかったという証言内容を信じるとすれば、失敗の経験からも学習し、それでも工夫次第で何とかなると判断したうえで、小倉からの「競輪の歴史」が始まったということになる。

偶然性の確保

見てきたとおり、競輪はギャンブルの対象としてさまざまな問題を抱えながらも高度成長期に人気を集めてきた。八百長の疑念を広く持たれながらも、それでも賭ける人が絶えなかったからこそ拡大したのだ。競輪学校の整備や人気を失っていった実用車の廃止、先頭固定競走の導入などの改革は、倉茂がいう「多少の不備」をカバーするいわば「演出や規則」だったのだろう。

競輪が他の公営ギャンブルよりギャンブルスポーツとして明らかに「勝っている」点が一つある。それは、偶然性を確保するための人為的な仕掛けを導入せずに、賭けのための競技がおこなわれていることだ。

競輪では、ハンディキャップ戦は一切おこなわれていない。ハンデは、スポーツやゲームで実施される、結果の偶然性を確保するための工夫だ。(28) 競馬には重量ハンデがあり、オートレースには距離ハンデがある。デンマークの競輪ではオートレースと同じような距離ハンデがあったようだが、日本の競輪では採用されなかった。

また、競艇は、モーターやボートの選定に抽選制が採用されている。同じ機種のモーターやボートを使うのだが、競走に使う過程で無視できないほどの個体差が生まれ、結果に大きく影響する。競艇の選手にとっては、与えられた機材を自らの手で整備して戦える状態に持っていくのが一つの腕の見せどころなのだが、勝負の中核に抽選という偶然性を確保する仕掛けが組み込まれているのは間違いない。また、スタート枠による有利・不利も明らかにあり（一般的には最内の一コースが有利）、それも結果の偶然性を作り出している。つまり、選手の技量や過去の勝負結果がレース結果にストレートに反映しないようにできているのだ。それによって、適度に勝負を当てにくくなっている。

乗り物の個体差も競輪がいちばん小さく、有利・不利が分かれにくい。競輪は、選手の技量以外の要素がいちばん少ない競技なのだ。

「よ〜いドン！」とスタートし、先にゴールすることを競う。単調になりやすい徒競走型の競技でありながら、賭けの興味を引き続けるために必要な、適度な結果の偶然性をもたらすもの。競輪の場合、それを確保したのが風圧をめぐる途中の駆け引きだった。それが誤解の原因にもなり、ときにはそれを隠れ蓑にした不正レースが数多くあったことも確かだが、持ちタイムが上位の者が常に勝つようなレースばかりだったとしたら、あっという間に飽きられたにちがいない。しかし、高原永伍や中野浩一のような、ずばぬけて強い選手が現れると、彼らの後位という圧倒的に有利な位置に誰が回るのか、他のラインはどうやってそれに抵抗するか、という点が見どころになり、賭けを面白くさせてきた。

ハンデを採用しなくても偶然性が保てたのは、選手層の厚さにより実力伯仲者同士のレースが常に可能だったことにもよる。距離ハンデを採用しているオートレースの場合、騒音などの問題から競技場が増えず、それだけ選手数にも限界があった[20]。そのため、特別レースの決勝戦などはハンデなしでおこなわれるが、一般のレースではどうしても実力差がある選手同士の戦いを組まざるをえず、ハンデが必要になっているのだ。

競馬の騎手や競艇選手は一日に複数のレースに出走するが、競輪は一レースしか出走できない。競技レベルを維持するためには練習期間も必要であり、月に六日から九日程度の出走が限界だ。現在の標準出走者数である九人の選手によるレースを十本程度組んだ開催を全国の競輪場で同時に実施するためは、それだけの規模の選手数が必要となり、初期の拡大期に選手数が膨れ上がったことは見てきたとおりである。最大時には六千人にも達した選手たちを、点数制度でランクづけすることで階層化し、常に同クラス同士のレースを実現してきたのだ。

他のスポーツでも、練習試合や遊びとしてやる場合、あるいはたとえば賭けゴルフのように賭けをする場合などにはハンディキャップが使われるが、全国大会や国体、世界選手権やオリンピックにつながる「公式戦」で採用されることはない。巨大なピラミッドが形成されていれば、実力伯仲の試合が組まれやすいからだ。いつでもハンデなしで賭けの対象になりうるだけの競技を続けてこられたからこそ、競輪から近代スポーツとしての要件を満たす競技形態が生まれたといえるだろう。

競輪プログラム改革構想（ＫＰＫ）へ

前章までは、高度経済成長期が終わる頃までの競輪の騒がしかった歴史をたどってきた。美濃部都知事に「公害」と呼ばれ、後楽園競輪場を失った競輪だったが、それ以降、社会的な話題になることは減っていった。組織や競技形態が安定化して不正レースなどがなくなったからでもあるが、徐々に人気が低迷し、良くも悪くも注目されなくなったからでもある。バブル景気の頃まで前年比売り上げ額の増加傾向は一応続いていたのだが、一九七〇年代に入った頃から停滞傾向は表れてきていた。売り上げ額で中央競馬に追い抜かれ、競輪をライバル視して「追いつけ追い越せ」と各種PR攻勢に出た競艇にもまくり切られた。入場者数も低下し始めて、観客席にファンが鈴なりになることも少なくなっていく。以降は、公営競技三番手の位置に甘んじてきた。

競輪の売り上げ低迷を説明する決まり文句は、「レジャーの多様化」だった。高度経済成長は人々に多様なレジャーを楽しむ余裕を与えるようになり、ギャンブルもあまたある娯楽の一つにすぎなくなっていく。開催すれば客が集まるという時代は終焉を迎えたのだった。ギャンブルファンというパイをめぐる競走が激化し、競輪はそのレースで後れを取っていったのだ。

ちなみに、一九七〇年代以降、公営ギャンブル全体の最大のライバルになってきたのは、パチンコだった。戦後の公営ギャンブル場は、「お出かけ」で向かう非日常の空間ではなく日常的に「通う」場所となり、そのなかでは人口が多い都市圏からのアクセスのよさは競輪の強みだったが、パチンコはより日常に隣接した場所に作られ、しかも「開催日」などという概念もない。毎日のように日本のどこかで開催しているとはいえ、「〇〇杯争覇戦」「〇〇シリーズ」などと銘打った競技大会形式が必要な競輪は、パチンコに比べればずっと非日常的イベント的な顔を持っている。

そんななか、自転車振興会はそれまでになかった規模のレースプログラム改革をおこなった。競輪プログラム改革構想（ＫＰＫ：Keirin Program Kaikaku）である。当時、業務部第二部部長だった源城恒人(30)を中心にプロジェクトチームを作り、一九七九年に最初のプランが発表されたあと、微調整を経て八三年から実施されることになった。「ＫＰＫは明治維新だった(31)」と、当時の理事が振り返るほどの大改革が目指したのは、ひと言でいえば、レースの白熱化だった。

まず、競輪のファン離れの要因には、配当の低さがあると考えられた。KPKが検討されていた当時の各公営ギャンブル払戻金分布表を見ると、競輪では四倍以下の払い戻しが二七・七パーセントにも達している。(32)ファンのニーズ調査では、五倍から十五倍が最も希望が多い配当額であり、実情とはかけ離れていた。配当の高低は当然、当てやすさと反比例する。つまり、もう少し当てにくいレースを作ることが、ニーズに応えることだと判断されたのだ。

「本当のギャンブル好き」は、サイコロの丁半やルーレットの赤黒などの二分の一の出現率の結果に賭けることを好む、といわれることもある。当てやすい低配当のレースに大金をつぎ込むタイプの競輪ファンも当然いて、競輪場が鉄火場的な雰囲気を持っていた頃は、そのようなタイプのファンが中心だったのかもしれないが、小遣い程度の金額で勝ったり負けたりを楽しむ（いわば「健全」な）ファンが一般的になったため、レースの固さが問題化したともいえるだろう。

KPKでいちばん大きく変わったのは、選手の階級分けである。それまでは、全選手がA級（全五班）・B級（全二班）の二クラス七班に分けられていた。それを、S級（全三班）、A級（全四班）、B級（全二班）と三クラス九班へと細かく分類した。レースは級別におこなわれていて、それまではトップクラスのA級一班の選手と真ん中程度のA級五班の選手が一緒に走ることもあったが、KPK以降は実力伯仲選手同士だけでレースが組まれる機会が増えた。

S級のSは、「スーパースター」のSを意味するという。競輪をマイナースポーツの地位から脱出させるためには、日本社会全体からスーパースターと認知されるような選手を出さなければいけない。KPK構想は、中野浩一が世界選手権で金メダルを獲得した頃から動きだした。「できることなら、中野浩一個人のみでなく、プロ自転車競技者のなかから次々とスター級選手を輩出させたい、そのためには、まず、競輪競走のなかにスターのポストを作っておきたい[33]」という発想から誕生したのがA級の上の「S」だったのだ。どんなスポーツでも全選手の上位一〇パーセント程度がトップ選手の地位を占めている、ということから、当時四千人いた選手のうち上位四百人だけがS級として選別されるようになった。レーサーパンツにも、赤字のラインに「星」のマークがあしらわれたデザインが採用され、差別化が図られることになった。競輪界年間最大のレースと規定されるKEIRINグランプリもKPK導入の二年後から始まったものだ。特別競輪や競技場ごとにおこなわれる記念レースなど賞金額が高いレースには、S級選手しか出走さえできなくなり、選手全体の競争が激化していった。

傍から見るとこの程度の「改革」を「明治維新」などというのはいかにも大げさな印象を受けるが、当時の関係者からするとそれが実感だったようだ。というのも、競輪の関係団体にはかなり複雑な利害関係があり、一丸となって抜本改革を実施することが難しい構造になっていたためだ。

官僚制的運営組織VS労働組合としての選手会

構造の問題は、第1章で見たように、競輪草創期のGHQの方針で運営団体が地方分権型の組織体系になっていたことにも起因する。スタート当初は都道府県ごとに自転車振興会が作られ、各振興会が自治体からの委託を受けて開催を実施していた。一九五七年に、都道府県ごとに三十五に分かれていた自転車振興会は、八つの自転車競技会という組織に再編された。全国組織は、それまで自転車振興会連合会という形で運営されていたが、新たに日本自転車振興会という一つの特殊法人になった。競技規則や全体的な運営方針の決定、選手の斡旋配分、ＰＲ活動などは、中央組織の日本自転車振興会が担うことになったが、競輪の主催者はあくまでも地方自治体であり、売り上げ金の運用や戦略決定では、施行自治体同士の利害調整が難航を極めた。

また、それぞれの団体はいずれも公務員や準公務員的身分の職員で構成されていて、組織のあり方が典型的なお役所（近代官僚制）型だった。そのような組織の例にもれず、手続き重視の縦割り

プロ・サイクリスト

スポーツーである
競輪を建設
しよう

日本プロフェッショナル・サイクリスト連合機関紙

プロ・サイクリスト

選手の羅針盤に

發刊のことば

發刊のことば

プロサイクリストの確立を目指す

日本プロ・サイクリスト連合

の誕生及び現況と將來

図13　機関紙「プロ・サイクリスト」1951年10月発行の第一号。プロフェッショナル・サイクリスト連合（現・日本競輪選手会）は機関紙を発行して選手間の結束を図った。同紙は現在も刊行中（資料提供：日本競輪選手会）

型の構造になっていて、なにごとも前例踏襲主義的にならざるをえなかった。状況に応じた柔軟な変化や挑戦的な取り組みなどには、構造的な抵抗が強かったのである。監督官庁や地方自治体の担当者など、責任が重い職員であればあるほど自分の在任期間中だけ無難に過ごせばいいという発想になりがちだ。さらに美濃部都知事の時代までは、行政の決定でいつつぶされてもおかしくない状況が続いており、暴動や八百長の発覚などすぐに対処すべき問題が山積していたことも見てきたとおりだ。自然に増えていくように見えた売り上げの分け前を関係団体同士で奪い合いながら、目の前の問題への弥縫策を繰り返す、というような受け身の組織運営が続いていたのだ。

競輪界の運営方針決定の際に大きな影響力を持つ組織には、これまでにも何度か触れてきた、選手たちの労働組合的組織である日本競輪選手会もあった。これには競輪選手全員が所属していて、選手層の厚さはそのまま政治力の大きさとなった。

同会の前身は、競輪開始の三年後に結成された日本プロフェッショナル・サイクリスト連合である。前年に起こった川崎事件や鳴尾事件による全国的な開催自粛措置をきっかけに生まれた。スポーツで「働く者」になった競輪選手たちにとって、開催自粛はいうまでもなく失業状態を意味する。運営団体の方針によって簡単に生活が左右されないよう、各地で選手たちの連帯の動きが生まれたわけだ。

競輪選手には二つの大きな責務が負はされている、その一つは国内的には競輪選手として健全競輪を確立することである、もう一つは国際的に世界のプロに伍して行くためにプロ・サイ

クリストとして国内的にプロ・サイクルの確立をせねばならないことである
　この二つを具体化して行くためには先ず第一に我々選手の自主性の確立がなされなければならない、健全競輪の建設にしても現在競輪内部に存在する多くの矛盾に対しても選手の自主性の確立がなければ解決されない問題である、国際スポーツ界への進出の問題も同様である、我々競輪選手がスポーツマンとして社会的に信用され一人だちになることが諸々の問題を解決する最も重要な要素であることを御互に認識することが必要な事であると思う(34)

これは、同連合の機関紙「プロ・サイクリスト」の創刊号（一九五一年十月）に掲載された文章の一部である。無署名だが、おそらく同機関紙の編集人・加藤一の筆だと思われる。これまでにも何度か名前を挙げた彼や、大阪の横田隆雄など、アマチュアの自転車競技界で活躍し競輪選手になった大物選手を中心に、この会は組織された。見てきたとおり、競輪で起こるさまざまな問題は、選手の質に起因する問題と見られることが多かった。競輪への社会的な批判が強かった時代には、競輪選手という職業への社会的まなざしも厳しく、競輪選手であることを恥じるような意識を持つ選手も少なくなかった。「スポーツマンとして社会的に信用され」るようになり、プライドを持って競技に臨めるような環境作りが目標として掲げられているのはそのためだ。

　同連合は翌年、日本競輪選手会と改組され今日まで続いている。選手会の定款には「自転車競技法に基づいて登録された選手（以下「登録選手」という）の適正な出場条件の確保並びに競技技術及び資質の向上を図る活動を行い、もって競輪の公正安全な運営並びに自転車競技の普及及び振興に寄与することを目的とする」とうたわれている。同連合設立時の趣旨を引き継ぎ、全日本プロ選手権自転車競技大会を主催するなど、スポーツマンとしての技術向上のための事業を積極的に実施する一方、災害補償や退職金、年金制度の担い手として、選手の生活を支えるさまざまな役割を果たしている。そして、競輪関係団体同士が折衝する場面では、選手たちの利益代表として労働組合としての側面が目立つことになる。

たとえば、売り上げ金の何パーセントを選手の賞金にするか、その配分を選手のランクによってどう分けるか——これらの取り決めは、運営側と選手会との交渉で最大の争点となってきた。「働く者」としての選手たちにとって生活に直結する問題であり、簡単には退けない守るべき一線が常にあったのだ。そのため、KPKのような改革にあたっては、選手会は「抵抗勢力」的な役回りを演じざるをえなかった。

競輪選手の賞金は、一般的な職業に比して総じて高いものだった。高収入に誘われて、多くのアマチュア選手がプロになった経緯も見てきたとおりだ。なかでも、本章の最初に登場したトップクラスの選手たちは、他のプロスポーツと比較しても高額な賞金を手にしてきた。(36) 先に書いたように、高原永伍の一千万円（一九六三年）、中野浩一の一億円（一九八〇年）という年間獲得賞金は、当時のプロ野球トップクラスをもしのぐ額だった。これらのニュースは当然、競輪の宣伝にもなった。有能なスポーツ選手を競輪に集める誘因にもなり、さらに一般的に共有されていた不正への疑念を晴らすためにも有効だった。勝てばこんなに稼げるなら、選手たちはいつも本気で戦っているにちがいない。そう思わせる説得材料になってきたわけだ。

一方で、競輪選手の賞金体系は、下に厚すぎるのではないかという声もあった。競輪選手は、たとえ下位クラスの選手でも一般の職業に比べて相当高額な収入を得られてきたのも確かだ。スタート当時は上位入着選手にしか与えられなかった賞金も、すぐに最下位の選手にも支給されるような仕組みになった。選手の生活保障のための措置であり、斡旋された回数のレースに参加していれば、たとえ成績が低迷しても最低限の選手生活が送れるようにと配慮されてきたのだ。選手の経済的安定を目指すのは、不正防止のためという意味合いも強かった。悪い誘惑に安易に乗ってしまわないよう、選手になれば一定以上の収入を確保できる状態にすることが必要と考えられてきたためだ。

このような賞金体系は、労働組合としての選手会が勝ち取ってきた成果でもあった。選手会には、トップから最下位までの全選手が参加していて、各選手が持つ権利は原則として平等だ。選手の総意として表される選手会の主張は、必然的に人数の多いピラミッドの下位の選手たちの声が大きく反映されるものになった。短期的に見ると、上位選手の利害と下位選手のそれは相反する。しかし、上位選手であっても、いずれは下位ランクに落ちて競走を続けるというケースが一般的であるため、選手の総意としては下位厚遇を求める形になりやすかったのだ。もちろん、選手会の性格も時代とともに変化していて、競輪というプロスポーツのあり方に対する思いも、選手それぞれ個人差があるにちがいないが。

ＫＰＫは、レースを激化してファンの支持を呼び戻すことを目指した。上位選手をＳ級として分離し、高額賞金レースへの参加条件を厳しくしたのは、「上に厚い」賞金体系への転換措置だった。そのため選手会他、関係団体との交渉が難航を極め、その際の運営者側の苦労が「明治維新」などという大げさな表現には込められているのだろう。

ただ、KPK導入後も全体的な選手賞金額は高い水準で推移した。売り上げがそれなりに維持されたため、下位ランクの選手にもある程度の賞金を出すことができたためだ。一九九〇年代頃には、選手全体の平均年間賞金は一千万円程度を維持していた。全体として、競輪選手は稼げる仕事であり続けていたのだ。二十一世紀以降、売り上げ低下が顕著になり、選手のリストラが進むと、下位ランクの選手には選手生活の維持が困難な者も現れ始めている[37]。

さて、この「明治維新」とまでいわれたKPKは、離れていった競輪ファンを呼び戻して新規ファンを獲得する、という当初の目的をどの程度まで達成したのだろうか。導入後の検証レポートには、次のように記されている。

脚力の拮抗、迫力あるレース展開がみられるようになり、大方のファンは歓迎している。概して好配当となり、一部他競技からの参入、回帰現象もみられる。しかし、選手関係の情報不足、落車・失格の増加による競走の不安定などの理由による買い控えが多い。この矛盾の解決はむずかしいが、大口買いは減ってもレースの面白さと好配当でいかに新規ファンを増やすか、いかに競輪から去ったファンを呼び戻すかが、今後の大きな課題である[38]。

つまり、激しいレースはギャンブルの対象としてはマイナス面もあり、売り上げ面での効果は得られなかった、というのがこのときの結論だった。その後も、「大きな課題」は、「今後」に残されたままの状態が続いたのだった。しかし、今日の時点から振り返ってみると、ＫＰＫは、やはり必要な改革だったと思う。何もしなければ、ファン離れはさらに加速していただろう。ＫＰＫ以降、レースは激しくなり、「見る」スポーツとしての競輪の魅力が増したのは間違いない。売り上げ金の公的活用という競輪の開催名目が形骸化していくなか、スポーツとしての競輪／ケイリンという新たな存在意義を作り出すことにもつながったのだから。

後楽園競輪場が廃止になった一九七〇年代の初頭まで、競輪は厳しい社会的批判にさらされてきた。前章で見たように、競輪場という空間が目に見える危険な場所として、批判のターゲットになってきたのだった。細かくいえば、問題視されたのは競輪場のなかでもギャンブラーたちが群れ集う観客席という空間だった。暴動事件や、それに関連する不正レースに関するニュースによって競輪選手の社会的イメージも悪かったが、バンクのなかでおこなわれる競輪競技そのものの質や内容は、不正かどうかという疑念を持たれただけで、社会的にはほとんど無視されてきたといえるだろう。そのように批判されながらも競輪が存続してきたのは、売り上げが自治体の財政を潤してきたからだった。利益だけに目を向ける人たちにとって、あくまでも自転車は競走馬の手っ取り早い代用品にすぎなかった。

暴動事故が頻発して以来、観客席とバンクとの間には頑丈な金網が設置されるようになった。怒った観客がなだれ込んでくるのを未然に防ぐためだ。しかし、この隔離された空間では、プロ選手たちによる賭けられるための自転車競走が何度も何度も繰り返されてきたのだ。本章で見てきたように、この競走は、世界の自転車競技界とつながるものだった。選手たちの活躍の場は、金網で囲われた日本の競輪場に長らく限定されていたが、アマチュアリズムという壁が崩れると、徐々に広がっていく。やがて、オリンピック種目という「お墨付き」を得て、競輪はスポーツとしての価値を社会にアピールできるまでになった。それを大きく推し進めたのは、中野浩一を筆頭とした選手たちの活躍だった。

競輪の変化は、ギャンブルだったものがスポーツに成長した、というような単純なものではない。競輪は誕生当初からスポーツであることが意識されてきたし、スポーツを志向することはギャンブルの対象として求められている公正さという要請に応えることでもあったのだ。オリンピックという看板も、ギャンブルとしての売り上げ増を目指す取り組みのなかで求められたものだった。選手たちは、常に賭けの対象として戦ってきた。そして、賭けられているからこそ得られる賞金によって生活する労働者でもあった。売り上げ増を目指して運営側が立てた計画に、労働者として抵抗することも当然少なくなかったのだ。

次章では、ギャンブルとスポーツが交わる領域にあり続けてきた競輪が、どのように語られてきたのかを見ていきたい。賭けの対象として競技するスポーツ選手として、また労働者として、選手たちは競輪にどんな思いを抱いてきたのだろうか。そして、ファンは、選手たちが戦う姿から、どんなメッセージを読み取ってきたのだろうか。

注

（1）松本勝明『千三百四十一勝のマーチ——選手生活三十二年思い出すまま』日刊プロスポーツ新聞社、一九八三年

（2）阿佐田哲也編著『競輪痛快丸かじり——ギャンブルの帝王はジッに競輪だった！』徳間書店、一九八六年、一四ページ

（3）前掲『高原永伍、「逃げ」て生きた！』

（4）現在主流の「ライン」を組んでの競走も、中野の登場がきっかけに生まれたといわれている。初心者向けガイドブックで、中野は次のように語っている。「私は現役の頃、一人捲って勝つ、というレースが多かったんですよ。そんななかで、なんとか私を負かす手はないか、と考え出されたのが「ライン」でした。東京と千葉の選手たちが、地区の垣根を越えて結びつき、戦いを挑んできたんです。強豪選手が束になってかかってきたら、さすがの私も太刀打ちできません。それならば「ラインには ラインで」、ということで同じ九州の選手と結束して立ち向かっていったんですよ」（中野浩一責任編集『競輪人——ビギナーから上級者まで楽しめる競輪ガイド二〇一七』〔主婦の友ヒットシリーズ〕、主婦の友社、二〇一六年、三五ページ）

（5）山田貴史「米国施政下・琉球諸島での競輪移入計画についての史的考察」「スポーツ史研究」第十八号、スポーツ史学会、二〇〇五年

（6）思想の科学研究会は、敗戦直後に生まれた研究・運動集団で、大衆文化についての先駆的な研究が有名である。前掲『戦後派《アプレゲール》』の研究』

（7）前掲『競輪総覧』八八ページ

（8）同書一〇三ページ
（9）同書一〇三ページ
（10）「プロ・サイクリスト」一九五七年十二月八日付、日本競輪選手会
（11）前掲『競輪十年史』三七五ページ
（12）松本勝明は、一九六二年の自転車世界選手権（イタリア・ミラノ）に参戦した際の思い出として次のように書いている。「ヨーロッパに於ける自転車のプロ選手の数は、日本の競輪選手にくらべ遥かに少なく、賞金で楽々と生活できる選手はさらに少ない。スクラッチのチャンピオンであるアントニオ・マスペス（イタリア）は、日本に四千名のプロ選手がいると聞いて嘘だろうと詰め寄ったものだ。日本のプロは賞金もよく、賞金だけで生活していると言うと、これにもまた疑わしい目付をしてみせ、非常な驚きを示した」（前掲『千三百四十一勝のマーチ』一二五ページ）
（13）前掲『競輪十年史』三六五ページ
（14）次章で見るように、プロ・アマ統合後も精神的な壁が完全になくなったわけではない。
（15）前掲『競輪五十年史』二七一ページ
（16）『ASAHI オリジナル KEIRIN for Ladies』朝日新聞社、一九九四年
（17）前掲『競輪総覧』一〇五ページ
（18）前掲『競輪十年史』三八三ページ
（19）同書三八四ページ
（20）競馬評論家の須田鷹雄が、コペンハーゲンにあったオルドラップ競輪場跡地の探訪記をブログに掲載しているが、二〇〇四年の段階で現地の人から「二年前に壊されて無くなったよ」との証言を得ている（「コペン競輪物語・前半」「須田鷹雄の日常・非日常」〔http://blog.livedoor.jp/suda_takao/

archives/66134319.html〕［二〇一七年四月一日アクセス］）。
（21）競輪オフィシャルサイト「自転車競技ガイド ケイリン」（http://keirin.jp/pc/dfw/portal/guest/kyogi/guide/index.html）［二〇一七年四月一日アクセス］
（22）倉茂貞助「トータリゼーター・システム」『日本大百科全書――ニッポニカ』所収、小学館、一九八四年
（23）前掲「のらくら未完成論」二〇ページ
（24）単著として『世界の賭けごと』（東洋経済新報社、一九五七年）、『賭――サイコロからトトカルチョまで』（荒地出版社、一九五九年）などがある。
（25）前掲「のらくら未完成論」二〇ページ
（26）前掲『賭』カバー、プロフィール欄
（27）生前の倉茂への直接取材にもとづいた最相葉月のエッセーによれば、戦時中、中国で中国共産党対策部隊にいた彼は、敗戦後の抑留時代、その経験が買われてアメリカ軍の戦略情報所に協力していたという。倉茂は、自転車競技法の許可をGHQから得る際、そのときの関係が役立ったと語っている（最相葉月「アメリカはミスターKの生活を保障する」『最相葉月のさいとび』筑摩書房、二〇〇三年）。
（28）中村敏雄は、近代スポーツ史をたどりながら、それまで遊びとして楽しまれていた競戯がより近代的な競技へと変化する過程で、「賭け」の対象として面白くするためにハンディキャップが利用されていたことを指摘している（前掲『スポーツルールの社会学』）。
（29）オートレースの選手数は四百人程度（二〇一七年現在）で、競輪同様、さらに縮小傾向にある。
（30）前述のとおり、のちに選手管理の内幕を描いた『サインの報酬』を出版した人物である。

(31) 前掲『競輪四十年史』一〇二ページ

(32) 一九七九年度のデータ。中央競馬は一四・七パーセント、競艇一二パーセントとなっている(同書七七ページ)。

(33) 同書七五ページ

(34)「日本プロサイクリスト連合の誕生及び現状と将来」「プロ・サイクリスト」一九五一年十月十五日付、日本プロフェッショナル・サイクリスト連合

(35) 一九五二年から実施されている競輪選手による自転車競技大会。地区別の予選がおこなわれ、全国大会が年一回開催されている。一キロタイムトライアルやチームスプリントなど、さまざまな競技がおこなわれている。車券は発売されていない。

(36) 一九六五年には、「競輪にたいする一般のイメージはあまりよくない。いきおい、選手にたいする一般の人の印象もあまりよくないのが現実だ」が、競輪選手はプロ野球選手よりも稼げる商売だとして、選手の豊かな生活ぶりを紹介した記事が書かれている(「競輪選手ほど儲かる商売はない――プロ野球選手も及ばない華麗な生活」「週刊現代」第七巻第三十六号、講談社、一九六五年)。

(37) 正確な平均年収は発表されていないが、選手ごとの獲得賞金を見ると、下位の選手には年間五百万円以下の者も少なくないようになっている。競走用自転車などが自前であること、将来の補償がない不安定な仕事であることを考慮すれば、恵まれた収入とはいえないだろう。

(38) 前掲『競輪四十年史』九六ページ

第5章　ギャンブルとスポーツの境界線上で
――選手とファンは何を考えてきたのか

1　スポーツかギャンブルか

スポーツ振興と競輪

ケイリンがオリンピックの正式種目として採用されて以来、運営団体は競輪を「世界のスポーツ」としてアピールするようになった。確かに、競輪に対する社会的まなざしは、スポーツイメージの強化によって大きく変わった。マスメディアで競輪選手がスポーツ選手として取り上げられる機会も増えた。

一方、日本では、それまであまり知られていなかった競輪以外の自転車競技への関心も徐々に高まっていった。一九九〇年代に入ると、大規模なロードレースの国際大会も、日本各地で定期的に開かれるようになった。[1]これらのイベントには、競輪からの補助金も使われている。スポーツ振興の名目だが、自転車競技への関心を競輪人気回復につなげようという、競輪事業のPRとしての意味もある。しかし、序章で述べたように、これらの自転車ブームは競輪の人気とはほとんどリンクしていないのが現状だ。

競輪はスポーツではなくギャンブルなのだから、結び付けて考えるほうがおかしいと感じる人もいるだろう。だが、これまで世界各地で、さまざまなスポーツが賭けの対象になってきた。スポーツであることと、ギャンブルの対象になることとは矛盾しない。バンク内の競技はスポーツであり、車券を買う行為はギャンブルである。競輪がギャンブルとして持っている問題はギャンブルとして、スポーツとしての側面はスポーツとして評価・対処すればいいのだ。

とはいえ、これは理屈のうえでは、という話だろう。もともと、ギャンブルも含めた「遊び」を広く意味していたスポーツという言葉は、ヨーロッパで近代スポーツとしての性質を帯びるようになっていくと、社会的価値がある行為と見なされるようになった。それに対して、ギャンブルは違った。社会的な寛容度には国や時代によって変化はあるが、総じて否定的なまなざしが向けられる「褒められたものではない」行為であり続けている。スポーツはプラス、ギャンブルはマイナス。社会的な評価は正反対だ。競輪がスポーツのイメージをPRするとき、スポーツという記号を利用してギャンブルのマイナスイメージを弱めようというねらいがあることは明らかであり、そこに欺瞞を感じる人がいるのも当然だ。「スポーツかギャンブルか」は、競輪に対する人々の認識枠組みの問題としては、意味がある問いなのだ。

ちなみに、競輪が自転車競技の大会におこなっている補助金の交付は、自転車競技法にもとづいたものである。第1章で見たとおり、同法は地方財政の健全化、自転車産業など機械工業の振興を目的に掲げて成立した。長沼答申を受け一九六二年に改正されて、新たな名目「体育事業その他の公益の増進を目的とする事業の振興のための事業を補助すること」が加えられ、自転車競技というスポーツの振興に交付金を出すことが可能になった。

オリンピック特別競輪の開催

現在では、競馬法以下すべての公営競技の法律にスポーツ振興という目的が明記されるようになったが、競輪の場合は、法律に明文化される以前から積極的に関与してきた歴史がある。最初に実施した大規模な「スポーツ支援」は、一九五六年の「オリンピック特別競輪」開催だった。メルボルンオリンピックへの日本代表選手団派遣費用の支援を目的にして実施されたもので、派遣予算総額の半分以上が競輪から拠出された。

この開催は、日本体育協会が国会に請願して特例として許可される形で実現した。実は、その前の一九五二年のヘルシンキオリンピックの際にも同様の動きがあったのだが、鳴尾事件後の自粛期間からあまり間もなかったこともあり、情勢が整わずに見送られた。

日本体育協会が提出した請願書は、国民体育の振興の必要性、そのために日本のオリンピック参加が不可欠であることを説明して、政府の助成金だけでは目的達成が困難だという窮状を訴え、「茲に於て我々は欧米各国の例に倣い、且つは又自転車競技と最も関連の深い競輪よりの援助を期待して止まないものであります[2]」と、競輪からの支援を仰ぐ妥当性を主張している。欧米各国の例とは、トトカルチョなどによる費用捻出の例があることをさしている。

「運営に当っては世界的なるスポーツ祭典の前哨としてこれにふさわしいものとなるべく清新にして品位を高めるよう運営のあらゆる点において模範なることを期する[3]」。このような方針のもと、オリンピック特別競輪は全国四カ所の競輪場で開催された。選手の入場行進、五輪をかたどった装飾など、会場ではオリンピックを意識した演出も施された。オリンピックのイメージを借りて、競輪のスポーツ性をPRする機会と見なされたのだった。

このときの競輪からの資金援助に対しては、スポーツ界からの強烈な反対の動きがあった。競輪が数々の問題を起こしていたから、ということもあるが、プロスポーツによる資金提供自体、アマチュアリズムの理念に反するという意見も根強かったのだ。最も強硬に反対したのはアマチュアリズムに厳格だった日本ラグビーフットボール協会で、この決定を不服として体育協会を一時脱退する一幕もあった[4]。

以降、オリンピックやアジア大会などアマチュアスポーツへの協賛や「支援競輪」はたびたび開催されてきた。法律に明記されてからは、日本オリンピック委員会（以下、JOCと略記[5]）への資金協力を続けている。アマチュアリズムが弱まり、商業主義化が加速するスポーツ界にあって、以前には競輪からの資金援助にアレルギーを感じる競技団体が存在したことさえ、いまでは想像することもできないだろう。

競輪の歴史は、スポーツという価値を獲得しようとしてきた苦闘のプロセスでもあった。スポーツとギャンブル、プラスとマイナス、正反対の社会的まなざしが折り重なるように向けられるジャンルだった競輪は、オリンピック種目への採用によって、スポーツであることをわかりやすく証明する「印籠」を手に入れた。前述のように、社会的なイメージは確かに変わった。しかし、自転車競技者、選手、そしてファンにとって、競輪はスポーツかギャンブルか、という認識枠組みをめぐる葛藤は、依然として意識すべき難問であり続けている。

自転車競技と競輪の不幸な関係——元アマ強豪選手・長義和が見る競輪

ここで長義和という元自転車競技選手の声を紹介したい。長は、一九五三年生まれ。七二年のミュンヘン、七六年のモントリオールと二大会連続でオリンピック日本代表に選ばれた。モントリオールでは、スクラッチ（スプリント）で六位となる。日本人選手としては初めての自転車競技での上位入賞だった。次のモスクワでは初めてのメダルが期待されたが、周知のように日本はボイコットを決めた。

このとき、国際政治に翻弄された選手たちは数多くいたが、彼は特に有名な一人だった。それは、モスクワオリンピックへの挑戦にあたり退路を断つ選択をしたことが知られていたからだ。長はモントリオールの翌年、競輪学校を受験し合格したが入学を辞退していた。当時、競輪学校の受験資格には二十四歳未満という年齢制限があり、長にとって、それは競輪選手になる最後の機会だった。プロになれば、トップ選手として活躍できることは確実だった。非公式の練習試合ながら、世界選手権で優勝する前の中野浩一ともスプリントで対戦し、長が勝利を収めている。この頃、自転車競技のプロは競輪しかなく、彼が自身の能力をいちばん発揮できる仕事が競輪選手だったのは間違いないだろう。しかし、プロになることは、オリンピックへの参加資格を失うことを意味した。彼は、競輪で稼げたはずの賞金を捨てて、オリンピックという夢に再び挑戦する道を選んだ。そんな彼に待ち受けていたのが、非情な政治的判断だった。ボイコット決定の報を受けて、メディアに感想を求められた長は「全身から血が引いていくようです」と答えている。

ちなみに、競輪学校の年齢制限は、二〇〇六年に撤廃された。他のスポーツで活躍した経験がある人材を選手として積極的に受け入れようという方針に変わったためだ。以降、使用する筋肉が似ているため従来から転向者が多かったアイススケートからだけでなく、プロ野球など他のプロ競技経験者から競輪選手になる者も何人も現れている。そして既述のとおり、一九九〇年代にはプロ・アマオープン化が進み、競輪選手になってもオリンピックへの夢は諦めずにすむことになっていった。長義和は、プロとアマとの壁によって人生を大きく左右する決断を迫られた、最後の世代の選手といえるだろう。

長の「悲劇」はメディアでもよく取り上げられた。作家、深田祐介の手で「銀輪きらめく日々」[6]と題したノンフィクションも書かれている。自転車競技で先駆的だったヨーロッパへの武者修行の様子が詳しく描かれていて、修業地のイタリアを中心とした当時のヨーロッパ自転車事情もわかる興味深い作品だ。オリンピックの夢が断たれたあと長は現役を引退し、所属していた島野工業(現・シマノ)でサラリーマン生活を送る。自転車部品の開発に関わる仕事に従事した。その後退社して、一九九〇年代には指導者として自転車競技世界に復帰、九六年までアマ日本代表のコーチを務めた。

　本書執筆に当たって、彼にあらためてインタビュー取材をした(7)。自転車競技の世界に身を置く人にとって、競輪がどのような意味を持っていたのか。批判的な観点からの専門的、かつ率直な意見を聞きたかったからだ。これまで日本の自転車競技界では、トラック競技のトップクラスの選手の多くが競輪選手になってきた。つまり、業界にお世話になってきたわけであり、当然、同業の仲間もいて、（制度上・運営上の問題点などはともかく）競輪そのものへの批判を口にするのは立場上難しい場合が多い。そのなかで長義和は、競輪と距離を取り続けた稀有な元トップ選手なのだ。しかも、指導者として活躍したのは、ケイリンの世界化、自転車競技のプロ・アマオープン化が進んだ時期とも重なる。この頃、競輪選手のオリンピック登場やメダル獲得などがニュースになる際にも、長の功績はたびたび振り返られた。日本選手がそれまでに到達していた最高峰の名前として。「競輪についての考えを聞きたい」という取材申し込みに、長は「競輪のことはよくは言いませんよ、それでもいいですか」と念を押したうえで、了解してくれた。インタビューは個人史を話してもらう形でおこなったが、ここでは競輪との接点に関する部分を中心に、時系列に沿って整理して紹介する。

プロ組織への不信感

　長が自転車競技を本格的に始めたのは高校時代で、主な練習方法は一般道路での長距離乗り込みだったという。彼の母校である城東工業高校は東大阪市にあり、大阪府と奈良県の境にある生駒山を越えるルートが定番の練習コースだった。練習の際には、横を走るトラックの運転手に無理な幅寄せをされたり、「八百長ばっかりするなよ」と突然ヤジられたりするなど、いやがらせをたびたび受けたという。当時は、競走用自転車に乗っている人＝競輪選手が一般的な認識だったのだろう。競輪のイメージがいかに悪かったかがわかるエピソードだ。このような経験もあり、長も競輪にいい印象を持っていなかった。競輪場にも試合会場として行くくらいで、競輪開催時に足を運んだことはなかった。

オリンピックや世界選手権に日本代表として出場して活躍したのは、一九七〇年代の中頃のことだ。法政大学に進学して、卒業後は実業団チームを持つ自転車部品メーカー・杉野鉄工所に入社する。七五年、長はイタリアでの武者修行に出かけた。その際に、長を指導したのは長澤義明という人物だった。長澤は、フレームビルダーと呼ばれる競技用自転車製作者の日本での第一人者であり、当時は自転車競技の先進国イタリアの工房で働いていた(8)。

長澤に引きずり回されるようにして、長はイタリアやヨーロッパ各地でおこなわれていた数多くのレースに、トラックにもロードにも得意・不得意に関係なく出場して経験を積んだ。長澤は、モントリオールオリンピックが終わったあと、長に競輪選手になることを勧めたという。一九七七年、信頼する長澤の意見に従って葛藤しながら競輪学校を受験し、当然のように合格する。オリンピック入賞選手のプロ入りは、競輪界にとっても社会にＰＲしたい大きなニュースだったが、結局、長はオリンピックに再挑戦する道を選んで辞退した。この頃、彼は開催中の競輪場に足を運び、競輪ファンの様子を見ている。レースそのものには関心を持たず、賭けることだけに熱中しているように見える客たち。彼らの様子を見て「こんな場所で競技するのは嫌だ」と思ったという。

しかし、長が競輪に決定的な不信感を持つことになったのは、指導者として再び競技に関わった時期だった。彼は一九九三年、ＪＯＣの専任コーチになった。この年から、世界選手権はプロ・アマ合同でおこなわれるようになり、それまでプロ部門だけの競技だったケイリンの正式採用も決まった。自転車競技連盟がプロ・アマ共同団体として再編されるのはその二年後だ。つまり、長のコーチ就任は、プロ・アマが完全に一緒になる直前の時期だった。このとき、アマの現場の代表的役回りだった長は、プロ側からの横紙破り的態度にたびたび翻弄された。

たとえば、ある国際大会の現場で次のようなことがあった。その大会では、競技種目ごとにプロとアマのどちらから代表選手を出すか、事前に取り決められていた。しかし、アマ側から出すと決められていたはずの種目が、試合直前になってプロに変更されてしまう。「大会の現場で、そんなのはおかしいと言ったら、絶対の権限を持っているのは監督だ、と言われた。そのとき、「ハイハイわかりました」と言っていたら、いまも連盟に残れていたでしょうね」

このときの日本代表監督はプロ側の人物だった。実は、出発前、アマ組織の「上の方」から「そういう話があるから現場でよろしく頼む」ということは言われていたのだという。長は、協議を重ねて決めたことを簡単に覆すのは理不尽だと反発したが、アマ組織も「上の方」はプロ側の要求を了解ずみだったのではないかと見ていた。当時、アマ・プロの両組織の力関係は対等ではなかった。プロ側としては、できるだけ多くの競輪選手を参加させたいという意向があった。当然、競輪のＰＲになるからだ。大会参加にかかる費用などを出しているのもプロ側であり、資金の「力」によって、アマ側の組織はプロの意向に抵抗しにくい状態になっていたのだ。

現場の対応をめぐって、長とプロ側組織の間で軋轢が生じる場面が他にも数多くあったという。プロ側の競技関係者の多くは元競輪選手だった。自転車競技の世界には体育会的な文化があり、裏方の組織でも現役時代の実績が尊重された。「プロからすると、自分のような存在はいちばん鬱陶しいものだったのでしょう。自分たちより強いアマ、という存在は」。プロ側からすれば、ずばぬけた実績がある長には真正面から意見しにくく、アマ側の立場から正論を主張する彼は煙たい存在でもあったのだろう。プロ・アマが完全に一体化したJCF誕生の翌一九九六年、長はJOC専任コーチの職を離れることになった。この年、ケイリンのオリンピック種目採用も正式に決定した。

長の目にはプロ・アマ統合は、アマチュア組織が競輪に飲み込まれたように映る。統合されるまで、アマ車連は財団法人で、プロ車連は社団法人という違いがあった。競輪の交付金は営利団体には出せないルールになっていて、スポーツ振興・自転車競技振興としての支援は、アマ車連に回っていたのだ。プロ・アマ一体化した財団法人になることで、プロ側には大きなメリットがあったはずだ、と長は考える。スポーツ振興を競輪のPRに直結できるようになったのだから。

NHKのBS放送などでも自転車競技が中継される機会が増えたが、競輪選手が登場するトラック競技、特にケイリンの中継に偏りすぎているのではないか、とも長はいう。世界的には自転車競技の人気は圧倒的にロード競技が上なのに、それはおかしいのではないか。日本の自転車競技界全体が競輪業界の都合に引っ張られ、何もかも競輪のPRに結び付けられるようになってしまっているのではないか、と長は疑問を投げかけている。

競輪に向けられるさまざまな思い

以上、日本人最初のオリンピック自転車競技上位入賞選手である長義和による、競輪への厳しい意見を紹介した。自転車競技の選手たちは、競輪に対してどのようなまなざしを向けているのか。それを知ろうと長に話を聞いたのだが、スポーツとしての自転車競技と競輪との間にある溝がどういうものか、その一端を垣間見ることはできた。ギャンブルの対象として競輪が実施されてきたことに伴う悪いイメージが自転車競技全体に及んできたこと。豊富な資金を持つ競輪が、アマチュア主体の競技世界に政治力を持ってきたこと。つまり競輪の存在は、日本の自転車競技を歪めてきたと考えるべきではないか。このような長の意見に、共感する自転車競技関係者も少なくないはずだ。

もちろん、これはあくまでも長の個人的見解であり、他の関係者やトップアマ選手たちの意見を代表するものではない(9)。多くの志望者にとっては難関の競輪学校入試を楽々とパスしながら競輪選手にならず、しかも指導者になってからは競輪界とアマチュア競技界との狭間に立たされる経験をするという、きわめて特異な経歴を持つ彼だからこその見方だろう。ただ、自転車競技関係者の大半は、何らかの形で競輪の恩恵を受けてきたため、長のように否定的な意見を持っていたとしても、それを率直に口に出すのは難しい立場にあるのも事実だ。たとえば、プロ・アマ統合前夜の国際大会で、プロ側から理不尽な代表選手交代要求があったという事例を長は語っていたが、このとき現場まで行きながら直前に出走をキャンセルさせられたアマ選手は、のちに競輪のトップ選手になっている。この選手ももともとプロ志望であり、このときもその後お世話になる業界からの要望に抵抗することは難しかったはずだ。

これまで見てきたように、競輪は誕生以来、数多くの「スポーツで働く者」を食べさせてきた。競輪という道があるからこそ、アマチュア競技者の世界も、それなりの厚みを確保できてきたのだった。国体やインターハイのトラック競技の記録を見ると、のちのS級競輪選手の名前を数多く発見する。学校の部活動を中心としたアマチュアの自転車競技者たちの多くは、高収入が得られる競輪選手という仕事を将来の夢と捉え続けてきた。競輪の人気回復や売り上げ増は、自転車競技に関わる人々に共通の利益になってきたのだ。

その一方で、競輪の黎明期にはもちろん、長の時代まで、アマチュアの一流選手が競輪選手になることは、まるで思想的な「転向」のように受け取られてきた。周りの人たちから自分へ向けられてきた、あるいは、自分自身が自分自身に対して向けてきた期待のまなざしを裏切るような、そういう後ろ暗さを背負う決断でもあった。オリンピックという夢を諦めて、現実として競輪選手という仕事を選ぶ人がいる一方で、夢の仕事として競輪選手という道を志す者もいる。そして近年では、他のスポーツで諦めた夢に、もう一度挑戦しようとやってくる選手たちもいる。競輪というスポーツで働く者たちの思いは、いまもさまざまだ。

競輪が日本の自転車競技をいびつなものにしてきたと考えるか、数多くの自転車競技選手たちの生活を支えてきたと考えるか——それは、各自のスポーツ観・職業観・人生観などに従って評価判断するしかない。プロ・アマが一体化し、競輪学校の年齢制限も撤廃されてひさしい。競輪と自転車競技の間にあった壁は低くなり、それを乗り越えて向こう側にいく、という感覚は過去のものとなった。競技生活のさまざまな局面でプロ・アマ間のギャップに翻弄されてきた長の証言は、かつて確かに存在し、おそらく残骸はいまもあるその壁の意味を考えるうえで大変貴重なものだと思う。

2　「競輪道」という物語

競輪はギャンブルなんですよ

競輪はギャンブルなんですよ。最近はスポーツになっちゃったけど。自分もギャンブルするから、納得のいくレースを心がけてるんです。(10)

雑誌「けいりんマガジン」一九九七年一月号のインタビューで、山口国男はこう語っていた。山口は、一九七〇年代から八〇年代に活躍したスター選手で、南関東地区の大将的存在だった。ラインという言葉が競輪で一般化するのは、山口率いるフラワーライン（千葉県のフラワーラインという道路で練習していたことから命名された）の活躍によるものだ。(11) インタビューの頃は引退が近い時期であり、ベテラン選手が「スポーツになっちゃった」競輪の最近の風潮を批判的に語るという構図になっている。

競輪選手のオリンピック出場への道が開かれ、ケイリンのオリンピック種目採用が決定した一九九〇年代から、競輪は広くスポーツとして見られるようになっていった。それに対するアマチュア側からの違和感を長義和は語っていたが、競輪選手の側にもそのような変化に戸惑いを抱く者は少なくなかった。競輪とはこういうものだという、選手たちが、先輩から教えられ、あるいは、競技経験を重ねるなかで培ってきた競輪観が通用しなくなってくる。競輪選手たちにとっても、やはり対応が迫られる変化の時期だったのだ。

同じ頃の雑誌で、東出剛は次のように語っている。

単純に自分のことだけを考えていればいいというような、そういうアマチュア的な競技とはちがいますからね、競輪は。人気になればオッズに応えてあげなくちゃいけないし、お客さんはスジとかラインで買ってるわけだから、ただ自分が一着になればいいってもんじゃないし。自分が一着、先行選手が二着で人気になっていれば、先行選手を残さなくちゃいけないしね。ぼくと後ろの選手が人気になっていれば、先行選手がダメでも、自分が頑張って後ろの選手と一、二着を決めなくちゃいけないという気持ちになりますから。なんか、自分のことよりも、ラインの選手のこととか、お客さんのことが気になってしまうんですよ。逆に割り切ってね、自分が一着とれればいいやという感じでやっていけば、もうちょっと成績もよくなるんだろうけど、競輪はそういうもんじゃないって気がするし。(12)

東出は追い込み型の選手で、この頃トップクラスで活躍していた。最盛期に病に倒れ、現役のままこの世を去ってしまったが、ファンからもラインを組む他の選手からも信頼が厚い選手だった。(13)

選手の間で共有される「競輪とは何か」という理念は、ときに「競輪道」という名で呼ばれてきた。競輪道は、選手としての心得や先輩・後輩の上下関係など、いわゆる職業倫理として語られる場合もある。それだけならどんな業界でも似たようなものがあるだろうが、競輪の場合は、それが実際の競技に大きく影響を与えていて、しかもファンもそれを織り込んだうえで予想を楽しんでいるという点が独特だ。

誰が誰の後ろを走るのか。どのような順番で並ぶのか。ゴール直前、どのタイミングからなら同じラインの選手を抜いてもかまわないのか。自分のラインの選手を守る走り方をどの程度すべきか。競輪道は、そのようなルールブックの余白にあたる領域を秩序づけている、とされてもいる。

「後ろを連れていけなかったことに悔いが残る」「あそこでいかないと仕方なかった」。レース後の選手インタビューでよく聞くフレーズだ。自分は勝ったが、同じラインの選手が負けてしまった。そんなときに選手が口にする。自分のことだけを考えていたわけではなかった、という申し開きだ。序章で述べたように、このような他の選手への配慮は、ホンネでもタテマエでもありえるが、どちらにしても選手同士が共有している価値観を尊重しているというアピールである。そして、選手仲間に対してと同時に、競輪道にもとづく戦い方に期待して自分に賭けてくれたファンに対して発せられた言葉でもあるのだ。

格をめぐる戦い

誕生当初の競輪が抱えていた「多少の不備」は徐々に整えられていったが、選手たちの戦いは規則や制度が未整備な間も、ほぼ休みなく続いてきた。競輪道は、現場の選手側から、その「不備」を埋めるべく形成してきた職業倫理でもあった。KPKのような競技の「スポーツ化」に向けての変化は、いわば「上」から強制的になされてきたものだ。与えられた条件のなかで作られてきた競輪道も、制度の移り変わりにしたがって変化してきた。

昔のレースは今みたいなライン戦ではなくて、あくまでも本線マークの競争なんです。群馬―群馬で並んでいて本命・対抗の印がついていたとしても、そこへ競りかけていくわけですよ。それがもう追い込み選手の使命でしたからね。(14)

一九五〇年にデビューして六十六歳まで現役を続けた黄金井光良は、九〇年代のインタビューでこう語っている。KPK以降、選手層の細分化が進み、レースが激化していくのだが、ライン戦もそれとともに定着したものだ。今日では、事前のコメントどおり、傍目からは「すんなり」折り合いがついて並んだように見えるレースが多いのだが、以前はそうではなかったと黄金井はいう。

ようするに、昔の競輪というのは本線が圧倒的に有利なわけで、並びも同地区とか同期とかは関係なくて、選手個人の力や格で、本線マークの選手と支線マークの選手がおのずと決まっていたんです。だから、追込み選手としてひとつでも上へあがろうと思ったら、本線に競りかけていくしかなかったんです。競輪選手はまじめにやっていれば定年まで走れるという職業ではないですから、力のあるうちに位置を主張して、どんな相手であろうがとことん競って競り勝って、名前を売っていくしかなかったんですよ。だから、今のライン重視のレースは、極端な話、なれ合いの競走っていわれてもしょうがないと思いますね。[15]

「競《せ》り」は、ケイリンを含めて他の自転車競技では反則とされる、競輪ならではの要素である。左右の動きによって相手を妨害し、ときには落車させたり、させられたりしてでも好位置を奪い合う。競輪の「競」の字は、競馬の競、競走・競技の競、つまり勝ち負けを競うことを意味しているにすぎないが、この「競り」を象徴する文字と捉え、「競り」の醍醐味こそが競輪の華だと捉える選手やファンも多い。先の山口国男も次のように語っている。

> 競走では、鶴田浩二の『傷だらけの人生』じゃないけど、落車して落車して一歩一歩位置を築いてきた。自分は「格」っていうのをすごく大事にする。いまの若い選手はまだハンドル捌きも未熟なくせにいきなり井上茂徳や山口健治に競っていく。落車させると減点が三点。追い込みに転向したのは一班になってからです。それまでは逃げて逃げて。ほら新人っていうのはピストルが鳴ったら前に出ろ。抑えられたら、すぐ引いて空いたところからドーンと吹っ飛んで行け、それが教えであって競輪道だったからね。[16]

一班とは、当時の最高ランクA級一班のこと。フラワーラインを率いた追い込み選手の山口も、若手の頃は先行選手だった。先行か追い込みかは、必ずしも年齢によって決まるわけではない。スピードを長距離維持できる「地脚タイプ」の選手が先行に、短時間でトップスピードに持っていける「スプリントタイプ」の選手が追い込みに、というように、選手の得手・不得手で戦法は分かれるのだが、一般的には新人選手には先行が期待される。近年では早くから自分に向いた戦法を選ぶ選手も多くなっているが、山口がいう「昔」はそんなことが許されなかったのだろう。

新人は思い切った先行で若さをアピールし、目先の勝ち以上に他の選手からの信頼を集めることを目指す。強くなれば、自分の後ろはどんどん「好位」と見なされるようになり、追い込み選手からガードされるようにもなる。追い込み選手は、強い先行選手のすぐ後ろ（番手という）に回っても他の選手にじゃまされないような「格」を身につけることを目指して戦う。「競り」を仕掛けるにしても「格」が必要だった。お前はまだ顔じゃない、そう言われないために、落車を辞さず戦い続けた選手が「格」を上げていった。「格」や「顔」は、同じ世界で戦い続け、かつともに働く者同士が暗黙のうちに共有している相互評価であり、競輪道はその基盤になるような価値体系の名前だった。

しかしKPK以降、「競り」はどんどん制限されるようになる。審判の判定が厳しくなり、ペナルティーが大きくなっていったのだ。以前は、レースで失格となってもそのレースの分の賞金がマイナスになるだけだったが、選手の成績を表す平均競走得点から事故点として減点されることになった。他の選手たちに自分の力をアピールし、格を上げていく。そのような競輪道にもとづいた戦い方が、どんどん難しくなっている。山口はそう嘆いているのだ。

競りがあるレースは確かに面白い。「あいつの後ろを回るわけにはいかない」「この位置は何がなんでも死守してやる」――そんな選手の心の叫びが聞こえてくるかのような激しい競り合いは、競輪という「見る」スポーツの大きな魅力の一つだ。ただ、ルールの厳格化はどう考えても必要な措置だった。KPK以降、レースが以前より激しくなって落車も増えたからだ。いうまでもなく落車は危険である。これまで、レース中の事故で大けがを負った選手は数えきれず、殉職した選手も少なくない。初期の頃に比べれば、コースや器具が改良されて大きな事故の頻度は低くなったが、それでも危険性をゼロにすることは難しい。競輪選手とはやはり危険が伴う職業なのだ。

そしてまた、落車や失格は、売り上げにも影響する。たとえば、競艇なら失格した選手の投票券は全額返還になるのだが、競輪ではただのハズレだ。激しいレースは「見る」のには面白いが、実際に落車が発生すれば車券の購買意欲を削ぐ可能性は高い。ギャンブルの仕組みとしては競艇のように返還すべきではあるだろうが、競輪の場合は頻度が高く難しいという問題がある。ルールがあり、許容範囲ギリギリのプレーで何とか勝ちを目指す、その点で競輪はやはり多くのスポーツと共通する。ルール違反が即、全体の売り上げ減を意味することになるような仕組みでは、審判も自由にホイッスルが吹けないだろう。現状でも、次の日以降の売り上げに影響するからスター選手にはなかなか失格判定を出しにくいのではないか、と見られているくらいなのだ。

このように、安全面でも売り上げ面でも落車はできるだけ減らしたい、と運営側は考えてきた。そのためにルールの改正が進められてきたのだが、落車自体は現在でも相変わらず頻発している。かつてはよく見られた、ヘルメット越しに頭突きをし合うような激しい競りは減ったのだが、実力伯仲のレースプログラムが続くと、どうしても落車事故は起こってしまう。そのため、規則の整備は今後もさらに「競り」に制限をかける方向に進むだろう。

賭けられて走るということ

車券の対象になるのは、一着二着の選手だけで、お客さんにしてみれば、そのあとの選手は関係ないわけですよね。でも、新ルールでは、四コーナーで後方に置かれてしまったら、そのまま踏みやめるしかなくて、踏みやめたら絶対に車券の対象にならないわけですよ。でも、本当は自分も勝ちにいきたいわけで、以前だったら、自分が転ぶか、相手を転ばして失格になるか、そのどちらかを覚悟して踏みこんでいったんですよ。それで、自分も相手も転ばないで、失格にもならないで突き抜けることができたら、一着二着にくる可能性がいくらでもあったわけです。だから、そういうレースをしてきたつもりなんですけど、今はそれができないから、そういうところが変わってきたかなあと思うんですけどね。(17)

話をしているのは、全タイトル獲得を成し遂げた選手、井上茂徳だ。一九九九年に引退して、現在は解説者として活躍している。これは、現役時代の終わり頃(一九九六年)のインタビューで、競輪のケイリン化につながるルール改正について語ったものだ。井上のニックネーム「鬼脚」は、他の選手群をかき分けてゴール線に突っ込んでくる姿からつけられた。自分はファンに賭けられて走っている。それをいつも強く意識してきた。しかし、ケイリンに近づく新しいルールでは、そのような走り方ができなくなっている。ファンにとって、それで本当にいいのだろうか、という疑問を語っている。

これまで見てきたように、競輪道に関する話は、「賭けられている」という自意識とセットで語られることが多かった。「競輪選手はギャンブルの対象だ。それを忘れるな」ということは、競輪学校でも繰り返し教育されている。ただ、学校で教えられるのは、不正をするな、真剣勝負をしろ、疑わしいと思われるような行為はするな、ということにすぎない。競輪道は競輪学校で教えてもらえるものではないのだ。競輪学校でのレースはラインがない、ケイリンに近い形でおこなわれるのが普通である。競走前に、誰が誰の後ろを回るのか、宣言するようなことはない。まだ誰も自分に賭けていないからだ。だから、他のスポーツと同じように、スポーツマンシップにもとづいてルールを守り、正々堂々と戦えばそれでいい。しかし、プロとしてデビューすれば、それだけでは足りない。賭けられて走る選手として、守るべきものが生まれる。ファンが自分に対してどのような戦い方を期待しているのか、ラインの先頭を自滅覚悟で走ることか、何としてでも勝ちをもぎ取る姿か。オッズに現れた自分への期待に応えようとする姿を見せることが求められる。競輪道は、通常のスポーツで語られる「スポーツマンシップ」の枠を超えた、賭けられて走る選手としての倫理観を表現した言葉だった。

加えて、競輪道には危険な肉体労働に従事する職業集団が自然と形成してきた規範という側面もある。漁師の仕事を表現する「板子一枚下は地獄」のように、一歩間違えれば命の危険につながる仕事をともにしている仲間同士として、選手たちには信頼関係の基盤が必要だったはずだ。同時に、そのような関係性のなかで日々戦い続けているからこそ、「格」や「顔」に関わる局面では、「退くに退けない」「舐められるわけにはいかない」と、賞金や点数を度外視した選択を迫られることも多いだろう。それぞれが抱く競輪道にもとづきながら。

選手とファンの共同幻想

さて、ここまで描いてきた「競輪道」は、雑誌の選手インタビューや競輪について書かれた文章を参考に私なりに解釈したもので、いわば「ファンの視点からの競輪道」である。あくまでも外野から想像力で構成したものにすぎない。ただ、競輪道はそもそもそういうものではないかとも思う。選手たちが自分たちの仕事について考えたり、あるいは後輩を指導したりするときに、競輪道という言葉が実際に使われる場面がこれまでどれほどあっただろう。記者や作家など、外部の者から尋ねられたときに、あるいは、制度やルールが大きく変わったようなときに、呼び出される言葉にすぎないのではないか。

「選手がいつも全力で走ると簡単に考える方が、よほど選手の人間性を無視して、サイコロのように見ている考え方だよ[18]」。序章で紹介した、『阿佐田哲也の競輪教科書』の一節だ。初心者に向けて、競輪とは何かを会話体で説明するこの文は次のように続く。

よく、記念競輪なんかで地元に花を持たせたりするようなレースがあるね。あれもそうだろうか。

そうときまったわけでもあるまいが、これは選手に確かめたわけではないけれど、一種の相互保障の考え方が選手にあって不思議ないね。ある程度、地元を主張できうる。そのかわり他の土地へ行けばそこの地元の主張を認める。もしそれをしないでいつも全力で、好きなように走っていると、ズバ抜けて強ければいいがね。そうでないかぎり、走りにくくなるだろう。ここで勝ちたいと思うときに勝てなくなるおそれがある。[19]

記念競輪は各競輪場が年に一度開催するもので、地元の選手はぜひとも活躍したいレースである。番組編成のうえでも、地元の人気選手が活躍しやすいように配慮されていることが多い、少なくともそのように見える。[20] ということは、選手たちの間でも、ある程度、地元の選手に花を持たせる、という意識があるにちがいない。「選手に確かめたわけではないけれど」。このような阿佐田の読みに、多くのファンは「なるほど、そういうものだろう」と共感する。もちろん、常に地元選手が勝つならギャンブルにならない。地元選手を立てる、という最低限の約束があるとして、では、他の選手はどういう戦い方をするだろうか。ファンは、自分なりの競輪道の理解にもとづきながら予想を組み立て、結果を待つ。そして、期待を大きく裏切るような競走をした選手に対しては、ヤジを飛ばす。「お前は競輪をわかってない」と。

「いつも全力で走る」というスポーツの原則から外れるようなレースを見て、疑問を口にする初心者に「これが競輪なんだよ」と訳知り顔の先輩ファンが諭す。競輪場の観客席で何度も見られただろう光景だ。レースの予想をするうえで、あるいは予想外のレース結果を受け入れるうえで、実際には確かめようがない選手たちの意図を理解するための物語として、競輪道は機能してきた。オッズとして、ときには強烈なヤジとして、ファンの『思い』が選手に伝わり、実際のレースで戦う姿を通して選手たちはファンに自身の信念を伝える。競輪道とは、ファンと選手が、賭ける／賭けられるというコミュニケーションを通して作り上げてきた共同幻想のようなものだったのではないだろうか。

「競輪選手はアスリートじゃない」

自分は、競輪選手はアスリートじゃない、肉体労働者であり、職人だと思っていたんです。アスリートと称するかっこいいのが出てくると、「あんなのには負けない」と。[21]

四十歳半ばを超えてもトップクラスで活躍し続けた後閑信一が、かつてのライバルだった同期生・吉岡稔真と二〇一五年に対談した際の言葉である。後閑のデビューは一九九〇年。先の山口国男から見れば、「いまどきの若い選手」世代だったはずだ。「日本が生んだ世界のスポーツ、ケイリン」が大きくPRされ始めた時代に選手生活を送ってきた後閑から出てくるこの言葉。対する、吉岡もこう答えている。

漢字の「競輪」とローマ字の「KEIRIN」は違います。輪の中で争うのが「競輪」であり、競りは競りであったほうがいい。ローマ字の「KEIRIN」はまっすぐに走る競技ですから別物。現役の頃は一緒にされたら嫌だと思っていました。[22]

吉岡は早くに引退しているが、一九九〇年代にいくつもの特別競輪のタイトルを獲得したスター選手だった。同じ九州地区の大先輩である中野浩一からは、「世界」で経験を積むようにと勧められたが、あまり積極的にはなれなかったらしい。「競輪選手とアスリートは違います」と吉岡はいう。自分たちの仕事は、普通のスポーツとはちょっと違うのだ。競輪界のトップで活躍してきた選手たちのこの言葉からは、競輪のスポーツ化への反発が感じられる。自分たちが戦ってきた競輪という世界は、スポーツとは別の原理で動く、しかし、大変厳しい場所なのだ、という矜持とともに。

しかし、それでも競輪は変わっていく。先に紹介した一九九〇年代のインタビューで、井上茂徳は新しいルールによって「競り」がやりにくくなることに疑問を呈しながら、次のようにも話している。

でも、四十五年間の競輪の歴史のなかで、今の競技規則が悪いんじゃないんですよ。今の競技規則でいいんですよ、ほんとはね。四十五年間の競技規則自体が悪かったんですよ。前のがよくて、今は悪い競技規則に変わったんじゃないと思うんですよね。やっぱり、世界選だとかオリンピックだとか見たら、ぶつかりあいはないし、落車なんかも少ないですよ。だから、競輪も世界の大会を参考にして、これまでの四十五年間を世界の走りかたで走っていれば、なんの問題もなかったわけですよね。でも、自分がこの世界にはいってきたときには競輪が格闘技といわれるほど厳しかったし、生死を賭けてマーク争いをするという厳しさがあったので、自分も競輪はこういうもんだと十八年間頑張ってきたんですよ。それがもう、突然、世界のルールに変ってしまったから問題ですよね。[23]

ケイリンがオリンピックの正式種目に決まって、さらに二十年の歳月が流れた。二〇一八年には、競輪の歴史も七十年目を迎える。アスリートに対抗意識を燃やしてきたと話す後閑信一も、一方で「もう最近、競輪にもいろいろあっていいのではないかと思っています[24]」とも語っている。ケイリンルールそのままで賭けの対象とする、実験的な「ケイリンエボリューション[25]」というレースや、国際ルールに近いガールズケイリンも始まった。ガールズケイリン一期生として活躍したなかには後閑の娘の姿もあった。新しいファン獲得のためには競輪の変化も必要だ、と選手たちも考えているのだろう。

それでも競輪が競輪として存続するかぎり、賭ける／賭けられるという関係が続くかぎりは、競輪道という言葉は残るのではないか。「アスリートと称するかっこいい」やつら、と目されている若い選手たちも、将来は「最近の若手は競輪道がわかっていない」と口にする日がくるように思う。

新語としてのアスリート

英語由来の「アスリート」という言葉は、戦前から少数の用例はあるが、一般的に使われるものではなかった。「読売新聞」の記事データベースを検索してみると、一八七四年の創刊号以来、一九七〇年代までには二件の使用例があるだけだった。それが八〇年代の中頃、世界陸上などの陸上競技イベントが日本で開かれたことにあわせ、あくまでも陸上競技の選手をさす言葉として徐々に使われるようになっている。そして、九〇年代以降、陸上競技以外の選手も次第にアスリートと呼ばれるようになっていった。つまり、競輪の世界に限らず、「アスリート」はそれまでの「スポーツマン」に代わる、新しくかっこいい概念として登場したのだ。

「アスリート」が普及したのは、競輪からケイリンが生まれオリンピック種目になった時期と重なるが、それは偶然ではない。競輪のスポーツ化は、スポーツ界全体のアマチュアリズム終焉によって可能になったものだった。それまで、スポーツを仕事にしてお金を稼ぐという行為には、スポーツを汚す不純なものというイメージが貼り付いていた。既述のように、歴史的にスポーツのアマチュアリズムが成立していった背景には、労働者階級の排除というねらいもあった。仕事として筋肉を使う者は、純粋なスポーツマンとは見られない時代もあったのだ。

しかし、アマであっても専業として競技に取り組まなければ、トップクラスでは活躍できない時代がやってくる。こうして、プロとアマの垣根は形骸化していった。いまや、トップクラスのスポーツ選手のほとんどが「肉体労働者」であることは誰の目にも明らかだ。スポーツのアマチュアリズムが終焉を迎えた頃に、スポーツマンという言葉に置き換わるように普及したアスリートという言葉は、スポーツマンがプロ化することによって帯び始めた泥くさいイメージ、いわば肉体労働者的側面を払拭するための新語として機能したのではないだろうか。

第１章では、戦前の自転車競技の黎明期について振り返ったが、それは日本が産業社会に向けて動きだす過程をたどることでもあった。西洋から輸入した物珍しい乗り物だった自転車も、二十世紀初頭の産業革命期には国産化された。同時期、農業など第一次産業に従事していた人々は、第二次産業の労働者に転換していく。そして、環境に恵まれ上級学校に進学できる人たちは頭脳労働（ホワイトカラー）に就き、そうでない者は、肉体労働（ブルーカラー）に従事するという階層分化がはっきりしてくる。同じ頃に組織化され始めた日本のスポーツ界は、高等学校や大学の運動部の世界をベースに作られていて、元来エリート主義的な傾向を持ってきた。スポーツは、いわばホワイトカラー予備軍の文化だった。

ところが、戦後の高度経済成長は産業従事者全体を豊かにすることに成功し、上級学校への進学率も上昇した。ホワイトカラーとブルーカラーの境界線はどんどん曖昧になっていった。たとえば、不安定な雇用形態が一般化した現在では、大きな企業の工場で安定して働ける正規雇用のブルーカラー労働者は、相対的に恵まれた立場になっている。工場のオートメーション化が進み、文字どおり筋肉を酷使する「肉体労働者」は少なくなった。そのため、この言葉は、具体的な仕事内容をさすというよりも、象徴的な意味を込めて使われるものになっている。後閑選手が自分のことを「肉体労働者」と呼ぶのは、競輪選手をスポーツ選手と見なしてこなかった社会のまなざしへの対抗心の表れでもあるはずだ。

第3章で見たように、競輪場は工業都市周辺に数多く作られたため、競馬に比べてファン層は裕福ではない労働者に偏っていると考えられてきた。いわば、肉体労働者同士の戦いに、肉体労働者たちが金を賭けている、そのようなイメージを持たれてきたということだ。厳しい練習を経て自分の力で賞金をもぎ取る選手と、ただ賭けるだけのファンとでは当然、行為の質はまったく違うのだが、ファンが選手たちに同類意識を抱きやすい環境だったことは間違いないだろう。競輪場のあちこちで、選手の話題をまるで知り合いででもあるかのように話しているファンの声を聞くにつけ、そう思う。期待に応えなかった選手へのヤジにも仲間意識を感じる。

ファンの生活からすれば、夢のような額の賞金を獲得する選手たちも、競輪という同じものに関わって、同じ場所で、同じ時間を過ごしている人間として見ることができる。競輪場はそのような場所でもあった。ファンと同じ地平に立って話している後閑の言葉を、多くの競輪ファンは好感を持って受け止めるだろう。そして、彼の言葉が象徴するような競輪道に引かれ続けるのだ。自分たちにも理解可能な、労働者の物語として。

3　馬に賭ける夢、人間に賭ける現実

「もの言う」人間への賭け

本章では、賭けられて走る選手たちの考えが伝わってくる言葉を、雑誌などのメディアに掲載されたインタビューから紹介してきた。しかし、選手たちがファンの前に「もの言う」人間として立てるようになったのは、競輪がスポーツとして見られるようになって以降のことだった。そもそも、それ以前には選手の言葉が伝わってくるチャンネル自体が少なかった。スポーツ新聞などのメディ

アでは、競輪に関する情報はあくまでも予想のための材料としてだけ消費される。競輪を競技者の世界として取り上げた出版物も少なく、選手が競技観や仕事観などをファンに伝える機会は皆無だった。

阿佐田哲也の競輪関係本が刊行されたのは一九八〇年代後半だ。九〇年代になると、サブカルチャームックとして人気があった「別冊宝島」シリーズで競輪が取り上げられたり[26]、既述のように朝日新聞社が「アエラ」別冊として競輪特集号を出したりと、競輪に関する言説がにわかに多様化した。本章で紹介してきた競輪道に関する選手インタビューが掲載された月刊誌「けいりんマガジン」も、創刊は九五年である[27]。〝活字による競輪〟で語られた言葉は、競輪のケイリン化に必ずしも賛成するものばかりではなかったが、これらのメディアはオリンピック採用によって話題性ができたからこそ生まれたものだった。

競輪では、レースのたびに選手取材がなされ、そこで語られる言葉が予想の重要な情報になっていることは既述のとおりである。しかし、このような慣習が生まれたのもＫＰＫが始まった一九八〇年代半ばになってからのことだった。

元「デイリースポーツ」の井上和巳[28]は、一九六九年に競輪担当になって以来、四十年もの長きにわたって競輪記者として活躍してきた業界の生き字引的存在である。予想記事を書くだけでなく、選手個々人の記録や写真などの資料の整理・保管にも尽力してきた。彼が仕事を始めた当時「ボートは一年、競輪は十年」といわれていたという。競輪の予想には、選手間の人間関係を把握することが必須であり、そのために数多くのレースを観戦しなければいけない。スポーツ新聞の売り物になるような、まともな予想を組み立てられるようになるためには、競艇の十倍の時間がかかるという意味だ。井上は、競輪を受け持って以来、数多くのレースを観戦し、レース記録を丁寧に集めて、自分用のデータベースを作成していったという。それをもとに、このメンバー構成ならこの選手の後ろにこの選手がつき、ここは競りになるだろう、というようなライン予想を組み立てた。競輪学校の取材も毎年続け、卒業レースの写真などを記録して、選手本人に渡すなどのコミュニケーションを重ねてきた。選手の個性や、人間関係を理解するための努力だった。

しかし、今日の競輪取材では、このような準備期間は大幅に短縮されている。選手の率直なコメントを通して、初心者でもすぐにライン構成を知ることができるからだ。過去のレース記録は映像も含めてネットで簡単にアクセスできるようになっている。もちろん、どのような業界でも経験がものを言うのは間違いないだろうし、素人《しろうと》でも簡単に予想できるように見えるからこそ、プロとして求められるハードルが上がっているという面もある。ただ、少なくとも競艇との比較で、より難しいということはなくなっているのではないか。

ルール上はあくまでも個人戦である競輪で、各選手がどのような集団での作戦行動に出るか。暗黙のルールが強くはたらく領域に関する情報は、一九七〇年代まではタブーの領域にあるものだった。選手間の人間関係がレースに反映されるのが競輪であり、事前に最低限の話し合いがあるだろうということも、競輪ファンには当然の常識だったが、第2章で見たように、競輪に反対するメディアが「談合」の証拠として批判材料にする可能性もあり、選手の合理的な作戦に関しても外部の者に対する「サイン」と見なされないよう、公言は禁じられていた。「正々堂々とがんばります」。

選手たちは、あたりさわりがないこととしか言えない、「もの言わぬギャンブルの駒」、サイコロとしての役割を徹底させられていたのだ。

しかし一九八〇年代になり、中野浩一の登場、KPKの導入、競輪のスポーツ化の流れのなか、徐々にそれが変わってきた。中野らの九州ラインに対する南関東のフラワーラインなど、地域対抗戦のような様相を呈するレースも増え、レース前の選手間の話し合いはない、というタテマエに無理が出てきたという事情もある。暴動事件の発生は過去のものとなり、人々の誤解を気にする必要性も減った。合理的な作戦行動であるならば、正確に伝達したほうが誤解を与えないだろう。そのような判断の下、ファンサービスとしてコメント提供が始まったのだ。井上によれば、コメントの解禁に関しては当初は賛否両論があったという。選手のなかにも、選手同士の暗黙の了解に関することであり外部に漏らすべきではない、と考える者も少なくなかったらしい。それでも、一度開いた扉は閉じられることはなかった。今日では、公式のネット中継でも、コメントによるライン構成予想が当然のように提供されるようになっている。

「競馬は文化である」

前章で見たように、KPKは競輪の人気回復を目指して導入されたが、効果は限定的だった。競輪がスポーツとして見られる機会も増え、選手への人々のまなざしも変化したが、「もの言わぬ」競走馬たちのような人気を集めることはできてこなかった。地方競馬から中央競馬に進出し大活躍したハイセイコー（現役期間：一九七二―七四年）や、オグリキャップ（現役期間：一九八七―九〇年）のように、社会現象となったスターホースの登場もあり、一九七〇年代以降の中央競馬は、女性を含めた新規ファンを増やしていった。〝活字による競馬〟の隆盛も、競輪の比ではなかった。予想情報に関するものを除いても、これまでに数えきれないほどの関連本が出版されてきている。

戦後の昭和二十五年ころから簇生した同種競技といわれる競輪、オートレース、競艇は、単にその車券なり艇券なりに競馬のシステムをとりいれたに過ぎない。競馬のもつ本質とは雲泥の差があるといっても過言ではない。

競馬がこれらの競技と本質的に異なるゆえんのものは、人類が創造した最も美しい芸術品といわれるサラブレッド、競走馬をつかって、スピードとスケールの卓越性を展開するところにあり、人馬一体の躍動美が演出されるところに特質性がある。そして大衆はなにがしかの馬券を求めることによって、その競演に参加していることを意識するのである。スポーツ性と娯楽性のミックスされた競馬は、いわば一服の清涼剤として大衆に心の憩いと夢をもたらすのであって、他の競技に見られない競馬本来の特質性があるといえる。[29]

一九六五年に刊行された『日本中央競馬会十年史』の一節である。競輪運営団体が『年史』を作成してきたように、ＪＲＡも歴史書を編纂してきた。「明治以来の伝統」という高みから、他の競技を見下すような書き方で。ここでは、馬券を買うことは競技に参加することだというロジックが使われ、競馬の大衆娯楽としての意味が語られている。

この頃から、ＪＲＡが発行する月刊誌「優駿」には、寺山修司、虫明亜呂無、石川喬司などの作家の手による文章が掲載されるようになった。「文化としての競馬」が積極的にアピールされるようになったのである。スポーツ新聞の競馬面拡大とあいまって、競馬言説は量的にも拡大し、内容も多様なものになっていく。山口瞳や古山高麗雄、大橋巨泉など、競馬を語る作家やタレント、有名人は、その後も次々に生まれてきた。彼ら競馬文化人の言説は、売り上げ金の公的活用以外の積極的な存在理由を持つ競技＝競馬をＰＲしていくＪＲＡの戦略とリンクしたものだった。

中央競馬は、「伝統」ある「文化」としての幅広い楽しみ方を提供していった。そして、一九八〇年代になると、競馬場の雰囲気は明らかに変化した。ビッグレースには、ファンファーレに合わせて手拍子が起こるようになり、賭けの勝ち負けにかかわらず、イベントへの参加自体を楽しむという遊び方も定着した。八八年に公開され大ヒットした映画『優駿 ORACIÓN』(30)で描かれたような、馬産地北海道の雄大な自然のイメージも、広報戦略では大いに活用された。郊外の広々とした競馬場で繰り広げられる「人類が創造した最も美しい芸術品といわれるサラブレッド」たちの戦いは、確かに大衆的な人気を集めることに成功したのだった。

競輪の「＋α」

片や競輪はどうか。阿佐田哲也や寺内大吉、伊集院静、佐藤正午など、競輪好きとして知られ競輪ファンにも愛される「競輪文化人」もこれまでいなくはなかったが、彼らの競輪の語り方は、総じて競輪場を「鉄火場」として描く無頼派的なスタイルで、競輪のファン層を広げるような役割は果たしてこなかった。

他に競輪文化を考えるうえで外せない物語として、田中誠のマンガ作品『ギャンブルレーサー』がある。競輪がスポーツとして語られ始めた一九八八年に連載が開始され、十八年の長きにわたり描き続けられた(31)。関優勝という競輪選手を主人公にして、競輪の世界を描いたギャグマンガだ。関は、競走はまずまず強いのだが、どうしようもなく性格が悪くていつも金のことばかり考えているクズ人間として描かれている。競輪場に集まってくる客たちも、誰も彼も頭にあるのは目先の金のことで、選手の情報にはやたらと詳しいが、金網越しに選手をヤジり倒し、つばを吐きながら「オケラ街道」を帰っていく下品な連中ばかりだ。デフォルメされた個性的な絵柄のマンガで、競輪界の描き方も極端に露悪的だが、実在の競輪選手も数多く登場し、競輪ファンが読むと絶妙なリアリティーを感じる描写にあふれている。シニカルな視点から競輪を偏愛しながら、競輪場の健全化、競輪のスポーツ化の風潮には抵抗を感じる。そんな作者の視点は、現実の競輪ファンの多くのそれと重なるものだ。

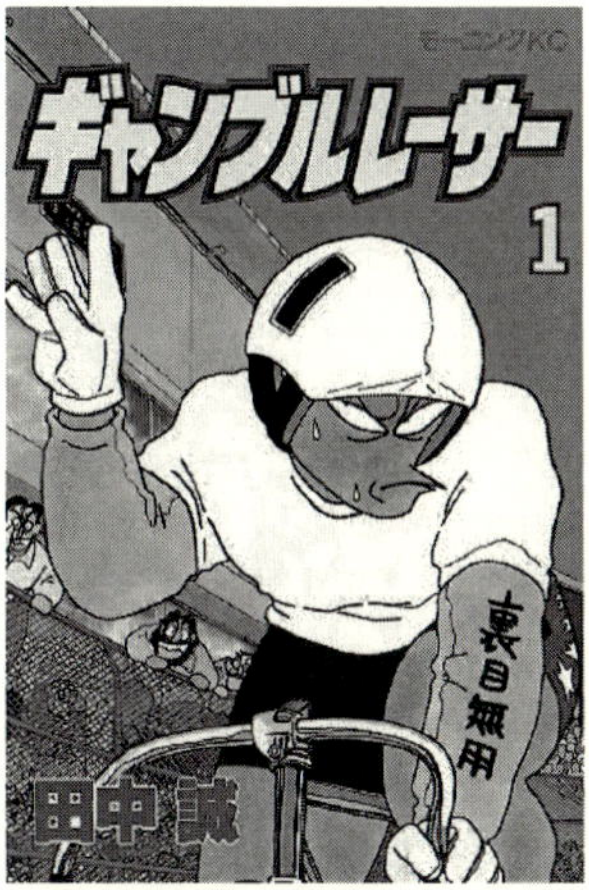

図14　田中誠『ギャンブルレーサー』第1巻、講談社、1989年

このように、これまでの競輪を描いた物語は、競輪のファン層を広げるというより、むしろ読者を限定する性質のものが大半だった。現実の競走に目を向けても、競輪ファンを引き付けるスター選手は数多く誕生してきたが、ハイセイコーやオ

グリキャップのような、競輪ファンの枠を超えた大衆的な人気を集めるアイドルレーサーは、残念ながら生まれてこなかった。現役期間が短く、その成長物語に自分を重ね合わせやすく、個々人の「夢」を乗せて黙って走ってくれる馬たちに比べて、長期にわたり「仕事」として何レースも繰り返し走り続ける競輪選手は、大衆的な幻想を抱くには生々しすぎる存在だったのだろう。仰ぎ見る対象ではなく、自分たちと同じ「肉体労働者」として、あくまでも対等な人間として捉えながら、人間関係の物語である「競輪道」に引かれ続ける、そんな指向の人間だけが選手たちに何かを託せてきたのだ。

競走に金を賭けて、楽しむ。それだけではない「＋α」の魅力が新規ファン獲得のためには必要だ。本書で見てきたように、運営者側が描いてきた「＋α」戦略はスポーツ化のための方策だった。確かに、オリンピックという夢は万人受けがする『物語』であり、公営ギャンブルのなかで唯一競輪だけが使えるカードだった。オリンピックで日本の競輪選手が活躍し、金メダルを獲り、注目を集め、新しいファンを競輪場に呼び込む――。

しかし、このシナリオはあまり現実的なものではない。第一に、競輪選手がオリンピックのケイリンで金メダルを獲得するのは、現状ではかなり難しい。競輪とケイリンに競技としての差異がある以上、選手たちは仕事としての競輪を続けながら、自転車競技のための準備を別におこなうという二足のわらじを強いられてしまう。海外のトップ選手が競技だけに専念できているのに比べて、プロである競輪選手のほうが仕事時間の合間に練習をするという、かつてのアマチュア選手的な準備をせざるをえない状況になっていて、世界のトップクラスとの差は広がっているのだ。

また、オリンピックで実際に活躍できたとしても、それを競輪人気につなげるのは簡単ではない。これまでにも、一九九六年のアトランタ五輪に初めて競輪選手として参加した十文字貴信選手が銅メダルを獲得して以来、金メダルこそないものの、何人かの選手がメダルを獲得してきたが[32]、一時的な宣伝効果しか生まれなかった。それを踏まえると、たとえオリンピックのケイリンで金メダルを獲得できたとしても、それを競輪ファン増に継続的につなげることは難しいだろう。

この点についていては、他のスポーツでも同様だ。すでに広く人気を集めている野球やサッカーを除いて、世界大会での人気を国内の観客増につなげるのには、どの競技も苦戦している。オリンピックや世界大会は「私たちの代表」の戦いとイメージされる。いわば、ナショナリズムを喚起して連帯感を作り出し、応援の快楽を増幅させる装置でもある。プロ野球やサッカーも、地域主義を背景に、「私たちの代表」意識を作り出しているからこその広い人気だ。

競輪は違う。「私たちの代表」へ注目が集まっているとき、そこに「穴」はないかと考える、そういうファンの集まりだ。地元選手が有利だとして、さてどういう展開なら他の目が出るか。客同士は、応援する仲間ではなく、あくまでも賭け金の取り合いをしているライバル同士なのだ。観客席には、常にうっすらとした競争意識が広がっていて、その厳しさが競輪場全体を覆っている。

もちろん、同じ構図であるはずの中央競馬は、観客席の様子を大きく変えることに成功した。競輪場にしても、殺伐とした雰囲気は年を追うごとに弱まってはいる。しかし、オリンピックを見て競輪に注目するようになった新規ファンが足しげく通ってきたくなるような空間かというと、疑問符がつく。

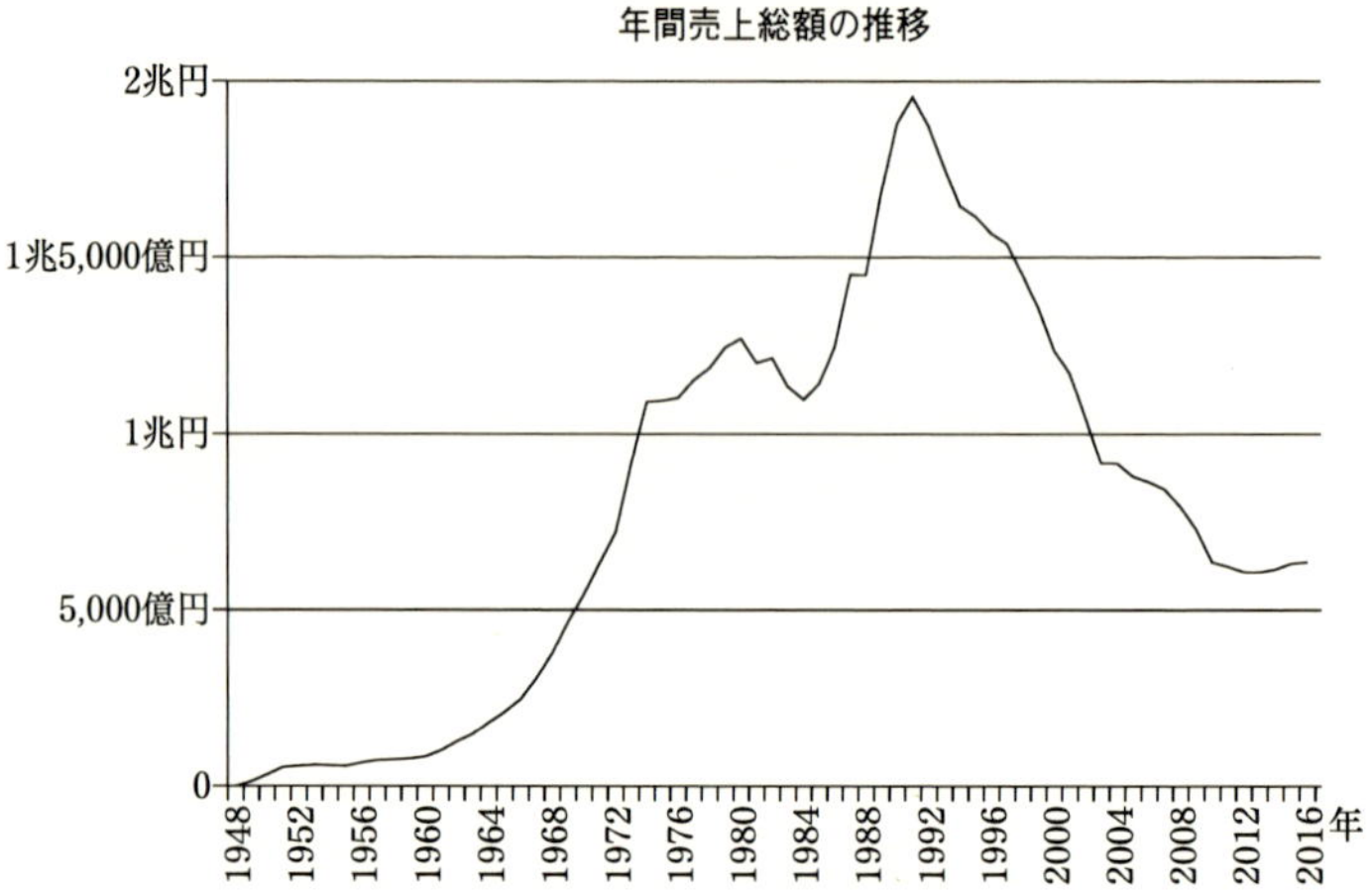

図15　競輪開始の1948年度から2016年度までの年間総売り上げ、総入場者数の推移。データは JKA 提供。

それでも、やはり「スポーツ化」は競輪にとっての数少ない希望の道だ。「する」スポーツとしてのアマチュア競技の基盤があることも、他の公営競技にはない競輪だけが持つ可能性である。野球やサッカーの人気は、競技スポーツとしての広がりがあってこそのものだ。国内にこれほどの数の自転車競技場を持つ国は他にはない。従来はあくまでもギャンブル場であり、ほとんど競輪選手たちが練習で使うだけでアマチュア競技者には利用しにくい施設だったが、近年、門戸開放の動きも徐々に進んでいる。

「競輪がスポーツだって？　何を言っているのだ。競輪はギャンブルに決まっているだろう」。このような「声」は、競輪を知らない一般の人たちのものというよりは、むしろ、既存の競輪ファンや、選手を含めた関係者たちのものだったりするのかもしれない。

競輪のギャンブルとしての魅力と、ギャンブルの枠に収まりきらないスポーツとしての魅力を、どうやって結び付けて新しいファンを呼び込むか。競輪選手のアスリートとしての魅力を、そしてまた、アスリートという枠には収まりきらない魅力を、どのようにして大衆に伝えるか。従来からのファンのニーズにも応えながら、これまでになかった観点から競輪を楽しめる新しいファンを作っていくという難題に、競輪はいま直面している。

注

(1) たとえば、一九九二年に始まったジャパンカップサイクルロードレース（毎年十月に宇都宮市で開催）、九六年に始まったツアー・オブ・ジャパン（毎年五月に数カ所で開催）など。
（2）前掲『競輪十年史』三三二ページ
（3）前掲『競輪十年史』三三三ページ
（4）この問題をめぐって、社会学者の新明正道は新聞各紙の論点を整理したうえで「競輪はトバクでありその寄付で選手を派遣することは筋違いだ」と体育協会の決定を批判している（「時論要解」「時事通信・時事解説版」一九五四年十一月三十日号、時事通信社）。
（5）長らく日本体育協会内の一委員会だったが、一九八九年に独立し、二〇一一年から公益財団法人となっている。
（6）深田祐介「銀輪きらめく日々——長義和の栄光と挫折」『さらば麗しきウィンブルドン』（中公文庫）、中央公論社、一九九七年（初出：「別冊文藝春秋」第百六十七号、文藝春秋、一九八四年）
（7）二〇一五年八月六日、和歌山県田辺市の長義和氏自宅で。
（8）長澤はその後帰国し、メカニシャンとして日本の自転車競技を支えていく。ちなみに、中野浩一の自転車も長澤が製作したものだった。中野は、「彼に巡り合えなかったら、十連覇もできなかった」（「日本チャリダー列伝——世界で一台だけの自転車」『チャリダー☆』NHK－BS1、二〇一三年九月二十三日放送）と語っている。
（9）ここでの記述は、あくまでもインタビュー時に長義和氏が語った内容にもとづいたものである。同じ出来事を経験しても立場や考え方によって、それをどう意味づけるかは当然異なるだろう。前節は語られている内容が客観的に事実かどうかはとりあえずカッコに入れたうえで「誰がどう語ったのか」を「事実」として記述したものであり、それは、以下に引用する競輪選手の雑誌インタビューも同様である。

（10）「けいりんマガジン――競輪情報誌」一九九七年一月号、白夜書房、四五ページ
（11）既述のとおり、圧倒的に強い中野浩一率いる九州地区の選手たちに対抗すべく、練習仲間を中心に強力なラインを組んで戦ったことが始まりとされている。第4章注（4）も参照。
（12）「けいりんマガジン――競輪情報誌」一九九六年六月号、白夜書房、八ページ
（13）ファンからの信頼の厚さとは、必ずしも勝率の高さに比例するものではない。たとえ敗れても、期待に応えるよう最善を尽くしてくれたとファンに理解されるような戦い方を積み重ねることで得られるものだ。
（14）「けいりんマガジン――競輪情報誌」一九九五年十一月号、白夜書房、五三ページ
（15）同誌五三ページ
（16）前掲「けいりんマガジン」一九九七年一月号、四四ページ
（17）「けいりんマガジン――競輪情報誌」一九九六年一月号、白夜書房、六ページ
（18）前掲『阿佐田哲也の競輪教科書』二四ページ
（19）同書二四ページ
（20）番組編成を含めて競輪開催の事務を担当しているのはＪＫＡ競輪業務部（二〇一四年に統合されるまでは日本自転車競技会）である。競輪開催は、三日制・四日制のトーナメント形式が一般的だ。着順によって次の日に走るレースの格が決まるのだが、たとえば準決勝レースを三つ組む（各三着まで合計九人が最終日の決勝戦に進出する）場合、その時点で勝ち残っている二十七人をどの組み合わせで三レースに分けるかは、番組編成担当の裁量に任されている。
（21）「Winning Run 二百号記念特別対談　吉岡稔真×後閑信一　第二回」「Winning Run」二〇一五年十二月号、サイクルテレホン事務センター、三ページ

(22) 同記事
(23) 前掲「けいりんマガジン」一九九六年一月号、六ページ
(24) 前掲「Winning Run」二〇一五年十二月号、四ページ
(25) 二〇一四年から始まった新企画。ケイリンのPRを目的に、国際競技大会に準じた規則で実施されている。参加するのはS級選手で、国際競技では標準となっているカーボンフレームの自転車を使用する。現在のところ、記念競輪などに組み込まれた単発のレースとして実施されることが多い。
(26)『競輪マクリ読本――ギャンブルの王様・競輪なんてカンタンだ!』(別冊宝島)、宝島社、一九九六年、『競輪打鐘読本――バンクの〝鬼〟たちが叫びまくる!』(別冊宝島)、宝島社、一九九七年
(27)「けいりんマガジン」は一九九五年十二月に創刊され、二〇一三年三月号で休刊した。同時期に「月刊競輪バンク」(勁文社、一九九五年十二月)も創刊されたが、こちらは一年以内に休刊となった。他に、紙媒体の専門誌として日本自転車振興会が発行する「月刊競輪」があった。書店では購入できず、定期購読者への郵送販売形式だった。一九七六年に月刊誌となり、二〇一二年十月号で休刊して、以降は競輪公式ウェブサイトに集約される形になった。
(28) 一九三五年生まれ。速記者としてデイリースポーツに入社後、競輪担当となる。競輪予想の記事だけでなく、競輪に関する数多くのエッセーや関係団体社史(前掲『近自競四十五年史』)なども執筆してきた。
(29) 日本中央競馬会十年史編纂委員会編『日本中央競馬会十年史――昭和二十九年九月―昭和三十九年』日本中央競馬会、一九六五年、七ページ
(30) 宮本輝の小説『優駿』(新潮社、一九八六年)を原作とした映画作品。監督は杉田成道。フジテレビ開局三十周年記念作品として制作され、大々的に宣伝されてヒットした。

(31) 週刊誌「モーニング」(講談社)で一九八八年に隔週連載が始まり、のちに隔週誌「イブニング」(講談社)に掲載誌が変更され、タイトルを『二輪乃書 ギャンブルレーサー』とマイナーチェンジした。単行本は合わせて四十六巻。

(32) 競輪選手によるオリンピックメダル獲得記録は以下のとおり。十文字貴信(一九九六年のアトランタ大会一キロタイムトライアル、銅メダル)、伏見俊昭・井上昌己・長塚智広(二〇〇四年のアテネ大会チームスプリント、銀メダル)、永井清史(二〇〇八年の北京大会ケイリン、銅メダル)。

終章　競輪の「未来」
――日韓対抗戦と女子競輪の復活

1　日韓対抗戦競輪が持つ歴史的意味

日韓対抗戦競輪の始まり

終章では、二〇一〇年代に始まった日韓対抗戦競輪とガールズケイリンを取り上げる。どちらの企画も、競輪の国際化を背景に、新規ファン開拓を目指して導入されたものだが、競輪の歩みを振り返って捉え直してみれば、運営者側が考えている以上に歴史的な意味を持つ試みであることがわかるだろう。

日韓対抗戦は、車券発売を伴った開催として、二〇一二年から年に一回のペースで実施されている。(1) 韓国で競輪が始まったのは一九九四年である。韓国の政府機関である文化体育観光部（日本の文化庁に近い省庁）が管轄するソウルオリンピック記念国民体育振興財団が管理・運営している。一九八八年のソウルオリンピック後の競技施設活用策として誕生した。現在、ソウル、チャンウォン、プサンの三カ所の競輪場でレースがおこなわれていて、法律制定から運営方法まで、日本のやり方をモデルにしている。(2)

日本競輪史の最初期に目指した競輪システムの海外への輸出がようやく実現した形だが、競技形態には日韓で若干の違いがある。韓国では、横の動きが制限されたケイリンに近いルールを採用しているのだ。そのため、日本のような人間関係にもとづいたライン戦はおこなわれていない。ファン獲得の障害になりかねない曖昧な要素をあらかじめ排除したわけで、日本を反面教師としたといえるだろう。

車券発売を伴う国際戦というだけなら、すでに一九八二年から実施されている。中野浩一が世界選手権で活躍し、ケイリンが誕生したことをきっかけに、トップクラスの外国人選手を招待した「国際競輪」が始まったのだ。(3)二〇〇九年以降は短期登録選手制度が導入され、一般のレースでも外国人選手の参戦機会は大幅に増加している。(4)ただし、これまでの参戦者はあくまでも自転車競技の選手たちだった。日韓戦は、海外の「競輪選手団」との初めての対抗戦なのだ。

近くて遠い関係性のなかで

競輪に限らず、日本で国際化・世界化がいわれるとき、暗黙のうちに想定されている「外国」は常に欧米諸国だった。遅れたアジアを脱して、先進的な欧米諸国の仲間入りを目指す「脱亜入欧」

のスローガンは、近代日本の基本姿勢を表すものだった。スポーツや映画、音楽など文化領域でも、上流は常に欧米だと考えられてきた。日仏交歓競技について見てきたように、日本の自転車競技界にとっては特に、フランスを中心としたヨーロッパがあこがれの「本場」だった。アジアの国々のことは、いわば眼中になかったのだ。

一九八〇年代以降、韓国をはじめ台湾やシンガポールなどの新興工業国が目覚ましい発展を遂げ、従来の認識の枠組みの変更が迫られるようになってきた。九〇年代には中国や台湾の映画の評価が高まるなど、文化の〝逆流〟の動きも生まれてきた。なかでも、二〇〇四年にNHK－BSで放送されたドラマ『冬のソナタ』で火がついた韓流ブームは大きな社会現象となった。スポーツの世界では〇二年、サッカーのワールドカップが日韓共催でおこなわれた。近くて遠い国といわれた韓国も、日本にとってさまざまな意味で無視できない存在になってきたといえる。競輪の日韓対抗戦も、このような日韓交流の機運が高まって実現したものだ。

日韓の文化的交流の促進は、反作用も生み出している。従来、自分たちより「下」と見なしていた存在が急速に力をつけ、将来は立場が逆転するかもしれない。そんな不安に駆られたのだろう、極端な例としては街頭で「嫌韓」を叫ぶ排外主義者の運動まで現れるまでになった。

やはり、日本がかつて植民地支配した国との関係は、日本と欧米のそれとは違った複雑な要素を持つ。しかし、その複雑さも「見る」スポーツの興行という観点からは、必ずしもマイナスになるだけとはかぎらない。日韓の文化交流の促進、それが刺激する敵対心、ナショナリズムの高まり。これらは、スポーツの国際大会を盛り上げる要因にもなりえるものだ。

日韓対抗戦の可能性について、私が初めて耳にしたのは二〇〇九年だった。この年の全日本プロ選手権自転車競技大会は、翌年の廃止が決まっていた神奈川県の花月園競輪場でおこなわれたが、ここでエキシビションとして女子レースと日韓親善レースが実施された。私は女子戦復活の動きを取材するために現地へ足を運んでいたのだが、関係者から日韓対抗戦も実現の動きがあると聞き、来場していた経済産業省競輪担当責任者（製造産業局車両課長）にその実現可能性について訊ねた。他のスポーツでも必ず盛り上がる日韓戦を競輪でやらない手はないだろう、という積極的な意見だった。「たとえば、川崎競輪場の近くは在日コリアンの人たちもたくさん住んでいる。日韓戦をやればその人たちも応援にきて車券を買ってくれるだろう」という期待も彼は語っていた。両国の狭間に立たされている在日の人たちが、国家対抗戦で自然に韓国を応援するだろう、という考えはステレオタイプな見方にすぎるのではないかという疑問も抱いたが、観客が固定化した競輪場に新しいファンを呼び込む可能性はあるだろうとも感じた。

開催を通して見えた課題

実際の日韓対抗戦はどのようなものになったか。本書執筆時点で、ようやく五回目(5)が終了した段階であり、総合的な評価を下すのは時期尚早だ。まだ試行段階の企画として、現在までのところで目についたいくつかの点を指摘するにとどめておきたい。

双方のルールの違いは、やはり障害になっている。日本での開催は日本ルールで、韓国での開催は韓国ルールでという取り決めだが、短期間で互いのルールの違いに適応するのは合わせる側にとってハンデになる。気になったのは、日本開催時の韓国選手の戦い方だった。身体をぶつけて位置の取り合いをするという韓国で禁じられている行為を不慣れなまま実戦でやってしまい、落車につながる例が目立ったのだ。二〇一五年、東京の京王閣競輪場でおこなわれた第三回大会は、最終日までに何人もの韓国側選手が落車欠場する壮絶なシリーズになった。日本側の選手にとっても慣れない選手相手の戦いは危険で、実力を発揮するのが難しいように見えた。

初回の対抗戦がおこなわれる前、韓国の「毎日経済新聞」のウェブサイトに、「韓―日競輪対抗戦、観戦ポイントは？」というタイトルのネット記事が出ていた。韓国の競輪予想紙「競輪博士」の担当者が見どころを語るという内容で、韓国側選手が注意すべきこととして次のような説明があった。

合法的な談合と激しいもみ合いに備えなさい

韓国では相手の勝利を助ける助力行為を禁止している。談合疑惑があれば、重い懲戒だ。相手選手の進路を故意にふさぐ行為も禁止している。しかし、日本は助力行為、談合、激しいもみ合い、意図的な相手牽制などをすべて許容している。今回の大会は日本の規則が適用されるので、韓国に不利な状況だ。したがって、激しい身体のもみ合いに立ち向かう闘志が必要であり、個人の優勝欲は捨てて徹底した役割分担が優先されなければならない。(6)

まるで日本はルール無用であるかのような書き方だが、ケイリンルールに近い韓国からすれば、そう見えても仕方がないだろう。日本で「談合」が許されているのかどうか。それも見てきたとおり、かつては大問題になったことだが「ラインで決まってうれしいです」が通るようになっている以上、いまでは許容されていると考えるべきだろう。

日韓対抗戦は、競輪の曖昧な領域が抱える矛盾を浮き彫りにしたように見える。そもそも、競輪は個人戦なのか団体戦なのか。公式の答えは、当然、個人戦だということになる。これまで見てきたように、人間関係にもとづく捨て身の作戦行動も、各選手個人の長期的な合理的選択とファンは理解して（あるいは理解したつもりになって）車券を買っている。しかし、「外」の世界との、しかも単発の試合としての性格を帯びるレースになると事情が変わってくる。個人戦であるにもかかわらず国別対抗戦としておこなっていることに、そもそも無理があるのだ。これまでのところ、韓国ルールで実施された回も含め、すべて国別のラインが組まれたレースになった。「対抗戦の構図を守れ」という暗黙の期待に選手も応えた形だが、（名誉や賞金をめぐる）個人単位の争いという観点からは、どれだけ合理的選択の結果だと説明できるかというと疑問符がつく。日本で開催された大会では選手の作戦コメントがあるのだが、賭ける側からするとこれをどう解釈すればいいか迷ったと思う。おそらく、選手たちも同様だっただろう。

肝心の売り上げは、グレードレースではない普通開催と同程度。観客数も同様だ。グレードレースは、ネット投票や場外発売を集中させるため、開催が重複しないようにスケジュールが組まれるが、毎回、日韓での日程調整に時間がかかるためか、そうなっていない。(7) 車券を発売するとはいえ、グランプリを頂点とした国内レース体系のなかでは、日韓対抗戦はいまだにエキシビション的色彩が強いままなのだ。そのため、PR活動も開催する競輪場の施行者が独自におこなうだけで、全国的なものは実施されていない。韓国での開催回となると日本からは車券も買えないため、公式ウェブサイトに簡単な事後レポート記事やレース映像が掲載される程度であり、競輪ファンでも実施されたことさえ知らない人が大半だろう。競輪の国際化をアピールし、新規ファンを開拓する効果はいまのところほぼゼロだ。

このようにいろいろな課題を抱えた大会だが、私は非常に面白く観戦した。やはり国際大会らしく、普段のレースとは違う緊張感を持って選手たちが走っていることも感じられた。与えられた不慣れな条件のなか、どのような戦い方を選ぶのか、レース内容から選手それぞれの競輪観が想像できたことも興味深かった。

序章や第3章で述べたとおり、競輪場は、都市的な公共空間で守るべきとされているマナーから自由な、感情むき出しの観客も少なくない場所である。『ギャンブルレーサー』で描かれているように、一部のファンが耳を覆いたくなるようなヤジを飛ばすことも多く、日韓関係の悪化がニュースになるなか、韓国の選手たちに対して差別的な声を上げる客がいるのではという心配もあった。だが、それは杞憂だった。多くの競輪場で、スタート地点付近は客と選手が距離的にいちばん近く、まるでヤジスポットのようになることも多いが、良くも悪くも普段の競輪開催とほとんど変わらなかった。そのなかで客の一人が「言葉が通じないからヤジっても仕方ない」という大きな独り言を漏らしていたのが面白かった。ヤジはやはり選手に聞かせようとして発しているのだ。似たような声を、国際競輪の観客席でも耳にしたことがある。

図16　2016年3月、韓国チャンウォン競輪場でおこなわれた第4回日韓対抗戦の様子（資料提供：チャンウォン競輪公団、キムギュテ氏撮影）

オッズの人気も、日本選手に集中してはいなかった。韓国での実績などをまとめたパンフレットも無料で配布されていたし、何レースか重ねていくと韓国選手それぞれの個性も見えてくる。日本での開催は、ルールに慣れた日本選手のほうが圧倒的に有利だが、展開を考えるとチャンスがありそうな韓国の選手も浮かび上がってきて、車券も一定程度売れていた。競輪の「人気」は、やはりそういうものだ。「私たちの代表」が負けても、当たった人はいるし、当たれば喜ぶ。二〇一五年、京王閣でおこなわれた第三戦で、優勝したのは韓国のキムミンチョル選手だった。韓国側には負傷した選手が多く、決勝戦は日本選手が有利な状態だった。しかし、韓国でおこなわれた第二戦の覇者でもあるキム選手は、今開催もさすがの勝負強さを見せる戦い方をしていて、単穴（三番手）程度の人気は得ていた。京王閣は、勝利選手が観客席まで出てきてインタビューを受けるようになっているが、その場は健闘をたたえるムードに包まれていた。ギャンブルの「勝負」に勝った人も少なくなかっただろう。これは、韓国での開催でも同じだ。実力があるという触れ込みできた日本選手の車券は売れるし、そんな選手が期待外れの競走をしたときのほうが、場は荒れるにちがいない。

「私たちの代表」を「私たち」が応援し、「彼らの代表」は「彼ら」が応援する。そんな「自然」なナショナリズムを刺激すれば、「見る」スポーツとして盛り上がるだろう。そういうもくろみは、いまのところ外れている。金を賭けるというリアリティー、あるいはギャンブルという「私の勝負」物語の前に、「私たち意識」などという幻想は、意味を失ってしまうのではないか。しかし、私はそこに他のスポーツとは違う、ギャンブルスポーツならではの面白さがあるように感じたのだ。

国籍規定削除が意味するもの

日韓対抗戦という未来志向の新企画について考えるうえで、振り返っておくべき競輪の歴史がある。それは、競輪では長い間、外国人を排除してきたということだ。

競輪の歴史について調べ始めた頃、昔を知る関係者から聞き取りをして回ったが、「最初の頃の競輪は選手も柄が悪いのも多くてね」という話になることも多かった。選手管理が進むまで、不正に関わる選手が少なくなかったことは第2章で触れたとおりだ。そのような昔話の文脈で「日本人じゃない選手も交ざっていたし……」ということを語る人もいた。ここでの「日本人じゃない選手」とは、旧植民地出身者、主に朝鮮半島出身の人たちをさしたものだった。

第1章で見たように、戦前におこなわれた西日本サイクル選手権大会には、朝鮮・台湾の代表も参加していた。「大東亜共栄圏」を掲げ、これらの地域を植民地として支配していった大日本帝国は、植民地に住む人々を「帝国臣民」とし、日本語など日本文化を強要する同化政策をおこなっていた。朝鮮半島では開発の美名のもと実施された土地調査事業などの影響で、多くの貧しい人々が生活の基盤を失い、仕事を求めて「内地」である日本に渡航した。敗戦前の一九四四年には、その数は百九十万人にも達した。日本の敗戦、すなわち、朝鮮半島の解放によって、百三十万人を超える人々は帰っていったが、朝鮮半島では不安定な社会情勢が続き、すでに日本に生活の基盤を持つ人を中心に六十万人近い人々が日本にとどまった。五〇年には朝鮮戦争が勃発し、ますます帰国が難しくなる。一方、日本社会は朝鮮戦争を契機に好景気になり、高度経済成長期に突入していった。在日としてとどまった朝鮮半島出身者は、戦後の長い間、日本に居住する最も多い「外国人」だったが、差別を避けるために通名を使用するなど日本に同化して生活している人も多く、「見えない」存在でもあった。就職差別もあり、スポーツや芸能界など、いわゆる実力の世界で「日本人」として活躍した在日コリアンのスターたちが数多くいたことも今日ではよく知られているだろう。(8)

敗戦時、朝鮮半島出身者の国籍は「日本」だった。一九五二年、サンフランシスコ講和条約が発効し、このとき彼らの日本国籍は選択の自由なく剝奪された。以降、在日の人々は外国人として扱われ、外国人登録の手続きが求められることになり、国籍欄は「朝鮮」とされることになったのだ。日本と韓国が六五年に日韓基本条約を結び、国交が正常化すると多くの人が韓国籍になったが、祖国の統一を願う人々のなかには韓国籍取得に抵抗感を抱く人も多く、朝鮮籍にとどまる人も少なくなかった。[9] 九〇年代以降、韓国の民主化によって朝鮮籍から韓国籍に切り替える人が増え、二世・三世では日本国籍を取得する人も増えている。[10]

手短に在日コリアン形成史を振り返った。競輪が始まったのは敗戦三年後の一九四八年だった。急激な拡大に伴って、選手がかき集められた過程は第1章で見たとおりだ。肉体一つで高額の賞金が得られる実力の世界に挑戦してきたなかに、貧しい環境におかれていた在日コリアンの人々がいたのも当然だったろう。既述のように、競輪場で起こる問題の原因は、第一に選手の質にあると見なされ、かき集められた選手たちは厳しい管理の対象になっていった。競輪学校の前身にあたるサイクリストセンターが作られ、入所時に健康状態や入れ墨の有無などがチェックされて、「不適格者」として排除された。その過程で、非「日本人」も不適格とされていったのである。

源城恒人の『サインの報酬』にも、次のようなエピソードが紹介されている。

日本で生まれ育った在日韓国人の朴正男は、日本人の荻田介一から戸籍を十万円で譲り受け、本人の顔写真を貼って受験、上々の成績で選手登録を果たした。荻田は体格も競技能力も非常に優れており、二年も経たないうちに、最上級A級一班にランクされた。

名前の詐称が露見したのは、岡山東警察署から私宛ての電話によるものだった。「本日、荻田介一を詐欺容疑で逮捕した。取り調べの中で『お前は、あの強い競輪選手と同一人物か』と質したところ、被疑者は『彼には二年程前、競輪選手になるためにどうしても譲ってくれ、というので十万円で戸籍を売ってやった』と、自供している。裏を取るためにそちらでも調べて欲しい」

その時荻田は、さいたま競輪に出場中だった。さっそく、係員を現地に派遣して本人に問い質したところ、あっさりとその事実を認め「今日限りで選手を辞めます」となったのである。[11]

これは事実そのままではなく、源城が複数のエピソードを合わせて創作した記述だと思われるが、[12]国籍によってクビになった人がいた話は、初期競輪を知る元競輪専門紙記者からも聞いたことがあり、珍しい事例ではなかったようだ。能力がありながら国籍ゆえに正当な手続きでは選手になれず、日本人の名前を買ったこの「朴正男」はどんな思いで競走に参加していたのだろうか。偽装がばれたときに何を感じたのだろうか。

国籍条項がいつ公式規則になったのか。競輪学校が現在の伊豆半島に一九六八年に移転して以降、「1．日本国籍を持ち、日本国内に居住する男子であること　2．高校卒もしくは同程度の学力を持つ者　3．入学時、一七歳以上二四歳未満」を条件に選手が募集されることになったことは『競輪三十年史』の記述から明らかになったが、[13]前身のサイクリストセンター時代については資料がなく不明である。そもそも、センターが生まれたのは五二年のサンフランシスコ講和条約前であり、その頃はまだ旧植民地出身者も日本国籍を保持していた。

競輪学校開校以前に登録した選手は男女合わせて六千二百八十九人にのぼる。そのなかに、どれくらい「朴正男」のような選手がいたのだろうか。彼らは、その後どのような運命をたどったのだろうか。早い時期に帰化して活躍し続けた選手もいたかもしれないし、登録資格厳格化の過程で、ひっそりと排除されていった選手も多かったのではないか。戦前の自転車競技大会に参加していた植民地の選手たちの戦中・戦後の歩みとともに大変気になることだが、いまのところ手がかりがなく確かめようがない。

韓国で競輪が始まる三十年前の一九六一年に韓国競輪協会の選手団が来日した、という記録がある。この頃、韓国内に競輪実現の動きがあり、選手を集める段階にまでなっていたようだ。韓国選手団は日本の競輪場を視察して、日本選手権を観戦している。韓国の団体は競輪実現のためのデモンストレーションとして日韓交歓競技大会を企画し、要請に応じて日本から十二人の選手が韓国に派遣されてもいる。敗戦から十五年しかたっていないこの時期、韓国側の自転車関係者には、戦前の大会に出走していたような選手や、日本の競輪選手だった人もいたかもしれない。だが、このときの日韓交歓競技については七〇年刊行の『競輪総覧』[14]に書いてあるだけで、『年史』では触れれておらず詳細は不明だ。日仏交歓競技については先駆的国際化事例として『競輪六十年史』に至るまで継続して記述されているのだが。

欧米に目を向けていたため見えていなかった、もしくは見ないようにしてきた、日本と韓国、日本と旧植民地地域との競輪・自転車競技の歴史の掘り起こし作業は、今後の宿題としたい。戦後日本の在日外国人政策史、広い意味での戦後責任問題の一環として捉え直すべき重要な課題だろう。

ケイリンがオリンピック種目になり、一九八二年からは外国人選手を招待した国際競輪が始まった。当時はまだ正規選手の国籍規定は残されたままだったが、九六年にはそれも撤廃された。競輪学校の敷地内には二〇一一年、国際競技規格に従った木製の室内競技バンクである伊豆ベロドローム⑮が完成した。以来、世界中のトップ選手を招いての国際大会もそこでおこなわれていて、日本の自転車競技のメッカになりつつある。最初期からの念願だった競輪／ケイリンの国際化は着々と進んでいる。だからこそ、公営ギャンブルとして競輪が確立していくときに、ひっそりと排除された「外国人」たちがいたことはあらためて確認しておきたい。日韓対抗戦競輪の実現は、真の国際化へ向けた大きな一歩だと私は思う。

2　旧女子競輪の歴史

呼び戻された女性たち

日韓対抗戦競輪の第一回がおこなわれた二〇一二年、新生女子競輪の一期生三十三人がデビューした。以降、毎年二十人程度ずつ女子新人選手が誕生している。愛称はガールズケイリンとされ、メディアで取り上げられる機会も多く、競輪ファン以外にも徐々に認知されるようになっている。

女子競輪はまったくの新企画ではなく、一九六四年に廃止されたものを約半世紀ぶりに復活させたものだ。国家レベルでの競輪廃止論に一応の終止符を打つことになった長沼答申が出たのは六一年だった。高度経済成長期、競輪がギャンブルシステムとして安定を迎えた頃に、外国人と同じく、女性もそこに不要なものとして排除されたのだった。そして、人気回復のために、外国人と同じく再び呼び戻されたのだ。

まず、旧女子競輪がどのような形でおこなわれていたのかを簡単に振り返っておこう。一九四八年に小倉でおこなわれた第一回大会では、女子レースはエキシビションの形で実施された。倉茂貞助は、次のように話している。

なんとか新機軸をひらかなければならん、そうでなければ競馬に対抗することはできないだろうということです。それでありますから、法律を作ります時、選手は女も走らせるということを決めなければならんと思い、その当時、一條さんあたりは「女なんてとても駄目だ」といつておられたのですが、やはり、女を走らさなければ、自転車競走に新鮮味を持たせることができないとしきりにいつたのであります。そこで女の選手五、六人集めましたのは、非常に政策的意義があつたのであります。私はまた、女の競走にもほんとは車券をかけてやりたかつたのですが、一條さんに強硬に反対されて、実は車券をかけずにやつたのです。[16]

第2章で見たように、他の資料では応募してきたのは二人、それに職員の女性二人を合わせて四人で走ったとあり、数字上のズレはあるがここではおく。とにかく、無理やりにでも女子レースを入れたのにはそんな理由があったというのだ。「一條さん」とは、競輪創設メンバーの一人である一条信幸のこと。かつての自転車販売大手・日米商店の出身で、戦前から自転車競技大会の運営に関わっていた人物だ。競輪開始後は、競輪学校の前身であるサイクリストセンターの初代所長に就任している。戦前の自転車競技界を知る彼にとって、自転車というスポーツは男にしかできない、というのが常識だったのだろう。

戦前の日本でも大正時代頃になると、女性も「する」スポーツに参加するようになっていた。一九二八年のアムステルダムオリンピックの陸上競技で銀メダルを獲得し、日本初の女子メダリストとなった人見絹枝や、三六年のベルリンオリンピックの水泳で金メダルを獲得した前畑秀子などの

図17　全盛期には「ミス競輪」と銘打った女子だけの特別開催もおこなわれた。写真は、京王閣競輪場でのミス競輪で、レース後引き揚げてくる選手たちの様子。1955年頃（資料提供：奥野陽子氏）

先駆的な例もある。ただ、本格的なスポーツに取り組めたのは、高等女学校や女子専門学校などに通うごく一部のエリートに限られていた。競技種目も、陸上競技やテニス、水泳、バレーボールなどが「女性向き」とされていて、自転車競技は男にしかできないものと考えるのが常識だった。「女性向きではない」スポーツがあるという固定観念が、ボクシングやスキーのジャンプなども含め全体的に崩されていくのは、二十世紀も終わり頃になってようやくのことだ。

一九〇三年に発表され、人気を博した小杉天外の小説『魔風恋風』[17]は、主人公の女学生が自転車事故で入院する場面から始まる。当時の最先端の若者風俗を描いた作品だ。袴を履いたハイカラな女学生が高級な乗り物だった自転車に跨る姿は、人々の好奇と非難、両方のまなざしを集める珍しいものだった。この頃には、女性が自転車に乗ると子宮に悪影響を及ぼすなどという俗説があり、大正時代頃までは広く流布していたようだ。[18]

戦後、競輪が構想された頃には、さすがにそのようなイメージはなくなっていたが、自転車はまだまだ「男の乗り物」だった。そんななか、女子レースを実現させた倉茂は、やはり柔軟な感覚の持ち主だったと思う。彼が「する」スポーツの視点ではなく、「見る」スポーツとして成功させようという、いわば興行師の発想を持っていたからこそ可能だったアイデアというべきかもしれない。

戦後の混乱期に新しく生まれた競輪には、当時の時代状況が色濃く反映されている。戦災復興という名目が、法律制定や規模拡大の後押しになったことも見てきたとおりだ。男女平等も、新時代を象徴する新しい考え方だった。新しい施設、新しい時代にふさわしい娯楽としてのスポーツ、そして、新しい思想である男女平等。競馬のまねをして作られた後発の競輪にとって、新しさは大きなアピールポイントだった。

旧女子競輪廃止の理由

旧女子競輪の歴史について、『競輪六十年史』では次のように簡単に総括されている。

昭和二十四年（一九四九年）に正式レースが行われ、レース数は少なかったが各競輪場に華やかさと潤いをもたらした。ファンも多く戦後の女子の花形職業として、婦人雑誌のグラビア特集などで話題にもなった。選手は最大時六百人もいたが新陳代謝が行われないことと、選手の脚力の差がはっきりしすぎて車券の魅力を次第に失っていった。

結局女子選手は昭和三十九年（一九六四年）十月末、全員の登録を削除、女子競輪は誕生以来十六年で廃止となる。選手登録番号の最後の人は千十六番だった。(19)

廃止の主な理由は、選手の脚力差がありギャンブルの対象として面白くなくなったから。廃止直後に編集された『競輪二十年史』以来、一貫した説明である。脚力差があるなら、男子と同じようにランクを細分化して実力伯仲レースを作っていけばいいのだが、それが可能な条件が整う前に、将来性が危ぶまれる状態になってしまっていたのだろう。新陳代謝がおこなわれなかったというのは、新人採用が進まなかったことを意味する。

第2章で見たように、最初期に玉石混交でかき集めた選手たちを優秀な新人選手と交代させせていくことは初期の運営側の課題でもあった。競輪スタートから三年後の一九五一年、初めて全国一斉での男子新人選手募集があり、この試験の合格者が競輪学校一期生になった。高倍率をくぐりぬけた選手ばかりで、登録だけで簡単に選手になれた既存の選手たちよりも強い選手がそろっていた。

同じ年に、日本競輪選手会の前身的組織が生まれている。事実上の労働組合結成であり、運営者側も選手たちの権利主張を無視できなくなった。選手たちのはたらきかけの成果として自転車競技法が一部改正されて、「選手の出場に関する適正なる条件の確保」という一文が加えられた（施行は一九五二年）。選手会側は、「リンカーンに依って解放された奴隷の如く、吾々も馬やサイコロの如き扱い方からようやく人間並に解放された」[20]と歓迎したという。それまでは、「文句があるなら斡旋回数を減らすぞ」という運営側の脅しにはかなわなかったからだ。適正なる条件の確保とは、生活できるだけの仕事＝レースを回すことを意味する。

競輪場数と開催日数がある程度飽和状態になっているなら、新人選手の採用によって、その分だけ既存選手の仕事が奪われることになる。新人選手を何人取るか、選手を淘汰する仕組みをどのように導入するか。長期的に競技を活性化させるために必要な措置と、競輪で働く者たちの権利を守ることとの難しいバランスのなかで、選手の新陳代謝は徐々に進んでいったのだ。

ちなみに、女子が廃止された三年後の一九六七年、男子選手の大規模リストラも実行されている。退職金特別優遇などの処置が実施され、現役選手四千三百二十六人のうち五百六十八人が退職した。当初、一カ月程度だった競輪学校の訓練期間は六八年には八カ月間に、七一年以降は十カ月間にと、次第に長期になっていった。学校以前に登録した「期前」選手のなかには、六十六歳となる二〇〇〇年まで現役で走り続けた黄金井光良のような特例もあるが、一九七〇年代以降は難関をパスし厳しい訓練を経た新人選手とどんどん入れ替わっていった。当然、競技もレベルアップした。女子競輪が終わったのは、そのような改革がおこなわれる直前の頃だった。

「B級」労働者としての女子選手

男子の競輪学校一期生が卒業したあとの一九五二年四月、今度は女子の全国一斉新人募集が実施された。このときは百人程度が採用され、男子並みの規模だった。訓練期間も男子と同じく二カ月程度。当時の競輪は、暴動事件や不正に関するニュースが報道され、社会的非難も集中していたが、売り上げは右肩上がりだった。女子競輪の人気も続いていて、運営者側も男子同様の新陳代謝を目指していたようだ。しかし、その後の採用数は徐々に減っていき、五四年から三年間はゼロとなっている。その後五八年と六〇年に三十人程度ずつの採用があり、これが最後になった。五〇年代後半にはすでに女子競輪の発展は期待薄と見なされるようになっていたが、開催を維持する最低限の補充として二回採用があったということのようだ。旧女子選手登録者千十六人のうち、競輪学校の試験を経てプロになったのは三百三十二人で、入れ替わりは三割程度で終わったことになる。

最後になった新人募集について、選手会の機関紙に「意外に少ない女子応募者（新人検定）」という見出しの記事が出ている。[21] 記事によると、応募総数は全国で二十七人、うち九人は過去に受験した者の再チャレンジだった。正確な競争率はわからないが、男子が数倍の難関だったのに比べると、全入に近い広き門だったようだ。当時の女子の受験者が少なかったのは、いくつかの理由があったと思う。一つには、練習環境がなかったということ。女性も参加できる「する」スポーツとして自転車競技が普及するのは、近年になってようやくのことだ。当時、女性の自転車競技は、競輪選手という仕事としてだけ存在していた。競輪学校の入学検定には基準タイムが設定してあり、それをクリアするための練習ができた者しか受験しなかったのだろう。このとき応募した二十七人は、プロ選手に弟子入りしたり、練習グループに参加したりしながらプロ入りのチャンスを待っていた人たちに限られていたはずだ。準備していながら採用がない時期が続き、いつしか諦めていった人たちも多かっただろう。特に当時は満二十五歳までという年齢制限もあったのだから。

他の理由としては、職業として魅力あるものではなくなりつつあった、ということもある。見てきたように、競輪選手は稼げる仕事だった。女子もトップクラスになれば一定程度の収入が得られたが、賞金体系は男子の下位クラスであるB級扱いであった。そのうえ、人気がない女子レースを呼びたがらない施行者が徐々に増え、レース=仕事の数自体が少なくなっていたのだ。

既述のとおり斡旋回数の確保は、労働組合としての競輪選手会にとって大きな闘争目標だった。一九五〇年代後半になると、選手会の機関紙にも、女子競輪の先行き不安に関する記事がたびたび載るようになっている。

私達女子選手におきまして女子レースの風評は種々ありますが、与えられた使命には全力を尽くしたいと思つております。しかしながらレースにおける興味の減少もあり、加えて競輪自粛案によるレース数削減の問題もあり、早速シワ寄せは私達女子選手にやつて来ましたことは誠に悲しい事実であります。
最低二本の配分を約束されたにもかかわらず現在の関西、九州、四国地区の女子選手の配分状態は実に減少し、各開催地でひんぱんと高まる女子選手の声、哀れにも又悲しく聞えて来る声、実にこの世界が暗黒に感じます。女子選手自然消滅と云う事は私達の責任でありますが、私達も登録選手である以上悪評を排除して健全なる競輪に持つて行きたいと思います。現在のままでは自然消滅で私達選手の死活にも関係し憂慮にたえません。このせちがらき今日此の頃自分本意の人多きため、各県役員に悲しき事実をうつたえても力を貸してくれる人もなく、女子選手は取りつくしまもなくこのまま泣きねいりしなければならないのでしょうか？[22]

切々と訴えるこの手紙が掲載された機関紙は、最後の女子新人採用があった一九六〇年八月に発行されたもので、隣には当時ずばぬけた実力を誇った田中和子が全国都道府県選抜競輪で優勝したことを伝える記事が写真入りで掲載されている。女子競輪はまだ終わってはいない。しかし、選手たちの多くが「自然消滅」の危機を強く感じている。そういう状況だった。

この頃、近畿地方で競輪場の廃止が相次いだ。国会では公営競技の存廃をめぐる議論が高まっていて、競輪そのものがいつ廃止されてもおかしくない情勢だった。それを回避すべく施行者が中心になって、開催日数やレース数を減らし健全化へ努力する姿を示そうとしていた。競輪界全体の危機は全選手に影響を及ぼしたが、弱い立場だった女子選手に最も大きなしわ寄せがきていたのである。

先の投稿文は、次のように続いている。

男子選手側から見る女子選手は競輪を副業としか考えていないようですが、けつしてそれは大間違いであり、一家心中でもしなければならないという人が多数いる様でした。私もその一人つまり人生の落伍者かも知れません。(23)

労働者としての権利を主張し、賞金や斡旋回数などの条件闘争をおこなっていた選手会のなかでも、女子選手は「B級」扱いをされていたのだろう。女子選手は同じ労働者であるはずの男子選手からも、一人前の仲間とは見なされていなかった。これは、当時の女性全体がおかれていた社会的状況の表れでもあった。

戦後という新しい時代に作られた憲法は、制度上の男女平等をうたっていた。それに呼応して、女子競輪も始まった。しかし、社会のなかにある、男はこうあるべき、女はこうあるべき、という「常識」や固定観念が変化するためには長い時間がかかった。高度経済成長真っ盛りのこの時期、多くの女性が学校卒業後に労働者として働いたが、男性労働者に比べて劣位におかれる場合がほとんどだった。女性だけに結婚退職が迫られることも慣習化していた。女性労働者は結婚までの腰かけであり、しょせん「副業」として働いているだけ、という認識が一般的だったのだ。

職場の「花」として/ギャンブルの「駒」として

一九七〇年刊行の『競輪総覧』には「ダービー覇者を中心とした選手の横顔」と題して競輪史上の二十九人のスター選手が紹介文付きで掲載されている。女子競輪廃止後、最初に刊行された歴史書ということもあるのだろう、なかには女子選手も七人挙げられている。筆頭に紹介しているのは、女子競輪の最初のスター、渋谷小夜子だ。女子競輪自体の紹介も兼ねて、以下のように書かれている。

当時、競輪界が女子選手を採用したことは、大きな反響をよび、マスコミなどににぎやかに書きたてられ、戦後婦人参政権とともに新しく生まれた最先端の職業、しかもプロスポーツ選手として注目をあつめた。

選手の急速な増員もこのためで競輪ファンの間では、男子選手の人気をしのぐ一時期もあったが、競輪本来の姿からみれば、女子競輪は主としてアクセサリー的なものであり、やがては消えゆく運命にあったのである。

しかし、一時的にしろファンの興味をアクセサリー的要素からギャンブル要素へかきたてたのは、渋谷小夜子の出現が直接の原因であった。

若冠十六歳でデビューした彼女は、小柄で色じろの可れんな乙女であった。おさげ髪をたらして、優勝台に立ち、祝福をうける彼女の姿は、美しい夕暮れのバンクとあいまって、一服の清涼剤でもあった。

どこにこんな強い力があるのかとファンを感嘆させた小さな身体で、連戦連勝をかさね、とくに第五回日本選手権競輪で優勝、続いて全国都道府県選抜競輪では、第一回、第二回、第三回と三連覇し、勝率実に九二パーセントという驚異的な大記録を樹立したのである。

賞金の取得額も年間約二百万円。男子A級クラスに匹敵する額で、当時の職業女子としては、おそらく最高にランクされていたであろう。ついで登場した田中和子との名勝負は、今でも語りぐさとなっている。(24)

当時、男性社会のなかで、女性がどのように見られていたかがよくわかる書き方だ。無署名だが書き手は男性だろう。この頃の職場は、たとえば競輪を運営する自治体や自転車振興会などの団体職員、競輪を報じるスポーツ紙・専門紙の記者も、ほとんどが男性によって占められていたはずだ。職場にいる女性は「女の子」などと呼ばれ、お茶くみや電話番など補助的な仕事をさせられるだけだっただろう。若いうちは「花」として扱われ、年齢を重ねると退職の圧力がかかる。職場での経験が、能力としての評価につながることはなかなかない。「アクセサリー的なものであり、やがては消えゆく運命」と見なされていたのは、女子競輪選手ばかりではなかった。

ここで興味深いのは「アクセサリー的要素」の枠を超えたのが、渋谷小夜子の大活躍だったと振り返っていることだ。書き手が想定する「競輪本来の姿」とは、ハイレベルなプロスポーツがギャンブルの興味を呼び起こす「姿」だったようだ。その一方、渋谷がファンを引き付けた要素として、彼女の美しさがあったことも強調されている。

戦前の自転車競技を知る一条信幸らの反対を押し切って、倉茂貞助が女子競輪の導入にこだわったのは、競馬との差別化を図るためだった。「女が走る」という物珍しさが客を呼ぶだろう、という興行師的発想だ。そのもくろみは、最初の段階では確かに当たった。雑誌や新聞なども話題として取り上げてくれた。たとえば、当時の雑誌「アサヒグラフ」には、「新商売・競輪女流選手」と題した写真入りの巻頭記事を掲載している。[25]駅前で衆人環視のもと自転車を組み立てる女子選手たちの姿も写っている。選手が自転車に乗って街を走り、開催を宣伝する。戦前の自転車競走大会でも実施されていた古典的なPR活動だが、そういう場面でも女子選手は「花」として積極的に活用されたようだ。

女子の窮状を訴える手紙が選手会の機関紙に掲載された頃、中央組織の全国競輪施行者協議会でも女子の斡旋回数確保が議題になっていた。各地区の番組編成担当者の意見として「選手個々の脚力の差がはなはだしく、レースに迫力がない」という理由の他に、次のような女子敬遠の理由も挙げられていた。

事故防止と管理上よりみると、女子レースは十五連敗に関連する助け合いレースと誤解されるようなものが概して多く見られ、これが競走形態に現われる等の理由により女子レースを使用しない。[26]

当時は、「男子B級および女子選手にして競走成績を続けて十五回、出走実人員の半ば〈端数を生じた場合は切り上げる〉に達しない着位となった場合は、登録をまっ消する」[27]という代謝制度があった。単純な仕組みのため、クビがかかった選手のために協力して上位に引き上げてやる、という互助的な「八百長」が存在していたようだ。男子の場合はA級・B級と分かれていて、下位クラスだけの問題だったが、選手層が薄く、全員同級だった女子は、助け合いの横行が全選手の問題とされたのだ。

評価すべき旧女子競輪の先駆性

女子選手たちは「アクセサリー」として客寄せの役割を担わされたあと、いわばギャンブルの「駒」としては不適格だと見なされるようになった。選手層が薄いと、一回のレースごとの実力差が大きくなる。男子の歴史で見たとおり「真剣勝負をしている」とファンに感じさせることは、ギャンブルの対象としても不可欠な要素だったが、女子は相対的に、やる気がない、真剣さに欠けると見なされるようになっていったのだ。

実力的に勝ち目がないことがわかっていながら、毎度、真剣勝負を挑み続けるのは無理がある。敢闘意欲を失いながらも、仕事として連敗しない程度の成績を維持しながら走り続ける。そういう選手が増えたとしても仕方がなかったと思う。繰り返し繰り返し戦い続ける人たちの意欲を維持するには、新規選手を採用しながら、選手層を厚くしていき、階層化を進めて実力伯仲レースを作ることが必要だ。賞金その他、勝負意欲を維持させ続ける仕組みも。そういう改革が施される前に、女子競輪は見切られてしまったといえるだろう。

旧女子競輪で渋谷小夜子の次のスターになったのが、田中和子だった。「田中は渋谷とは対照的な均整のとれた大型美人選手で、戦法は渋谷とおなじ先行型であった[28]」と『競輪総覧』にある。いまなら、アスリート体形といわれるところだろうか。彼女はどれくらい強かったのか。この頃までの選手成績は、特別競輪などの競走結果を除き、運営組織も正確な記録を把握していないのだが、競輪開始当初からの歴史を持つ大阪の予想紙「競輪研究[29]」が手書きの選手別個人成績を保存していて、それを見せてもらった。田中のデビューの一九五〇年から選手登録抹消の六一年までの総出走回数は七百五十七回。うち、一着を外したのは、七十八回しかない。負けが目立つのはデビューか

図18　男子競輪で使用しているクロムモリブデン鋼（通称クロモリ）フレームの競走用自転車（上）と、ガールズケイリンで採用されているカーボンフレームの競走用自転車（下）。（資料提供：JKA）

ら一、二年のうちだけで、後半の成績表には一の数字がずらっと並んでいる。プロスポーツで「強さ」は大きな魅力になるはずだし、渋谷小夜子が「アクセサリー」を超えた人気を獲得したのはその点にあったと書かれてはいたが、あまりに飛び抜けてしまうと、ギャンブルの対象としては障害になってしまう、ということなのだろう。

一九五八年には女子の自転車世界選手権が始まっている。プロ・アマの壁、世界との距離は男子でもはるかに遠く、当時は誰も想像もしなかったことだろうが、もし、そういう場所に彼女が参戦できていれば結果はどうだったのだろう。また、練習では彼女にかなわない男子選手もいた、という記述もある。女子のなかでずばぬけた成績だった彼女が、男子のレースに交じって走っていたらどうだったのか。そんなことも妄想したくなる。体力勝負のスポーツは男女別におこなうというのが当時の、そして現在まで続いている常識だが、常識はやがて変わる。将来、スポーツでも、性別による区別が女性の可能性を制限する非合理な慣習にすぎなかったことが明らかになる時代がくるかもしれない。

女子競輪が廃止された一九六四年は、東京オリンピック開催の年だった。オリンピックでは、女性向けとされたスポーツであるバレーボールでの女子日本代表の活躍が話題になった。バレーボールは、日本の産業革命期から女性の労働者が多かった紡績工場でのレクリエーション活動として導入されて普及した背景があった。(30) 田中と同時期に活躍した女子競輪の安田利津子は引退後、「近所の人にはお母さんはバレー選手だったと言うように」と自分の子どもに伝えていたという。競輪は「ややこしいから」だと。競輪選手だったこと、青春時代にスポーツに打ち込んだことに誇りを持つ彼女だが、競輪のマイナスイメージは意識せざるをえなかったようだ。[31]

旧女子競輪の歴史は十五年間で幕を閉じた。選手たちは「花」としての役割と、ギャンブルの「駒」としての役割との二重の期待を受け、それに応えられなくなると全体として淘汰されてしまったのだった。戦前の自転車競技界を知る一条信幸が「女なんてとても駄目だ」と言ったとおりになってしまった、のかもしれない。廃止後、競輪史のなかで女子レースは、いわば「失敗の歴史」と語られることが定番になった。しかし、渋谷対田中の対決のように実力伯仲の選手がそろえば、女性にも観客を引き付けるレースが可能だということを示したことには、大きな意味があったはずだ。

おそらく世界中を見渡しても、この時代に、女子のプロスポーツがこれほどの規模で成立していた例は少ないのではないだろうか。女子スポーツの歴史における女子競輪の先駆性については、もっと多くの人たちに知られるべきだと思う。[32]

3　ガールズケイリンとしての復活

スポーツの男女平等化を受けて

女子競輪復活の直接のきっかけは、「日本が生んだ世界のスポーツ・ケイリン」が女子にも門戸開放されたことだった。ケイリンのオリンピック種目化を実現させた、スポーツにおけるプロ・アマオープン化の世界的潮流は、性別の障壁を崩していく流れとも重なっていた。ケイリンが、正式種目になったのは二〇〇〇年のシドニー大会からだが、このときはまだ男子だけの競技だった。二十一世紀以降、オリンピックでも男女同種目化、参加者数の平等化が進められることになり、それを受けて一二年のロンドン大会から女子のケイリンも正式種目になったのだ。しかし、日本では女性の自転車競技者層はきわめて薄く、代表選手を送るのも難しい状態だった。こうして、女子自転車競技の底上げを名目に、女子競輪復活へ向けて運営組織が動きだしたのである。

オリンピックで自転車競技が女子に開放されたのは、ロード種目は一九八四年のロサンゼルス大会から、トラック種目は次の八八年ソウル大会からである[33]。ロス大会には、スピードスケートから転向した阿部和香子が女性としては初の自転車競技日本代表として出場した。スケートと自転車は活用する筋肉が同じであるため、夏期のトレーニングとして自転車に乗るスケート選手が多かったのだ。

一九八八年のソウル大会でトラック競技初の女子日本代表になったのが、橋本聖子だった。彼女は、すでにスピードスケートのオリンピック代表としての活躍が有名であり、冬季・夏季両大会への出場は大きく話題になった。この大会では同じくスケート選手の関ナツエもロード種目代表になっている。この頃、自転車専業の女子選手も少しは現れ始めていたが、オリンピック代表の座はスケート選手が奪い取った。スピードスケートは、六〇年のスコーバレー大会から女子の試合が実施されている。「する」スポーツの選手層の厚さは、オリンピック種目かどうかと大きく関わっており、自転車専業でやっている選手たちに比べて、スケート選手たちのほうがよりスポーツエリート度が高かったのだろう。

橋本は一九九二年のバルセロナ、九六年のアトランタと三回連続でトラック競技の日本代表になり、脚光を浴びた。[34] 冬のスケートでの出場も続け、九二年のアルベールビルでは、日本人女子初のスピードスケート銅メダルを獲得し、オリンピックの申し子として時代の寵児となっていった。九四年にはプロ自転車競技選手として活動することを宣言。この頃、彼女が競輪選手になったと勘違いした人も多かったのではないだろうか。まだ競技種目でなかったため、自転車競技のケイリンさえ一度も経験したことはなかったのだが。彼女は現役を続けながら九五年の参議院選挙に当選する。当初は二足のわらじを履いていたが、アトランタ大会のあと、現役を引退した。二〇一三年からは、日本自転車競技連盟の会長に就任していて、競輪界にも大きな影響力を持つ政治家になっている。

そして、女子の自転車競技種目にもケイリンが加わった。世界選手権では二〇〇二年から、オリンピックでは一二年のロンドン大会からだ。繰り返すが、日本での女子の自転車競技選手層は大変薄かった。そのわかりやすい例は、国民体育大会だ。国体は、戦後「わが国最大の国民スポーツの祭典」として、スポーツ行政の中核的な位置づけをされてきた大会だ。既述のとおり、自転車競技は敗戦翌年の第一回大会から実施されている。しかし、女子は、ロードを含め自転車競技自体が長らくおこなわれてこなかった。国体は都道府県対抗戦の形式を取っているが、地区別の予選が成立しないほど競技人口が少なかったためだ。

このたびの女子競輪の復活を受けて、二〇一六年の岩手国体から新たに女子競技が実施されることになった。競輪選手と競輪学校生徒が参加することで、競技が可能になったのだ。国体の女子自転車競技も厳密にいえば新生ではなく復活である。実は、一九五二年と五三年の二大会だけ女子競技がおこなわれているのだ。競技種目は、競輪に近い「速度競走」[35]だった。この頃はまだ、旧女子競輪が実施されていたため、主に競輪選手志望者が参加しておこなわれたようだ。[36]

やはり、自転車競技は機材も必要なうえ、練習場の確保も難しく参入障壁が高いスポーツだった。健康によく、環境にも優しい乗り物として注目を浴び、スポーツ用自転車が普及するのは、経済的な豊かさが広く行き渡るようになって以降である。しかも、単なるレジャーとしてではなく競技スポーツとして普及するためには、日本では学校のクラブ活動に組み込まれる必要もあった。高校や大学での男子自転車競技が全国大会を開催できるほどの規模を維持できてきたのは、将来の就職先として競輪選手という道があったためだ。

もちろん、競輪運営者が女子の自転車競技普及に力を入れ始めたのは、競輪人気の回復をねらってのことである。ファンの固定化・高齢化がいわれるなか、新規ファン層の開拓につなげられないかという期待が女子競輪復活にはかけられている。だからといって、売り上げ向上がホンネで、競技力向上はタテマエだというわけではない。これまで見てきたように、オリンピックと競輪のプロモーションはリンクしているのだ。女子も競技力を上げ、オリンピックで結果を残して、それを競輪人気につなげたい。それがどこまで現実的な「ねらい」であるかはともかく、競技力向上と競輪人気回復は切り離せないものと考えられているのだ。

「目指せロンドン！」

女子競輪が正式に復活する前の二〇〇八年から四年にわたり、「ガールズケイリン」と銘打たれたエキシビションレースが実施された。通常の競輪開催中、男子レースの合間におこなわれたものだった。「ガールズケイリンは、競輪の補助金を受けて実施するものです」。このとき、配布されたパンフレットや案内のウェブサイトなどには、こう明記されていた。「目指せロンドン！」という宣伝文句も使われていた。そこでは競輪開催のＰＲではなく、あくまでもスポーツ振興目的でおこなわれているイベントであることが強調されていたが、女子競輪復活のための試行実験だということは誰の目にも明らかだった。

レースは、ケイリンルールで実施された。先頭誘導員が後方から先に発進し、スタートラインに並びかけた時点で競走が始まる形式を取り、身体をぶつけて駆け引きをする「横の動き」は厳しく制限されている。機材も、従来の競輪とは違って、カーボンフレームとディスクホイール（空気抵抗が少ない円盤型の車輪）が採用された。スポーツとしての自転車競技では一般的になっているが、プロの競輪では使用していなかったものだ。

ユニフォームも機能的でかっこいいデザインのものが採用された。従来の競輪では、デザイン性よりも見た目のわかりやすさが大事だった。選手は、ギャンブルの対象であり、番号を背負って走っている。買った番号の選手がどうなっているか、観客の目からわかりやすいことが最優先だった。ちなみに、一は白、二は黒、三は赤、以下、青、黄、緑、橙、桃、紫と決められている。この色別は公営競技に共通したものだ。

「する」スポーツとしての自転車人気の理由には、ファッション性の高さもあるように思う。自転車からヘルメット、コスチュームまで、機能的かつ洗練されたデザインの製品が開発され、人気を集めている。しかし、これまでの競輪では、そのような流行はまったく取り入れられてこなかった。もちろん、練習用に最新の機材を持っている競輪選手は少なくないが、本番のレースでは使用されない。

競輪は、自転車の性能面ではあまり技術革新が進まない業界になっていた。第1章で見たように、戦前の自転車競走にはメーカー同士の技術競争の側面があった。戦後の競輪も、当初は自転車の性能アピールの役割が期待され、自転車競技法にも自転車の改良という目的がうたわれていたが、すぐに形骸化した。実用車レースが廃止され、現行のレース形式ができあがっていくと、公正の維持が最優先課題になったからだ。機材の違いが競走条件を大きく左右すると予想の障害になってしまい、ファンに余計な疑念を与える可能性もある。やがて、安全性を高める以上の改良はあまり必要とされなくなってしまった。

ガールズケイリンのエキシビションレースは、私にとって女子の自転車競技を初めて目にする機会になった。女性の競輪（型）競走に関しては動画でさえ見たことがないものだった。旧女子競輪の時代は、映像資料があまり残っていないためだ。バンクを女性が走っている姿自体がとても新鮮で印象深く、「見る」スポーツとしても面白いと感じた。そして、競輪は男のものだ、という固定観念に自分が縛られていたことに気づかされた。ゴツゴツとした身体の男性選手が、激しくぶつかり合いながら勝負をする「男くさい」世界、それが競輪。それが競輪の魅力なのだ、という思い込みが自分のなかには確かにあった。

今日、女性の社会参加がうたわれ女子スポーツも活発におこなわれるようになっているが、職業としてのスポーツになると男女の格差は依然として大きい。サッカーやソフトボールの国際大会で女子選手が注目を浴び全国的な知名度を獲得しても、男子のプロ選手のような収入を得ている選手はほとんどいない。そんななか、縮小したとはいえプロスポーツ最多の選手数を誇ってきた競輪が女性に開放されれば、女性のスポーツエリートの活躍の場、受け皿として十分に機能するのではないか。それは、競輪に新たな存在意義を与えることになりえるかもしれない。

このような期待感とともに、私は女子競輪復活の動きを追いかけることにした。二〇〇九年の三月、エキシビションレースを取材するために名古屋競輪場を訪れた。その八カ月後には女子競輪復活が発表されるのだが、このときにはまだ現場に帯同していた関係者も、運営組織の「上」がどこまで具体的に決めているか知らされていない様子だったし、選手の競技指導にあたっていたコーチの福田公生も「復活は時期尚早」と話していた。福田は元競輪選手で、ＪＣＦのコーチとしてアマチュア選手の指導経験もある人物である。選手たちの現状を見ての判断だった。

エキシビションレースに呼ばれた選手たちのなかには、大学の自転車競技部のメンバーやＯＧもいたが、素人同然の者も交じっていた。ロードの選手も集められていた。一つのレースは六、七人でおこなわれた。初日は予選、二日目に決勝戦が実施されるという形式だった。これだと、一回の開催に十二から十四人程度の選手が必要となる。若いアマチュア選手たちのスケジュールを考慮して夏休みや春休みの時期に実施されたが、それだけの数の「競技用自転車に乗ることができる女性」を集めること自体、かなりの難題だったのだ。

選手たちは何日か前から合宿をおこない、コーチの指示に従って競走訓練を重ねていた。バンク内で複数の人数が一緒に走るケイリン競走は、自転車競技部に在籍していた選手も含め、ほぼ全員が未経験だった。それまでの自転車競技大会で実施されていたのは独走タイムを競うものと、一対一のスプリント競技だけだったためだ。競技経験者でも普段は男子に交じって練習をしていて、女性だけで集まっての練習自体、みんな初めての経験だと話していた。女性だけが集団でバンクを走る光景自体、旧女子競輪廃止以降の日本では見られないものだったのだ。

その後、高松や奈良のエキシビションも現地で観戦した。そのレースは、素人目には十分魅力的なものに映った。特に、のちに日本代表の座を争うことになる数人の選手の間では、エキシビションながらプライドをかけた迫力ある争いが見られた。しかし、賭けの対象にするのは、まだまだ難しいという印象だった。選手間の実力差が激しく、実力がある二、三人の間で勝ち負けを争っているだけ、というのが実情だったからだ。

復活への反対論

女子競輪の復活が噂されて以来、疑問視する声はあちこちで聞かれ、正式発表があったあともそれは絶えなかった。主な意見は、競輪の売り上げが下がっているなかで、無謀な実験をする余裕があるのか、というものだった。女子を復活させるためには、かなりの設備投資も求められる。開催中、選手は管理区域内に宿泊するが、女子選手を受け入れるとなると施設などの改装が必要になる。廃止の危機を迎えている競輪場も多く、なかには老朽化した施設の改装費用さえ捻出できないところもあるくらいなのだ。開校以来「全寮制の男子校」だった伊豆修善寺の競輪学校を共学対応にするのにも、それなりに経費がいるだろう。それらの投資を回収できるほどの売り上げ増があるとは、とても考えられない。女子競輪は、一度「失敗」したものなのだ。反対論は「歴史から学べ」という声だった。

女子競輪復活は、一九八〇年代にも一度議論の俎上に載せられたことがあった。KPKやケイリングランプリが始まり、オリンピックの自転車競技が女子に開かれるというニュースが流れ始めた頃のことだ。公営競技専門雑誌「週間レース」代表の久保茂明は、同誌の社説的なエッセーで当時（一九八六年十二月）、次のように書いている。

> 最近、とみに女子競輪復活論が賑やかである。先日も全国自転車競技会の会長さん達と雑談した折に、この女子競輪復活が話題となった。
> 復活論の主な論拠としては「競走に色どりが添えられ、話題性がある。競輪のイメージアップにつながり、女性ファンの拡大が期待出来る」といったもので、その背景として、かつて女性には無理とされていた女子マラソンが今や普遍化し、また他の類似競技や他のスポーツ、例えばプロゴルフ、プロレス等でも女性の活躍が目立つなど、あらゆる分野に女性の進出が目覚ましく、今は昔とは違うといった認識があると同時に女性に支持されない事業は発展性がない

といった危機感があるからであろう。(37)

実際の復活決定時点から見ると四半世紀前になるが、女子への期待は今日のそれとほとんど同じものだったといえる。この前年の一九八五年には、男女雇用機会均等法(38)が成立していた。スポーツでの男女平等化も進み始めていた。久保は、女子レースが女性ファン拡大につながるというのは安直な発想にすぎると釘を刺したうえで、可能性について具体的に検討すべきだと述べているが、結局このときは、運営組織は動かなかった。「失敗」の過去から学べという声に対して、それをおしてまで復活させる必要性が業界全体としてまだ感じられていなかったのだ。

今日から見ると、一九八〇年代は競輪の売り上げもまだまだ好調だった。今回の復活は、いわば競輪が迎えている苦境が後押ししたものといえる。確実な売り上げ増が望めないとしても、ここで未来に向けた新機軸を打ち出さなければ、じり貧を迎えることは誰の目にも明らかな状況だからだ。女子競輪復活は、運営組織としても、一か八かの気持ちで張り込んだ勝負車券のようなものだったのではないか。

車券発売を伴う「ガールズケイリン」のスタート

二〇一〇年十月、競輪学校の女子選手募集要項が発表された。同年度末に試験をおこない、一一年四月から新生女子一期生は競輪学校に入学し、男子同様、約一年の訓練期間を経て、一二年から公式戦スタートという運びになった。

図19　復活した女子競輪。2016年、松戸競輪場で開催されたガールズケイリンコレクションの様子

一九八〇年代の議論から数えると相当な期間がかかったともいえるが、復活が決まったあとの動きは素早かったと思う[39]。中央組織のＪＫＡの発表を受け、いくつかの施行者が開催に名乗りを上げて、施設面などでの女子受け入れ対応に取り組んだ。日本で唯一の「村営」競輪場である新潟県の弥彦競輪場のように、選手養成のプロジェクトを独自に立ち上げるなど、積極的な動きを見せる施行者もあった[40]。弥彦は、旧女子競輪時代にも、女子選手斡旋に前向きな競輪場だった。競輪学校も最盛期に比べると、近年、定員を半分以下に落として運営していて、宿舎にも余裕があったため施設面での対応にもそれほど経費はかからなかったようだ。男性だけの職場に女性が参入する際の障壁は、乗り越えてみれば、事前に思わされていたほどには高いものではなかったということだろう。

新生女子競輪一期生は、定員三十五人と設定された。自転車競技経験があるエキシビションレース参加者以外にも、さまざまな背景を持った人たちが応募した。年齢制限も設けなかったため、十八歳から四十八歳まで年齢もバラバラだった。

女子競輪復活の年、新設されたガールズケイリングランプリの初代チャンピオンになった小林莉子は、元ソフトボールの選手だった。二〇〇八年の北京大会を最後に、オリンピック種目から除外されることになったソフトボールは、実業団チームなどの縮小が続き、学校卒業後も競技生活を続けるのが難しい環境になっていた。他にも、スピードスケートやトライアスロンのように自転車競技と近いジャンルはもちろん、バドミントンやホッケー、バレーボールなどさまざまなジャンルのスポーツ経験者が競輪学校の試験に応募した。二期生以降も、他競技からの転向選手はどんどん集まってきている。スポーツ能力を生かしたいと願うスポーツエリートの女性たちに、望ましい就職先と受け止められている証拠だろう。賞金額などは成績によって当然違ってくるが、男子のA級選手とほぼ同じ程度の収入は得られる仕組みになっている。将来は依然不透明だが、現時点では他の女子プロスポーツ、あるいは実業団選手などの収入一般に比べて好条件だといえるだろう。

スポーツエリートの女性たちにとって、競輪選手という職業を魅力的なものにしているのは収入だけではない。正式な選手募集が始まり、志望者向けに作成されたパンフレットには次のような一文があった。


ロンドンオリンピックでは、女子のトラック種目が三種目から五種目になり、女子ケイリンもあります。㈶日本自転車競技連盟と㈶JKAはこれを機会に、女子トラック選手の人材発掘とレベルアップを目指して、今まで以上に選手養成に力を注いでいます。（略）自分をより高い次元に押し上げることこそ、プロアスリートにいちばん求められる信条です。常に、世界選手権やオリンピックを念頭に励んでください。世界での活躍は、当人はもちろん、日本競輪界、スポーツ界、そして日本中の人々に多大なものをもたらします。一選手の心がけひとつで、日本がとても元気になるのです。[41]

このパンフレットは職業案内と学校紹介を兼ねたもので、競輪事業や賞金、競技規則を含めた選手生活の概要、そして競輪学校での生活の詳細について十五ページにわたり丁寧に説明されている。たとえば、女子競輪の将来の見通しについても、ファンに受け入れられなければ「あっせん依頼がなくなる可能性も考えられます」と安請け合いしておらず、人生の岐路に立つ志望者に対して全体として誠実に記述されたものだと思う。引用した文章は、最後のページに掲載された「世界進出」という項目の一部だ。

引用では「日本を元気に」というわかりやすい物語を付与して、オリンピックという夢が語られているが、この夢に賞金以上の魅力を感じた志望者も少なくないはずだ。日本の女子自転車競技は選手層が薄く、自分にもチャンスがあるかもしれない。これまで取り組んでいた競技より、オリンピックはもっと近くにある。スポーツエリート度が高い選手なら、そう感じても不思議ではないだろう。

エキシビションで実力を発揮したあとも、競技に専念することを選び競輪選手にならなかった選手もいるが、トップレベルの選手の多くが競輪の世界に集まってきた。もちろん、そのなかで勝ち抜くことは容易ではないが、賞金王とはまた別の、選手たち共通の夢としてオリンピックがあるのは確かだ。

新生女子競輪への期待と課題

女子競輪が実際に復活して五年が経過した。日韓対抗戦競輪同様、現在進行形のものであり、成否を云々する段階ではない。ここでは、とりあえずの現状レポートと、ファンとしての印象論的な感想を簡単に述べるにとどめておきたい。

新生女子競輪は、エキシビション時に使った「ガールズケイリン」という名称を継続して使用することに決定した。男子が「ボーイズ」ではない以上、「ウィメンズ」であるべきだが、興行的な意味で「ガール」が持つ「若い女の子イメージ」を盛り込みたかったのだろう。ファン投票で決定したということだが、先にこの名前でエキシビションをやっていた以上、言葉は悪いが「出来レース」のようなものだ。やはり広報では、写真映りがいい選手が活用されることも多い。女性選手に「花」としての役割が求められているのは、旧女子競輪の時代と変わらない。

競技形式は、エキシビション同様、ケイリンに近いルールが採用された。カーボンフレームの競走車が採用され、男子競輪よりも現代自転車競技に近い装備となった。ロゴマークなどでは、英語表記の「GIRL'S KEIRIN」がよく使われている。そこからは、彼女たちには「花」にとどまらない、また別の役割が期待されていることもわかる。いままでの競輪が持っていた泥くさいイメージから距離をおいた、スポーツらしさ、アスリートという言葉にふさわしいイメージを体現するという役割だ。

ガールズケイリンには、ルール上「ライン」はない。競輪ファンが予想の要素としてなじんできた「競輪道」的な物語は、ガールズケイリンからは排除されている。ファンや選手たちの希望がどうであろうが、競輪運営者側は、競輪のケイリン化・スポーツ化に向かって進んできた。ガールズケイリンには、運営者側が望む競輪の「未来」の姿を観客に見せるという役割も期待されているのだ。

女子選手復活の動きは、他の公営ギャンブルにも波及した。オートレースでは、振興法人が競輪と合併したこともあり、ほぼ同時期に女子選手に門戸が開かれた。競輪同様、初期には女子選手がいたため、四十四年ぶりの復活だった。競輪最大のライバルである競艇では、戦後のスタート時から女子選手が参加していて、男女混合戦を主体に実施してきた。一九六〇年代に女子選手数は激減するが、八〇年代以降、徐々に増えて近年では全選手の一割にあたる百七十人程度に達している。競輪の女子復活の動きが明らかになると、競艇も速やかに対応した。女子選手に焦点を当てたPRを増やし、二〇一二年には賞金女王決定戦という女子選手だけの新しい特別レースを設置した。競馬では、これまでも中央・地方ともに少人数ながら女子ジョッキーが存在してきたが、なかなか継続的な活躍は難しい状況が続いてきた。しかし、一六年、藤田菜七子が中央競馬としては十六年ぶりにデビューした際には、大フィーバーとなった。その背景に、メディア戦略に長けるＪＲＡの積極的な話題作りもあるだろう。新しいファンを呼び込む。「ギャンブル場」の雰囲気を変える。女性選手たちに期待されている役割は、どの競技も共通のようだ。

二〇一七年五月に新生女子六期生がデビューし、女子の総選手数は百人を超えた。一五年度から代謝制度も導入されて、成績下位の選手のなかには引退を強いられる者も現れ始めた。開催の方法としては、男子レースに交じって二レースが組まれ、二日間は予選、最終日に決勝という形式がとられている。ガールズケイリンコレクションなどの賞金が高いレースが年に何度か開催され、年末にはガールズケイリングランプリが実施される。男子と同じように一年間の物語性を持たせる構成になっている。ちなみに一六年のグランプリを制した梶田舞の年間獲得賞金額は二千四百万円程度だった。成績が振るわなかった下位の選手で三百万円程度。さまざまなスポーツから選手を目指す人が増えている現状を見ても、スポーツ能力の高い女性が活躍する場を広げた意味はあったといえるだろう。

復活にあたっては、スポーツ新聞だけでなくテレビや一般紙でもたびたびニュースとして取り上げられた。広報面では大きな効果があったといえる。売り上げもいまのところは、まずまずの結果を残している。もちろん、物珍しさに引っ張られている部分があることを考えると、割り引いて評価する必要はあるだろうが。

そして、競輪場内の雰囲気は明らかに変わった。混乱するのではないかと心配されていたルールが違うレースが交じることにも、多くのファンはすぐに適応できたようだ。女子レースのときには、男子よりも観客席やスタート地点前に出てきて声援を送るファンの数が増える傾向もある。古参のファンが「女のレースなんかやめろ」と叫ぶ姿を目にしたことも何度かあるが、人気のほうが上回っている。女子復活以前に比べて、家族連れの観客を目にする機会も若干増えたように感じる。女子の競技レベルは、年を追うごとに確実に上がっている。プロという道ができたからだろう、アマチュアで競技に取り組む女性の数も増えている。オリンピックや世界選手権でのメダルや上位入賞は現在のところまだ遠い目標のようだが、つい最近まで長年の競輪ファンさえバンクで女性が競走する姿を一度も見たことがなかったことを思うと、大きな進歩だ。

ただ、かつての女子競輪が人気をなくした要因となったギャンブルの対象としての弱みは、新生ガールズケイリンでも同様に見られる。選手間の実力差がありすぎて、配当が安くなるという点だ。トップ選手だけで争われる特別レースを別にすると、一般のレースでは男子よりも堅い配当が目立つ。ランク分けして実力伯仲レースばかりを作るには、選手数がまだまだ足りないためだ。将来的にどれくらいの規模まで選手数を拡大するのか、男子を含めた競輪事業全体が縮小傾向にあるなかで、判断するのは難しいだろう。しかし、中途半端な数で新人募集をやめてしまうと、かつての歴史と同じ道を歩むことになる。

現役選手には、一時金一つでお払い箱になってしまった旧女子選手たちの歴史について十分理解している者もいる。人気を集め、しかも売り上げもアップしてこそ存在意義があると多くの選手が考えているからこそ、広報活動などの仕事にも積極的に協力しているのだろう。しかし、女子レース存続のために何よりも重要なのは、「見る」スポーツとしての魅力と「賭け」の対象としての魅力とを兼ね備えた「競輪」として内容を充実させることだろう。一時的な客寄せの材料に終わらせず、長期的な事業として選手を育てる努力を継続すること。「失敗の歴史」を踏まえて再び始めた以上、運営者にはその責任があるはずだ。

再び開かれた競輪世界

終章では、競輪が生まれて六十年を過ぎて実現した新企画、日韓対抗戦とガールズケイリンに注目した。ここで見てきたように、どちらも競輪の内部的理由だけで実現したものではない。男女平等へ向けて進む世界的潮流、あらゆるジャンルでの国境を越えた人々の交流の増加、スポーツ界のプロ・アマ統合の流れなど、社会の変化に呼応する形で実現したものだ。

そもそも競輪自体、新時代の到来が生んだものだった。敗戦後の社会状況のなか、新時代を象徴するタテマエ（「スポーツは平和と共に」）を掲げた新企画として競輪は始まったのだ。「国際化」もその当初から意図されていたし、女子選手の登用も「男女平等」をうたった新憲法が施行された時代だからこそのアイデアだった。しかし競輪が問題を起こしながら拡大していく過程で、「外国人」や「女性」は排除されていった。国際大会への進出は長年の夢として模索され続けたとはいえ、ギャンブルシステムとしての競輪は「閉じて」いく方向に進んできたのだった。そして新しい社会状況を迎え、かつて排除された者たちが「再び」必要な存在として呼び戻されたのだ。

しかし、外部に社会という別の何かがあって、競輪はその外側の変化にただ従って変わってきたわけではない。当たり前だが、競輪が変わっていく姿自体、社会の変化の表れだ。競輪界の日韓交流がさらに進めば、両国を「近くて遠い国」の関係に戻そうという反作用に抵抗する力にもなりえるし、ガールズケイリンが「スポーツで働く」女性の職場として存続していけば、男女がともに活躍できる社会を具現化した姿を人々に見せる役割を果たせるだろう。途中で失敗してしまったとはいえ、かつての女子競輪が、ある程度までは当時の「新しい女性」の象徴になりえたのと同じように。ここで取り上げた新しい動きは、競輪が「売り上げの社会的貢献」以外の、新しい社会的存在価値を獲得する可能性につながるものだと思う。

注

(1) 第一回は二〇一一年の三月に実施する予定だったが、直前に東日本大震災が起こり一年延期された。日本と韓国交互で年に一回開催すること、各国同数の選手を出すこと、ルールは開催地のものを採用すること、などは大枠で決められているが、開催時期や賞金などの詳細は毎回双方で協議して決定する。これまでのところ、双方ともトップクラスの選手が出場している。ちなみに、車券を売らないエキシビションの交流戦は、一九九八年から断続的に実施されていた。

(2) イ・ヂェモク「スポーツレジャーとスポーツ賭博の関係――競輪事業の健全性向上のための立法政策的提言を中心に」「スポーツと法」第十八巻第一号、韓国スポーツエンターテインメント法学会、二〇一五年（이재목「스포츠 레저와 스포츠 도박의 경계 ―― 경륜사업의 건전성 제고를 위한 입법정책적 제언을 중심으로」「스포츠와 법」第十八巻第一号、한국스포츠엔터테인먼트법학회、二〇一五年）

(3) 毎年数人の外国人選手が招待され、競輪学校で競技規則などについての短期間研修を受けたあと、日本人選手とともに「国際競輪」と名づけられたシリーズレースに参加するという形式でおこなわれてきた。オリンピックのトラック競技で合計六つもの金メダルを獲得したイギリスのクリス・ホイも、二〇〇五年に参戦している。

(4) 外国人選手に二年程度の短期選手免許を与える制度。選手はS級二班扱いとして、同ランクの日本人選手と同じように、一般のレースに参加できるようになった。従来の「国際競輪」は、一般のレースとは違うイベント的性格が強かったが、この制度の導入によって自転車競技の世界トップクラスの選手が競輪に参戦する姿も珍しいものではなくなってきた。

(5) 第一回＝二〇一二年・伊東温泉、第二回＝一三年・ソウル、第三回＝一五年・京王閣、第四回＝一六年・チャンウォンと回を重ね、第五回は、一七年九月に再びソウル開催となった。

(6) 「韓日競輪対抗戦、観戦ポイントは？」「毎日経済」(「한・일 경륜대항전、관전포인트는？」「매일경제」) 二〇一二年三月二十九日入力記事 (http://www.mk.co.kr/)［二〇一二年四月一日アクセス］(引用者訳)

(7) 開催日程をどうするか、売り上げが見込めるグレードレースをどの競輪場でやるのか――地方自治体ごとに運営する公営ギャンブルのなかでも特に競技場数が多い競輪は、競輪場間の競合も起きやすく日程調整が難しい。日韓戦のような別枠のレースは、グレードレースの開催日程が決まったあとの隙間に組むしかないのが現状だ。韓国には競輪場は三カ所しかなく、しかも開催日が週末(金・土・日)に限定されているため、時間調整によって競合を避け全場同日に開催している。

(8) 通名で活躍してきた在日コリアンのスターたちについては、朴一『僕たちのヒーローはみんな在日だった』(講談社、二〇一一年)が、在日コリアンの形成史については、金賛汀『在日、激動の百年』(〔朝日選書〕、朝日新聞社、二〇〇四年)がわかりやすい。

(9) 朝鮮籍は、外国人登録制度上、日本の旧植民地朝鮮出身であることを示す記号にすぎず、国籍ではない。
(10)田中宏『在日外国人――法の壁、心の溝 第三版』(岩波新書)、岩波書店、二〇一三年
(11)前掲『サインの報酬』二六六ページ
(12)選手名簿を確認したが、荻田介一という名前の選手は存在しなかった。
(13)前掲『競輪三十年史』五二二ページ
(14)前掲『競輪総覧』一二〇ページ
(15)既存の競輪場は、一周三百三十三メートル、四百メートル、五百メートルの三種類で走路はアスファルトなどで舗装されている。UCIが二〇〇〇年、オリンピックと世界選手権については一周二百五十メートルの木製室内バンクの使用をルール化したことを受けて建設された。二〇年の東京オリンピックのトラック競技は、東京から離れた静岡県伊豆市のこの競技場での開催が決定している。ちなみに、東京ドームの走路は四百メートルであり、そのままではオリンピックでは使用できない。
(16)「座談会 発祥の思い出を語る」での倉茂貞助の発言。競輪祭初開催を記念した座談会の雑誌記事から引用。自転車文化センター提供の複写資料をもとに引用しているが、掲載誌の現物が保存されておらず正確な書誌情報は確認できなかった。座談会は一九五一年十月三十日に銀座自転車会館で実施されている。
(17)一九〇三年、「読売新聞」に連載され人気を博した長篇小説。
(18)谷田貝一男「明治期の自転車利用女性に対する差別化の様子」「自転車文化センター研究報告書」第六号、日本自転車普及協会自転車文化センター、二〇一四年
(19)前掲『競輪六十年史』一一六ページ
(20)「主張 サイコロから人間に」「プロ・サイクリスト」一九五二年七月十五日付、日本競輪選手会

(21)「プロ・サイクリスト」一九五九年五月二十日付、日本競輪選手会
(22)「苦境に立つ女子選手――匿名選手からの投稿」「プロ・サイクリスト」一九六〇年八月三十日付、日本競輪選手会
(23)同記事
(24)前掲『競輪総覧』三九五ページ
(25)「アサヒグラフ」一九四九年十一月号、朝日新聞社
(26)日本自転車振興会『競輪二十年史』日本自転車振興会、一九七一年、二〇三ページ
(27)同書二四三ページ
(28)前掲『競輪総覧』三九五ページ
(29)一九五二年、大阪で創業した競輪予想紙。二〇〇九年五月十一日、保管資料を見せてもらった。
(30)新雅史『「東洋の魔女」論』(イースト新書)、イースト・プレス、二〇一三年
(31)拙稿「女子競輪とその時代――元選手のライフヒストリーから」「大阪大学日本学報」第二十九号、大阪大学大学院文学研究科日本学研究室、二〇一〇年
(32)女子競輪の復活がきっかけになり、旧女子競輪の歴史が語られる機会は少しずつ増えている。伊勢華子『健脚商売――競輪学校女子一期生二十四時』(中央公論新社、二〇一五年)は新一期生を追ったルポだが、元選手の声も紹介されている。また、一九五〇年にデビューして廃止の年まで現役を続けていた原田節子は、最近思い出の記を刊行した。原田節子『女子競輪物語――青春をバンクにかけて』文芸社、二〇一七年
(33)自転車世界選手権では、一九五八年からロード・トラックともに女子部門が始まっている。
(34)アトランタ大会への出場権を争ったのは、前年の全日本アマチュア自転車競技選手権で一キロタイ

ムトライアルを制していた門脇真由美だった。門脇は、二〇〇〇年頃には引退して福祉関係の職に従事していたが、新生女子競輪一期生として復帰し、現役を続けている。
(35) ホーム側・バック側の直線に設けられた線を、周回中に既定回数、先頭で通過する義務（先頭責任）がある競走。日本だけで実施されている競技種目である。
(36) 日本自転車競技連盟編『国民体育大会秋季大会自転車競技会五十年の歩み』日本自転車競技連盟、一九九六年
(37) 久保茂明『かん言かん語――公営競技の明日を憂う!!』誠明舎、二〇〇七年、一六一ページ（初出：「週間レース」一九八六年十二月二十日号、週間レース社）
(38) 国連の「女性差別撤廃条約」（一九七九年成立）に批准するために整備されたもので、雇用における募集・採用・昇進・配置などに関して男女平等に扱うことが努力義務とされた。一九九七年の大幅改正によって性別による差別禁止が明示され、実効性が強化されるまでは名目的なものではあったが、社会全体が男女平等へ向けて動きだしたことを象徴する立法だった。
(39) 女子競輪復活は、二〇〇五年に日本自転車振興会の初めての女性会長になった下重暁子が特に強く望んだため実現したものだともいわれている。下重は、ＪＫＡへの改編を経て二〇一一年まで在任した。
(40) 弥彦競輪場は、それまでにもキャンペーンガールによる模擬レースをアトラクションとして実施していたが、女子競輪復活が公式に発表されると競輪学校合格を目指す本格的なクラブチームを発足させた。練習環境が得にくい他地域からも参加者が集まり、四人が新生女子一期生としてデビューした。
(41)『確かなサクセスへのステップ――女子 RACER プロフェッショナルガイド』ＪＫＡ、二〇一〇年

あとがき

二〇一六年十二月三十日、今年もKEIRINグランプリの日がやってきた。第三十二回となる今回の舞台は立川競輪場。本書の執筆が大詰めを迎えていた私は、現地に行きたい気持ちを我慢してインターネットで観戦した。

約一億円の一着賞金をかけて争われるグランプリの出場者九人は、六つのGIレース（日本選手権、高松宮記念杯、全日本選抜、オールスター、寛仁親王牌、競輪祭）の優勝者、オリンピック開催年なら自転車競技の個人種目メダリスト、残りの枠を賞金獲得ランキング上位者から順番に埋める、という形で決定される。この九人は翌年一年間、全選手最上位のS級S班にランクづけされ、グレードレースのシード権が与えられるなど特別扱いを受ける。二〇一六年の出場者は、車番順に①平原康多（埼玉）、②中川誠一郎（熊本）、③村上義弘（京都）、④渡邉一成（福島）、⑤岩津裕介（岡山）、⑥武田豊樹（茨城）、⑦稲垣裕之（京都）、⑧浅井康太（三重）、⑨新田祐大（福島）だった（カッコ内は登録地）。

ラインは次のように構成された。この年、念願の初タイトルを獲得した稲垣の後ろに、同県の先輩、村上。村上は、最も権威あるレースとされる日本選手権を四度制覇している大選手だ。グランプリは七年連続十回目の出場で、優勝経験もある。第一回の日韓対抗戦の覇者でもある。岡山の追

図20　立川競輪場で開催されたKEIRINグランプリ2016。ゴールの瞬間。最内、3番が村上義弘選手（資料提供：JKA）

い込み選手、岩津は鉄壁の京都コンビの後ろを選択した。新田と渡邉は福島県同士のライン。ともに、自転車競技にも力を入れている選手だ。新田はロンドンオリンピックに出場していて、この年、トップ選手を集めた独自の競技チームを立ち上げた。渡邉はロンドン、リオの二大会に連続出場している。平原は、スピードに加えてレース運びもずばぬけてうまく、現時点で競輪界最強と評価する人も多い。後ろは関東ラインで武田。武田はスピードスケート出身で、二〇〇二年に冬季オリンピックへの出場経験がある。グランプリを含めすでに八つのタイトルを獲得している。十一月におこなわれる競輪祭（第一回の競輪開催を記念して小倉でおこなわれる）は、グランプリ出場権をめぐる大詰めの戦いとなるが、ここで最後のチケットを手に入れたのが平原で、このときも武田が二番手を回りワンツーを決めている。

前年のグランプリ覇者である浅井は単騎を選択。中川も単騎を選択した。中川もこの年のリオオリンピックに出場している。代表に決まって間もない四月十四日、彼が住む熊本は大地震に見舞われ大きな被害を受けた。すぐあとの五月に開催された日本選手権は、被災地支援競輪として実施されたが、ここで初タイトルを獲得したのが中川だった。ちなみに、熊本競輪場は地震の影響で執筆時現在も開催できない状態が続いている。

本命に推されていたのは、平原・武田の関東ラインだった。レースは残り二周で動き始めた。稲垣が積極的な先行策に出た。大方の予想よりハイペースな流れだ。稲垣の走り方は、自分の勝利を度外視して先輩の村上を生かすためのものに見えた。最終第二コーナーを過ぎて好位置をキープしていた平原が襲いかかってくると、村上もそれに合わせて稲垣を追い抜いていった。ペースが速すぎて他のラインは動けず、最終コーナーを過ぎると平原と村上、二人の身体をぶつけ合いながらのマッチレースとなり、ゴール前の直線で村上が抜け出した。二着には、平原の後ろでタイミングを計っていた武田が入った。村上と武田はこのときともに四十二歳。他が全員三十代のなか、メンバー最年長の二人がワンツーを決めた形だ。

いつも思うことですけど、ラインの力を信じて、…苦しい戦いになってきていますけど、その中でまた日本一になれるというのは夢のようです。（競輪公式ウェブサイト内「月刊競輪WEB」二〇一七年一月十三日付記事）

インタビューで村上はこう語っている。強固な人間関係にもとづくラインを組んだベテラン選手が、現時点では独走タイムではかなわないオリンピックの代表選手に勝つことができる。それが競輪だ。出場選手が選ばれていく一年間の戦いの過程も含め、二〇一六年のグランプリも面白かった。この舞台に到達した彼らは、競輪ファンの誰もが知る個性豊かなスター選手ばかりだが、一般的にはあまり知られていないだろう。NHK-BS中継の解説は今年も中野浩一が務めていたが、おそらく二十五年近くも前に引退した彼のほうが知名度は上だ。あまりにももったいない。身近な場所で、こんなに面白い競技がおこなわれているということを、もう少し多くの人に知ってもらいたいとあらためて思った。

本書には、競輪の重要な要素でありながら書けなかったことも多くある。たとえば、レース内容そのものについては「あとがき」になって簡単に触れただけで終わった。レースの迫力は、私の筆力ではとても伝えきれない。関心を持った方には、ぜひ実際のレースを観戦してみてほしい。競輪場の入場料はタダ同然(百円以下)だし、公式サイトを通じて過去のレース映像も簡単に見られるようになっている。

競輪のギャンブルとしての面白さについても書いていない。私も、車券は買う。グランプリでは同じ近畿地区のスター村上を外し、好調な平原からねらった。村上は、さすがに年齢的につらいだろうと判断したのだ。そして、レース結果に、自分が競輪を全然わかっていない、ということを痛感した。競輪はやはり賭けて観戦したほうが面白いと思う。しかし、私が買うのはせいぜい数百円程度。一般的なギャンブル本の書き手に比べると、ど素人もいいところだ。パチンコなど他のギャンブルもほとんどやらない。競輪に関しても幸か不幸か博才がまったくなく、いくら「研究」しても勝率は全然上がらない。おかげでのめり込まずにすんでいる。そもそも二五パーセントも控除される公営ギャンブルは、長くやればやるほど負けていくのが確率論的な真理である。にもかかわらず、いつかは大穴が取れる日がくるのではないかと妄想して、細々と損をし続けている。「公的に使われるのだからムダ金ではない」と自分に言い訳しながら。何が言いたいかというと、私はギャンブルの楽しみを伝えるのに適任ではないということ、とはいえ、歴史の研究をするだけで車券は買わないという潔癖な態度を取っているわけではない、ということである。ギャンブルとしての競輪を知りたい人は、本文で紹介した阿佐田哲也あたりから「入門」することをお勧めする。

売り上げ金の具体的な社会貢献の内容についても、本書の趣旨からは外れると判断して、ほとんど触れなかった。同業者のみなさんに対しての参考として、レジャー研究の貴重なデータを提供してくれている『レジャー白書』を発行してきた余暇開発センター（一九七二―二〇〇〇年）は、もともとは競輪の補助金によって設立されたシンクタンクだったということは書いておこう。もちろん、このような公金の集め方や使い方をどう評価するかについては、社会科学的な視点からの検証がなされるべきだと考えている。

二〇一一年から始まった「ミッドナイト競輪」についても本文では扱えなかった。ここで簡単に触れておこう。これは、夜中の二十一時から二十三時半くらいまでの間におこなう無観客レースで、車券はネットだけで発売される。近年に始まった新企画のなかでは、まれにみる「成功」を収めており、競輪全体の売り上げ下降傾向にストップをかける役割を果たしている。他に公営ギャンブルがやっていない隙間時間であること、観客がいないために警備や車券販売の人件費を抑えられることなどが成功の要因だ。先駆けは小倉競輪だったが、多くの自治体が後追いで参入している。このような開催方法が可能になったのは、当然、ネット環境の充実によってである。

意表をつくアイデアが功を奏した形だが、場所としての競輪場に魅力を感じてきた私には、競輪の大事な部分を抜き取ってしまった開催のようにも感じられる。観客がいて、ヤジも含めた歓声が聞こえるなかで走ってこそ「人間に賭ける」競輪なのでは、という思いが捨てきれないのだ。パソコンのスクリーンを通して眺める、無人の競輪場を走る選手たちの姿は、まるでネットゲームのキャラクターのようだ。このような深夜の時間帯には、競走馬を走らせることはできないらしい。生物学的に活動が難しい環境下でも意志を持つ人間なら走らせることができる、というわけだが、プロスポーツの競技環境としては、やはり無理があるだろう。実際、ミッドナイトに参戦する選手たちは体調管理が難しいと聞く。

とはいえ、ネットをどのようにうまく活用するかに、競輪の今後がかかっているのは間違いない。ネット環境の充実によって、競輪の遊び方は大きく変わった。先に書いたように、私もネットで観戦し車券も買っている。ほんの十年くらい前まで、競輪は競輪場に行かなければ楽しめないものだったのに、いまではラインなどの予想情報もネットで手に入れて、SNSなどで他のファンの反応を共有しながら楽しむというスタイルが主になってきた。競輪の楽しみ方はどんどん疑似現実化しているわけだが、ミッドナイト競輪はその究極の形だろう。ミッドナイト競輪やインターネットの登場と競輪の楽しみ方の変化が持つ意味については、メディア論の視点を入れて今後あらためて考えたい。

本書執筆にあたっては、競輪選手への直接のインタビューはあえておこなわなかった。選手が、ファンに読まれることを前提にメディアを通して発した言葉だけを資料として使うことにした。これまで、選手に直接話を聞いたことは何度もあるし、そこで教えてもらった知識は当然本書の内容に反映されているが、目的を明示しての取材ではなかったため、個別選手の発言という形で掲載することは控えた。阿佐田ではないが「選手に確かめたわけではないけれど」の形で観客席から見えたものを中心に書ききることにしたのだ。選手からすれば、本書の内容には「全然違うよ」という部分も少なくないと思う。本書をきっかけにして、雑誌インタビューとはまた違った形で、選手の声を聞かせてもらう機会が生まれたらうれしい。

本書のもとになったのは、大阪大学大学院人間科学研究科に二〇〇二年に提出した博士論文「戦後日本社会と公営ギャンブル」である。公営ギャンブル全体を考察の対象としたこの論文から他競技に関する記述をカットし、論文提出後に生まれた新しい動き（女子競輪復活・日韓対抗戦など）の考察を加えたうえで全面的に改稿した。そもそも、青弓社に出版のお誘いをいただいたのは、論文提出よりもさらに前の一九九八年頃だった。競輪の歴史を社会学的に考察した修士論文を書いて学会発表などをおこなっていたところ、当時の担当編集者に関心を持っていただき連絡をもらったのがきっかけだった。大学院生だった私は、出版の話に有頂天になり安請け合いしたのだが、なかなか書き進められず博士論文を書くまで待っていただいた。だが、論文を提出し大学院を修了しても、結局、書くことができず投げ出したままになってしまっていたのだ。

二〇〇八年に、女子競輪復活というニュースに関心をそそられ、しばらく遠ざかっていた競輪に関する研究を再開し、自分なりの視点から競輪を考察した本を書き残しておきたい、という意欲がよみがえってきた。それまで執筆に行き詰まっていたのには、オリンピック種目化以降の競輪について、どうまとめればいいのか迷っていたということもあった。敗戦後の特殊な社会状況に生まれた公営ギャンブルの競輪は、戦後という時代が終焉を迎えるいま、ともに終わりを迎えつつあるのではないか——というような、マスコミが競輪の人気凋落について報じる際に定型として用いるわかりやすい物語に落とし込む書き方しかできそうになかったのだ。これだけ面白く、現在も多くの選手が人生をかけて闘い続けている競輪を、そして、いつの間にか自分にとってもライフワークになっている競輪を、そんな月並みな枠組みでしか描けないなら書いても仕方がないと感じていた。

そんな私に、博士論文執筆時点では予想外だった女子競輪の復活は、将来につながる新展開だと感じられた。同時に発表された日韓対抗戦にも興味を引かれた。大学院生の頃は、ちょうど韓国競輪がスタートした時期だったのだが、当時は、ほとんど関心を持っていなかった。しかし、競輪の新しい動きを調べるなかで「戦後日本という特殊な空間で日本人男性が戦うギャンブルスポーツ、それが競輪だ」という固定観念に自分自身が縛られていたことに気づかされた。これら新企画の歴史的な意味を考察することを通して、それまで自分が考えてきたことを別の角度から再検討できるようになったのだ。そして、いまから二年ほど前から、あらためて本書の執筆に取りかかった。

本書は、競輪に関心があるみなさんに広く読んでいただけるよう、専門的な概念をほとんど使わずに書くことを目指した。それでもオリジナリティーは、社会学的な視点から記述している点にあると考えている。選手、関係者、スポーツ新聞記者の方々など、「競輪とは何か」を語る適任者は、私以外にいくらでもいる。結果として二十年以上競輪を見ているとはいえ、私の競輪に関する知識など初心者に毛が生えた程度のものだ。歴史そのものについても、序章で書いたようにすでに充実した『年史』がある。これら記録されたことのなかから、何にスポットを当てるか。競輪のどのような側面について関心を向けるか。他にはない視点から考察できてこそ、自分のような者が競輪史を書き直す意味があるといえるだろう。

社会学的な視点とは、当事者が意識していない社会的な関わりを分析的に記述しようとする見方のことである。つまり、競輪業界から距離をおいた視点に立ち、「中の人」にはかえって見えにくい部分を中心に観察して書いてみようとしたのだ。

社会は意志を持った多様な人間たちが、お互いに関わり合いながら形成するものだが、複雑な影響関係のなかで当事者が考えもしなかったような結果が生まれることも珍しくない。これを、社会学では行為の「意図せざる結果」と呼んでいる。正直なところ私は、競輪の歴史は不純な動機から始まったものだと考えている。倉茂らも、それらしい大義名分を掲げてはいたが、何といっても「儲かりそうだ」というもくろみが第一だったはずだ。それに乗った政治家や行政も自転車産業関係者も、競輪が生み出す金に集まってきたのだ。選手たちも同じだろう。事情はそれぞれだっただろうが、稼げるからこそ多くの人が選手になったのだ。客たちは一発当ててやろうと、競輪場に押し寄せてきた。そんな人々の欲望渦巻く競輪場のバンクでは、選手たちが何度も何度も戦いを繰り返してきた。なかには、誘惑に負けて不正に手を出す者もいたし、ただ仕事としてこなしただけ、という、選手と呼ぶにも値しない者もいただろう。しかし、レースが繰り返されていくうちに、技術とプライドがぶつかり合う高度な競技世界が形成されていった。さまざまな問題が起こったために、対応策がとられ競技環境も整っていった。そうなれば、この世界に憧れ、若いときから練習を重ねて選手を目指す人たちも現れてくる。そして、賭けに勝った、負けた以上の何かを、レースから感じ取るファンも生まれてきた。やがて、金を賭けるために実施されてきた競技は、賭けの対象にならない競技種目「ケイリン」を生み出し、スポーツの象徴、オリンピックの種目として採用される。採用実現に向けては、スポーツイメージを使って競輪をＰＲしようという営業的なねらいがあった。では、売り上げ増が目的で、スポーツ化はその手段にすぎなかったのか、というとそうとも言いきれない変化も起こっているのだった。ギャンブルシステムが完成する過程で、排除されてきた外国人や女性が、いわば「見る」スポーツとしての競輪を豊富化するためのソフトとして呼び戻された。競輪は変化し続けている。「こんなのは競輪じゃない」とそれに反発する人たちも常にいただろう。外部の社会からの批判や偏見への対応、内部からの抵抗や適応、それら複雑なプロセスを経て、競輪はこのようなものになってきたのである。競輪の歩みには、当事者たちの「意図せざる結果」の事例に事欠かない。

　社会学的に観察するといっても観察者である私自身、競輪世界の完全な外部にいるわけではない。書いてきたように私も競輪ファンであり競輪に愛着を持っている。その点では十分に競輪関係者だ。社会的な事象について客観的に観察するためには、観察する者自身をも自省的に観察することが求められる。そもそも、何らかの社会的なテーマを観察対象として選択すること自体、その人の価値判断にもとづくものだ。その判断は、その人が生きる社会状況に根ざした価値観の影響を受けている。一九六〇年代までの競輪拡大期に社会学のテーマとして競輪を取り上げていたとしたら、私もおそらくもっと競輪に批判的な見方をしていただろう。社会病理現象の一例として、廃止すべきものと考えたかもしれない。しかし序章で述べたように、私が初めて競輪に触れたのは九〇年代だった。歴史を振り返ると、その頃の競輪場は、すでにすっかり落ち着いていたのだということがわかる。私の目には、バブルに沸く外部社会とかけ離れた雰囲気を醸し出す、珍しく、かつ危険な場所として映ったのだが。その頃は、それまではあまりマジメな研究対象として考えられてこなかった大衆文化（マンガやポピュラー音楽など）に対する学問的研究が始まろうとしていた時代でもあった。競輪は大衆文化としてユニークで面白い存在なのではないか、という私の見方は、当時の社会状況や、それに関連する学問的流行にも影響を受けたものだったと思う。

私は、スポーツの世界に対して関心と同時に苦手意識も持っている。特に体育会的な集団主義的体質や、国際大会でナショナリズムを煽る行為には、強い嫌悪感を抱いている。メディアでスポーツが消費される際に「感動をありがとう」という安易な表現が繰り返し使われる近年の風潮にも違和感がある。そのため、わかりやすい物語で感動を押し付け、それがナショナリズムと結び付けられて消費されるオリンピックという国家イベントに対しては否定的だ。競輪ファンとして、選手のケイリンでの活躍を期待する思いは持ちながらも。

しかし、競輪場の観客席は当たった人と外れた人が入り交じるため、簡単には「感動をありがとう」という雰囲気にならない。そんな、一体感が生まれにくいところも私には居心地がいい。ファン同士の連帯意識があったとしても、それは一定の距離をおいたものだ。そのような場所でありながら、レース内容のすごさに観客席全体から感嘆の声が上がる瞬間もたまにはある。そこがまた面白い。スポーツとしての魅力を持ちながら、安易な消費を拒む部分もある。スポーツが「いいこと」とされたことで覆い隠されてしまったものを垣間見せてくれる、競輪はそんな競技だと思う。

本書は、競輪に批判的な人たちには、競輪ファンが書いた擁護論に見えるだろうし、競輪関係者やファンの方々には、否定的な面を強調しすぎた記述に映るだろう。私としては、自分自身の価値観や趣味・嗜好の偏りを意識しながら、競輪を好きかどうかにかかわらず多くの人々が競輪を考えるための土台となるような客観的記述を目指した結果である。もちろん、客観的記述は努力目標だ。思い込みが先行した部分も数多く残っているだろう。目標にどれだけ到達しているかは、読者に判断してもらいたい。

＊

本書の執筆には、多くの方々のお世話になりました。快く取材や問い合わせに応じていただいたJKA、日本競輪選手会ほか、競輪関係団体のみなさん。資料調査にご協力をいただいた自転車文化センター学芸員の谷田貝一男さん、京王閣の川北良史さん、長時間にわたるインタビューに応じていただいた長義和さん、ご協力ありがとうございました。安田利津子さん、奥野陽子さんはじめ元女子選手のみなさん、ガールズケイリン開始直前期の取材にご協力をいただいた福田公生さんはじめ関係者のみなさん、日韓対抗戦の取材時にご協力をいただいたチャンウォン競輪公団と韓国側関係者のみなさん、お話を聞かせていただいた参加選手のみなさん、ありがとうございました。大学院生の頃、大阪・梅田に日本自転車振興会の関西広報室があり、いろいろ便宜を図っていただきました。〝競輪の社会史を学びたいと学生が訪ねてきてくれたことがいちばんうれしい思い出だった〟と『競輪五十年史』のコラムに書いてくださった当時の室長・古澤功さんには、勉強の成果が何とか単著としてまとまったことをご報告します。

全国競輪施行者協議会の田中孝治さんには、大学院生時代から十五年以上にわたりお世話になり続けています。田中さんが近畿自転車競技会の職員として西宮競輪場にいらっしゃった頃から何度も声をかけていただき、助けていただきました。ファンの視点を持った事務方である田中さんとの出会いがなければ、競輪の研究をこれだけ長く続けることはできなかったと思います。ありがとうございました。第5章に登場していただいた、元「デイリースポーツ」の井上和巳さんには、女子競輪の歴史を調べ始めた頃からお世話になっています。競輪史についてはまさに生き字引で、その知識と人脈に何度も助けていただきました。井上さんのご協力がなければ本書の内容はもっと薄いものになっていただろうと思います。これまでのお礼をお伝えするとともに、引き続き変わらないご指導・ご協力を心からお願いいたします。

大学院時代には指導教官の伊藤公雄先生（先生は一九八〇年代初頭にイタリアへ留学した際、現地の人から初めて中野浩一の名前を聞かされたと話されていた）、博士論文副査を務めていただいた木前利秋先生、吉川徹先生をはじめ多くの先生方、院生仲間のみなさんから学ばせていただきました。ありがとうございました。修士課程でお世話になった井上俊先生、大村英昭先生、橋本満先生、卒業後もいろいろお世話になっている山中浩司先生、牟田和恵先生にもあらためて感謝いたします。執筆が遅れ、木前先生、大村先生のご生前に報告できなかったことが心から悔やまれます。関西大学社会学部でお世話になった石元清英先生にも感謝の気持ちをあらためてお伝えします。差別問題をテーマに卒業論文を書きながら大学院ではまったく違うテーマを選びましたが、先生から学んだ人権問題への姿勢は私の社会認識の基礎になっており、本書でもそれなりに反映できているのではないかと考えています。大阪商業大学では「公営ギャンブル論」という(おそらく日本で唯一の)講義を十年にわたり担当していて、私にとって若い世代の公営ギャンブル観を知る貴重な機会になっています。任命していただいた同大学長・谷岡一郎先生にあらためてお礼を申し上げます。そして、GCOE研究プロジェクト(横断するポピュラーカルチャー)でお世話になった冨山一郎先生、辻大介先生、プロジェクトチームのみなさん、大阪大学文学研究科日本学研究室の先生方にもあらためてお礼を申し上げます。川村邦光先生には、出版への挑戦を後押ししていただき、青弓社への推薦の労までとっていただきました。ようやく刊行までこぎ着けることができました。ありがとうございました。草稿を読んでいただいた永岡崇さんにも、その節のご配慮を含め、感謝の気持ちをお伝えします。筆者に再チャレンジの機会を与えてくださった青弓社の矢野未知生さんには、リライトにあたって多くの有益なアドバイスをいただきました。合わせてお礼を申し上げます。

二〇一七年十二月

［著者略歴］
古川岳志（ふるかわ・たけし）
1970年、兵庫県生まれ
大阪大学・関西大学・大阪商業大学など非常勤講師
専攻は文化社会学、スポーツ社会学
共著に『力道山と日本人』（青弓社）、論文に「女子競輪とその時代――元選手のライフヒストリーから」（「大阪大学日本学報」第29号）、「競輪の変容過程――競輪から見たギャンブルとスポーツの関係」（「スポーツ社会学研究」第6号）など。本書で第30回橋本峰雄賞（現代風俗研究会）受賞

競輪文化《けいりんぶんか》　「働く者のスポーツ」の社会史

発行――2018年1月31日　第1刷
2022年5月31日　第2刷

定価――2000円＋税

著者――古川岳志

発行者――矢野恵二

発行所――株式会社青弓社
〒162-0801 東京都新宿区山吹町337
電話 03-3268-0381（代）
http://www.seikyusha.co.jp

印刷所――三松堂

製本所――三松堂

ISBN978-4-7872-3429-2 C0036